KB012427

함흥과 평성

공간·일상·정치의 도시사

이 책은 2011년 정부(교육과학기술부)의 재원으로 한국연구재단의 지원을 받아 수행된 연구입니다. (NRF-322-2011-1-B00016)

이 도서의 국립중앙도서관 출판예정도서목록(CIP)은 서지정보유통지원시스템 홈페이지(http://seoji.nl.go.kr)와 국가자료공동목록시스템(http://www.nl.go.kr/kolisnet)에서 이용하실 수 있습니다. (CIP제어번호: 2014027166)

2

동국대학교 북한학연구소
토대기초연구과제 연구서

함흥과 평성

공간·일상·정치의 도시사

Hamhung and Pyeongsung

Urban History of Space, Everyday Life and Politics

북한도시사연구팀 엮음

고유환·박희진·임동우·안재섭·
홍민·기계형·남영호·이상준 지음

한울
아카데미

차례

제3부 소비에트 도시들의 경험

프롤로그

연구 과제가 시작된 지 3년, 『사회주의 도시와 북한: 도시사연구방법』(2013)에 이은 두 번째 연구서를 출간하게 되었다. 그동안 '장님 코끼리 만지듯' 북한의 함흥과 평성을 더듬은 결과물이다. 쉽지 않은 연구 환경 속에서 북한도시사연구팀의 연구자들은 두 도시에 관한 다양한 유형과 형태의 자료들을 접했고 함흥과 평성 출신의 탈북자 인터뷰를 진행했다. 구술자들의 구술을 통해 두 도시를 상상하고 손에 잡힐 듯 가깝게도 느껴봤으며, 또 다른 한편으로는 흐릿한 도시의 모습 앞에 주제와 소재를 탐색하고 방법론적 적용을 다각도로 검토했다. 작은 결과이지만 이 책을 통해 사회공간이론과 도시사적 방법론을 북한 연구와 접목시키고자 했던 연구자들의 노력이 독자들에게 충분히 전달되기를 희망한다.

이 책은 제1권에 이은 도시사 연구물로서 북한의 함흥과 평성의 주제별 연구를 수록하고 있다. 주지하다시피 연구팀은 도시에 대한 사회공간적(socio-spatial) 접근을 공통의 인식과 방법론적 틀로 삼고 있다. 도시사 연구의 핵심 쟁점을 '공간성'에 두고 있으며, 도시 공간 안에 펼쳐지는 수많은 연구 소재와 주제를 그 대상으로 하고 있다. 이에 제2권에서는 함흥과 평성이라는 두 도시의 물리적 환경과 구조를 분석하고 정치적 공간 지배와 물질경제적 공간 분화를 반영하며, 도시 구성원들의 일상의 삶과 연계된 다양한 상호작용을 공간 이론적으로 해석함으로써 도시 공간 내 '공간·일상·정치'의 여러 측면을 탐구하고 분석했다. 그리고 동일한 맥락에 있는 사회주의 도시들의 도시사적 경험을 북한 도시와 비교하고 고찰했다.

연구팀은 우리의 연구를 풍성하게 만들어주는 외부 필자 두 분의 글을 함께 게재하기로 했다. 한 편은 『평양 그리고 평양 이후』의 저자 임동우(미국 PRAUD 도시건축연구소)의 글로, 북한의 도시공간구조를 '상징 공간과 건축'을 중심으로 해석한 것이고, 또 다른 한 편은 이상준(국토개발원)의 구동독 공업 도시의 도시화와 도시 성장에 관한 글이다. 이상 두 편의 글은 함흥과 평성을 대상으로 하고 있지는 않지만 건축과 공간이라는 소재 영역에서, 그리고 구동독의 사례라는 측면에서 각각 이 책이 논하고자 하는 바를 잘 드러내줄 것이라 기대한다.

북한의 함흥은 긴 도시 역사와 넓은 시 면적만큼이나 연구 소재가 풍부한 도시이다. 도시 공간 속에는 사회주의 도시로서의 '이상'과 저발전 근대화의 요구를 안고 있는 북한 도시의 '현실'이 고스란히 투영되어 있고, 북한 산업화·공업화의 대표 도시로서 함흥 생애사는 북한 전체 산업의 성장과 좌절의 맥락을 그대로 반영하고 있다. 북한 내 어느 도시보다도 사회주의적 계획이 조밀하게 구현된 도시이며, 거리 형성과 건축물의 조형에서도 제2도시의 면모를 왕성히 보여준다. 최근 함흥은 경제난의 깊은 침체에서 벗어나 재건설의 움직임을 보이고 있으므로 도시 구성원들의 공간적 상호작용방식과 그 결과 역시 다양하게 나타날 것으로 예상된다. 그러나 이번 책에서는 함흥의 깊은 속살까지 탐구하지는 못했다. 그 대신 소비에트 도시의 '유토피아'적 건축실험과정의 연구를 통해 사회주의 공업화 시기 소련 도시의 '이상과 현실' 논쟁을 보여준 기계형(한양대학교)의 글로 북한 함흥을 상상케 했다. 또한 이상준이 집필한 구동독의 라이프치히(Leipzig)와 할레(Halle)의 사례는 함흥의 도시 성장과 도시화의 미래를 또 다른 측면에서 상상케 할 것이다.

함흥과 달리 북한의 평성은 도시사 연구의 관심과 흥미를 끌기에 충분한 매력을 보여준다. 평성은 비교적 도시 역사가 짧고 규모가 작으나 시 안의 공간 구성이 단조롭고 공간 구성원의 계층별·직업별 분포 역시 명료한 편이다. 이에 평성 연구에서는 1990년대 '경제난 이후'라는 도시 공간의 시간성과, 평성 도시 공간의 변화를 일으키는 주체적 역동성에 주목했다. 안재섭(동국대학교)은 평성의 공간 환경을 연구하는 한편, 홍민(통일연구원)과 박희진(동국대학교)은 공간 전략과 구성적 층위, 그리고 도시 공간과 구성원들의 상호 역동적 변화를 감지할 수 있는 '아파트'와 '하차시장'을 소재로 삼았다. 연구자에 따라서 평성의 도시 잠재력을 높게 전망하기도 하고, 평양 위성도시로서 한계성을 지적하기도 하는 등 견해를 달리했지만 이 또한 평성 도시사 연구가 발견한 결과물이 될 것으로 보인다. 남영호(서울시립대학교)의 구소련 사회주의 도시 연구는 작은 도시에서 나타나는 도시화와 농촌적 요소를 고찰하고 있기 때문에 평성과의 내용 비교가 가능하며 사회주의 도시 연구자가 북한 도시 연구에 주는 함의를 지니고 있다 하겠다.

연구팀의 개별 연구자들이 두 도시에 특별히 관심이 있음에도 아직은 북한 도시를 읽고 해석하는 데 부족함이 많은 것이 사실이다. 계획하기로는 함흥과 평성에 대한 비교 도시사적 연구를 진행하여 총론으로는 북한 체제의 지배적 속성과 변화를 전망하고, 각론으로는 북한 사회의 일상과 삶을 역동적으로 해석하는 것을 목표로 했다. 그러나 한정된 연구 시간과 상상력을 제한하는 물리적 환경으로 인해 기획된 연구를 진행하는 데 만족해야 했다. 아마도 연구팀의 연구자들은 그들의 학문적 열정으로 함흥과 평성의 비교 도시사적 연구 결과를 또 다른 형태로 나타내 보일 것이라 기대한다.

이 책은 총 3부로 구성된다. 제1부에서는 도시 공간의 물리적 환경이자 구조 해석의 축으로 기능하는 건축과 지리적 환경에 관한 글을 한데 묶었다. 제2부에서는 연구대상도시인 함흥과 평성의 공간·일상·정치를 사회공간론의 인식과 방법론적 분석으로 연구한 글을 모았다. 제3부에서는 사회주의 도시 중 소련과 구동독의 도시 경험을 다룬 글을 다룬다.

제1부의 첫 번째로 임동우는 북한 주요 도시인 청진, 함흥, 개성, 남포, 신

의주, 나진, 원산, 평양의 공간 구조와 다이어그램을 통해 상징 공간의 구성과 이를 통한 북한 도시의 공통적 특징을 고찰한다. 저자는 북한의 도시들이 많은 상징 공간을 조성해 사회주의 체제의 우월성을 선전하고 국가 의례를 진행하기 위한 목적성도 있지만, 상징 공간은 단순히 상징 광장만 의미하는 것이 아니라 공공 공간(상징 건축, 조형물, 공원 등), 도시의 축(거리 등)이 결합되어 하나의 도시 공간축을 형성하며, 북한의 주요 도시에는 이런 특징이 잘 구현되어 있어 도시 조직을 형성하는 데 매우 중요한 역할을 한다고 본다. 따라서 북한 8개 도시의 상징 공간을 다이어그램으로 나타내 보이며, 이것이 김일성 부자의 우상화와 체제 우월성을 선전하기 위한 공간으로서 의미를 지니기도 하지만, 이 같은 성격을 배제한 물리적인 공간의 특성 역시 그들의 도시를 이해하는 데 중요한 정보를 제공한다고 설명한다. 두 번째로 안재섭은 수치지형도 자료를 이용한 지리정보시스템을 활용해 북한의 함흥과 평성의 도시공간구조를 파악한다. 저자에 의하면, 수치지형도를 써서 분석해본 결과 평성의 도시 개발은 그 역사가 오래되지 않은 만큼 일부에 국한되어 있으며, 평양과 인접한 도심부를 제외하고 대부분의 토지는 농지와 산지이다. 향후 체제전환과정에서 본격적인 투자와 개발이 진행된다면 시가화 지역의 면적은 현재보다 북쪽으로 확대될 가능성이 높으며 북한 최대 도시인 평양에 인접한 위성도시로서의 역할을 강화하는 방향으로 도시 발전을 모색해가는 것이 중요하다고 본다. 또한 평성은 평양과 함께 장기적으로 북한 경제구조 전환의 중심 지대로 발전할 잠재력이 높은 도시라고 평가한다. 반면 함흥의 수치지형도를 분석한 결과에 의하면, 함흥은 중심부와 홍남이라는 두 성장 중심축을 지니고 있다. 과거 행정구역의 개편에 따라 두 도시로 분리되었던 적이 있던 만큼 각각의 도시 중심축이 따로 존재하는데, 현재는 하나의 도시로 통합되어 있기 때문에 함흥의 중심 권역과 홍남의 도심 권역 간의 유기적인 연계가 좀 더 원활하게 이루어져야 할 것으로 본다.

또한 홍남 권역은 항구로서의 기능이 한층 강화되어야 한다고 분석한다.

제2부는 함흥과 평성에 대한 개별도시연구로 진행된다. 첫 번째로 박희진(함흥 글)은 함흥을 하나의 사회적 공간(social space)으로 간주하고, 도시사적 관점에서 사회주의 체제 공간으로 만들어진 북한 함흥의 형성 발전에 대해 고찰한다. 도시 공간을 '체제의 공간(space of system)'과 '주체의 공간(space of subject)'의 상호 관계성 속에서 분석함으로써 일상 속에 침투한 도시공간전략과 지배 구조가 곧 구성원들의 생애사를 지배하며 공업 도시 함흥의 '도시성'을 만들어갔던 과정을 고찰한다. 그 결과 함흥 도시는 흥남 공업으로부터 역동성을 부여받지만, 실제 도시 주민의 삶은 '구역'이라는 갇힌 공간 속에서 공간적 프로그램의 경로에 따라 탈주체화된 채 그 역동성을 상실해나가고 있음을 고찰한다. 두 번째로 홍민은 북한의 아파트 건설 역사와 최근 들어 조성된 아파트 건설 '붐'은 통치 전략, 국가권력, 시장 사이에 형성된 사회적 결합(social configuration)의 차원에서 이해될 필요가 있다는 문제의식으로부터 시작한다. 저자는 ① 아파트라는 주택 정책이 계획경제의 운용과 어떤 관계에 있었는가 하는 점, ② 한국전쟁 직후 시작되어 1970년까지 가파르게 상승 곡선을 그렸던 출산율 증가와 인구 증가 해소에서 아파트 정책이 얼마나 기여했는가 하는 점, ③ 주민들이 아파트를 선호했던 이유가 편리성의 문제였는가 아니면 다른 이유였는가 하는 점, ④ 소련의 마이크로디스트릭트(micro-district, *mikrorayon*)를 수용한 '주택소구역제도(근린주구)'가 아파트라는 주거 형태와 어떻게 연동되었는가 하는 점, ⑤ 주택의 평등한 분배 원칙에 입각했을 때 아파트는 그런 분배 원칙에 긍정적인 것이었는가 하는 점 등을 파고든다. 세 번째로 박희진(평성 글)은 평성의 공간 전략을 통해 도시 구성원들의 유입과 배치, 공간적 구성을 고찰하고 1990년대 중반 이후 경제난이라는 외부적 환경에 맞선 도시 구성원들의 사회경제적 행위와 도시 공간의 조응 관계를 고찰한다. 공간 전략상 평성은 위성도시의 미

완결적 도시 구조와 산업 배치에 따라 그만큼의 자율적 공간이 형성될 수 있는 조건에서 시작되었으며, 평양의 혁명성과 사회주의성을 유지하고자 건설된 도시인 만큼 평양의 사적 욕망의 배출구로 작용하면서 1998년부터 2007년까지 '작은 도시의 거대한 움직임'을 만들어냈다. 이 이름 없는 도시를 북한에서 가장 위계 높은 시장 도시로 만들어간 평성 구성원들의 경제생활의 경험을 시간과 공간의 상호적 구성으로 추적한다.

제3부는 함흥과 평성 연구에 비교사적으로 도움이 되는 소비에트와 구동독 도시의 경험에 관한 연구를 묶은 것이다. 첫 번째로 기계형은 1917년 혁명 이후에, 특히 1920년대에 소비에트 사회주의 체제에 적합한 '새로운 인간(новый человек)'을 만들기 위해 물리적 환경을 고민한 구성주의 건축가들의 건축 실험을 주제로 삼고 있다. 저자에 의하면 볼셰비키 정부는 주로 부자들의 주택을 몰수하여 만든 '콤무날카'를 이용하고, 다른 한편으로는 제한적으로 '돔 콤무나(코뮌의 집)'를 건설하여 주택문제를 해결하려 했다. 이 과정에서 구성주의 건축가들은 '돔 콤무나' 지향의 건축 공간을 변화시킴으로써 새로운 인간을 만들 수 있다는 신념을 각종 모형 전시회, 저술, 기계 제작, 건설 프로젝트 참여 등을 통해 보여주고자 했다. 결국 이들의 건축 실험은 스탈린 체제의 수립과 함께 얼어붙은 예술의 총체적 쇠퇴와 궤적을 같이하게 되었으나 이러한 이상적 실험은 소비에트 건축사에서 중대한 획을 긋는 근대적 운동이며, 한때 새로운 가능성을 모색했던 인간들의 축적된 경험과 기억으로 여전히 그 역사적 함의를 담고 있다고 본다. 두 번째로 남영호는 현실로서 존재했던 사회주의에서 도시는 어떤 원리에 따라 형성되었으며 그 결과는 무엇이었는지 따져보려는 것을 목적으로 한다. 소련 정부는 높은 수준의 도시화를 사회주의적 인간 형성을 위한 핵심적인 공간의 창조로 간주했으나, 저자는 소련 도시의 독특한 발전 과정이 실제로는 상당 수준의 "농촌적" 요소, 또는 비도시적 요소를 포함했던 아이러니가 있다고 말한

다. 저자는 도시와 농촌 사이에는 위계 관계가 엄연히 존재했으며, 이러한 관계에서 도시 생활은 나름대로의 발전을 거듭하며 사회주의 도시가 자본주의 도시와는 구별되는 구성 원리를 가졌다고 할 수 있지만, 사회주의 체제로 환원되거나 해소되지 않는다고 보았다. 세 번째로 이상준은 구동독 공업도시의 특성과 도시 성장의 사례를 통해 향후 북한의 체제 전환이 도시 변화에 어떠한 결과를 가져올 것인지 정책적으로 전망한다. 통일 이후 성공적인 도시 성장을 이룩한 것으로 평가받고 있는 구동독의 라이프치히와 상대적으로 침체를 겪은 할레의 도시 특성을 비교해 어떠한 요인이 이러한 차이를 가져왔는지 규명하고자 한다. 이 글에서는 이 같은 도시 성장의 격차를 가져온 요인으로서 도시 산업 잠재력, 접근성 외에 인적자원, 가용 토지, 도시를 둘러싼 주변 지역의 여건, 그리고 도시 정책 등을 제시하고 있다. 저자는 통일을 준비해야 하는 한국의 입장에서 체제 전환국들의 사례를 토대로 통일 이후 북한 도시들 간의 경제적 격차를 최소화할 수 있는 요인 분석 및 정책 마련이 필요하다고 본다.

북한 도시 함흥과 평성을 연구한 지 3년차, 이제 계획된 연구가 마무리 단계에 이르렀다. 이 연구의 가장 어려운 점은 연구의 대상에 직접 가볼 수 없다는 것이다. 자료 수집 등 많은 어려움이 있음에도 공동연구원과 전임연구원, 그리고 연구보조원들의 열정적인 탐구열과 헌신적인 노력으로 새로운 방법론과 이론을 도입하여 북한 도시 연구의 지평을 넓힐 수 있었다. 이 연구가 결실을 맺기까지는 유일한 전임연구원으로 공동연구원과 연구보조원 간의 가교 역할을 하면서 연구를 차질 없이 진행해준 박희진 연구교수의 노고가 많았다. 또한 자료 수집과 연구 지원에 많은 수고를 한 권태상, 한재헌, 문선영 등 연구보조원들도 수고가 많았다. 이 연구가 잘 마무리될 수 있도록 애쓴 참여 연구진 모두에게 고맙다. 우리 연구팀에 함께하지는 않았지만 연구서 간행에 옥고를 보내준 임동우 소장과 이상준 박사에게도 감사의 인사를 빼놓을 수 없다. 그리고 자신들의 도시 경험과 북한의 삶에 대해 구술해준 함흥과 평성 출신의 북한 이탈 주민들의 도움이 컸다. 그들이 그린 도시 지도와 그들이 들려준 동네 이야기가 없었다면 연구자들은 상상 속의 함흥과 평성을 거닐 수 없었을 것이고 이 도시사 연구 또한 불가능했을 것이다. 마지막으로 토대기초연구를 지원해준 한국연구재단, 그리고 어려운 여건에도 기꺼이 출간을 맡아준 도서출판 한울의 김종수 사장에게 감사 드린다.

2014년 9월

연구책임자 고유환

| 제1부 함흥과 평성, 그리고 북한의 도시공간구조 |

제1장

북한 주요 도시의 공간 구조와 다이어그램

임동우 I PRAUD

1. 사회주의 도시 및 도시 공간의 이해

북한의 도시와 도시 공간을 이해하기 위해서는 북한의 사회와 체제의 논리를 이해하기도 해야 하지만, 그보다 북한 도시의 원형이라고 할 수 있는 사회주의 도시에 대한 이해가 선행되어야 한다. 사회주의 도시로서 북한의 도시를 바라봄으로써 어떠한 도시적 특성이 사회주의 도시의 일반적 특징이고, 또 어떠한 부분이 북한 도시만의 특징인지 구분할 수 있기 때문이다.

그렇다면 사회주의 도시란 무엇인가 하는 질문에 앞서, 과연 사회주의 도시라고 하는 것이 존재하는가에 대한 답이 있어야 할 것이다. 이는 우리가 사회주의 도시를 "사회주의 국가에 속해 있는 도시"로 볼 것인가, 아니면 "사회주의 특징을 지닌 도시"로 볼 것인가 하는 관점의 차이로부터 논의를 시작하는 것이라고 할 수 있다. 먼저 사회주의 도시를 사회주의 국가에 속해 있는 모든 도시라고 보는 관점은 도시의 물리적인 특성에 의거하기보다는 하나의 사회적 구분법에 근거하는 것으로 보인다. 즉, 하나의 도시가 물리적인 특성은 그대로 유지하고 있더라도, 국가의 정치 혹은 경제적인 시스템이 바뀌면 그 도시의 소속 역시 바뀐다는 것이다. 물론 이후 사회경제적인 변화 때문에 도시의 물리적인 환경까지 변할 수 있는 가능성은 있지만, 우선 그 구분법의 기준이 도시의 소속 체계가 된다는 것은 그만큼 물리적인 관점보다는 도시의 사회적인 관점에 무게를 둔다는 의미이다. 반대로 사회주의 도시를 사회주의 특징을 반영한 도시로 규정한다는 것은, 그 도시의 소속 사회가 무엇이든 그 도시의 물리적인 특징에 집중하여 한 도시를 규정한다는 것이다.

하지만 우리가 잘 알고 있듯이, 도시라고 하는 것은 너무나도 많은 변수들에 의해 이루어지고 또 현재 진행형으로 변화하고 있기 때문에 물리적이든 사회적이든 어떠한 특정한 요소를 기준으로 도시 전체를 규정하기에는 무리가 있어 보인다. 결국 우리가 사회주의 도시를 이야기하기 위해서는 사회주의 도시가 무엇인지 정의를 내리고 시작하는 연역적 추론보다는 도시 내에 나타나는 사회주의 특징에 대해 집중하고 그것이 어떻게 적용되었을 때 우리가 사회주의 도시로 규정할 수 있는가 하는 귀납적 추론 방식을 취해야 한다. 사회주의 도시의 특징은 기본적으로 사회주의라는 정치사회적 체제하에서 불가분하게 나타나는 부분이 많다. 프렌치(R. A. French)와 해밀턴(F. E. Ian Hamilton)은 자본주의 도시, 혹은 비사회주의 도시와 비교하여 사회주의 도시의 특징을 세 가지로 분석했는데, ①토지소유권에 대한 시스템의 차이, ②정부 주도형 도시 개발, ③국토 개발의 체계적인 계획이다(French·Hamilton, 1979).

프렌치와 해밀턴이 사회주의 도시의 시스템적인 특징에 주목했다면, 바터(James H. Barter)는 도시의 물리적인 공간에 좀 더 영향을 미칠 수 있는 것들을 중심으로 사회주의 도시의 특징을 정리했다. 즉, ① 제한된 도시의 크기, ② 국가 통제하의 주거, ③ 계획된 주거지역, ④ 공간의 평등화, ⑤ 통근 거리의 최소화, ⑥ 토지 이용의 규제, ⑦ 합리적 대중교통시스템, ⑧ 녹지 공간의 확보, ⑨ 국가개발계획 일부로서의 도시계획, ⑩ 상징성과 중앙형의 도시 등의 특징을 들어 사회주의 도시의 특징을 설명했다(Barter, 1980). 물론 이들 특징이 사회주의 국가의 도시에서만 나타난다고 보기는 힘들다. 특히 정부 주도하의 도시 개발이 많이 이루어지는 한국을 비롯한 아시아 국가들에서는 토지 이용의 규제, 합리적 대중교통시스템, 국가개발계획 일부로서의 도시계획 등의 특징은 쉽게 찾아볼 수 있다. 하지만 이는 어디까지나 자본주의 도시 역시 사회주의 도시가 그러했던 것처럼, 도시화로 야기되는 많은 문제점들을 극복하기 위해 방안을 모색했고, 그러다 보니 정책적으로 비슷한 부분이 나타났기 때문으로 해석된다.

하지만 이러한 공통분모들 가운데에서도 사회주의 도시를 여타 비사회주의 도시들과 구분해주는 특징적인 요소들이 있는데, 그중에서 상징성과 중앙형의 도시는 가장 쉽게 구분되는 물리적인 특징이다. 이때의 상징성이라고 하는 것은 명확한 체계와 도시 개발의 축, 중앙형 광장과 상징 건축물 등으로 구현된다(Andrusz·Harloe·Szelenyi, 1996). 사회주의 이전의 도시에 있었던 교회나 궁전 등에 대항하여 사회주의를 선전하기 위한 상징적인 건축물들이 도시의 상징성과 중앙형 광장을 구축하는 데 이용되었으며, 광장과 대로(boulevard)가 체제 선전과 퍼레이드를 위해서 구성되기 시작했다.

이는 동독의 도시 개발에 관한 16개의 기본 원칙에도 잘 나타나 있는데, 여기서 동독은 도시의 중심인 상징 공간에 대해 다음과 같이 기술하고 있다.

중심은 도시의 심장이다. 이는 시민들을 위한 정치적인 중심이다. 가장 중요한 정치, 행정, 문화시설들은 도시의 중심에 있어야만 한다. 중앙형 광장에서는 정치적 선전이나, 퍼레이드 또는 행사 등이 일어나야 한다. 도시 중앙의 광장과 주도로, 그리고 상징적인 건축물들은 도시의 건축적인 실루엣을 구현한다. 이들 광장은 도시 개발의 구조적 기반이 되는 것이다.

이처럼 북한뿐만 아니라 사회주의 도시에서는 중심 공간에 대한 무게감이 여타 자본주의 혹은 비사회주의 도시와는 사뭇 달랐다. 이는 도시화를 견제하기 위한 방편으로서 발전된 사회주의 도시계획이론이라기보다는, 사회주의 체제를 유지하기 위한 방편으로 구성된 도시 공간이다. 사회주의 체제, 혹은 사회주의 국가라고 하는 것이 군중의 혁명을 기반으로 하는 체제이다 보니, 대규모 군중집회와 체제 선전을 위한 공간이 필수가 된 것이다. 그리고 이러한 공간은 자본주의 도시에서 쉽게 접할 수 있는 공간이 아니다 보니 우리에게 가장 이질적으로 보이는 공간이고, 따라서 오히려 사회주의 도시 공간을 특징짓는 가장 확실한 요소가 되는 것이다. 이 글에서는 우리의 시각에서 가장 이질적이지만 북한의 입장에서는 도시 내에서 가장 중요한 얼굴인 상징 공간을 중심으로 북한 도시에 대한 이해를 넓혀보고자 한다.

2. 북한 주요 도시에서 나타나는 상징 공간의 특징

여기서 살펴보고자 하는 상징 공간은 지엽적인 의미를 넘어, 물리적인 도시 조직상 혹은 사회적 의미상 도시 전반에 영향을 미칠 수 있는 규모의 공간이다. 이러한 면에서 상징 공간은 상징 광장과 구분해서 생각해야 한다. 상징 광장은 그 물리적인 특성상 도시 전반에 거쳐 파편적으로 나타날 수도 있다. 이는 대규모 상징 건축물과 함께 나타나기도 하고, 체제 선전을 위한 조형물과 함께 나타나기도 한다. 예를 들어, 평양의 상징 광장은 김일성광장뿐만 아니라 도시 전반에 걸쳐 분포하는 상징 건축물(조국해방전쟁 승리기념관이나 학생소년문화궁전 등)과 함께 나타나기도 한다. 반면에 상징 공간은 도시의 중심이 되는 공간으로 각 도시에서 유일하게 나타나며, 도시 조직 전반에 걸쳐 물리적인 영향을 끼친다.[1] 따라서 규모 면에서나 의미 면에서 상징 공간은 상징 광장과는 구분해서 이해해야 하는데, 상징 공간은 하나의 도시공간요소로 이루어지기보다는 여러 개의 도시공간요소가 복합적으로 결합되어 나타난다.

북한 도시의 상징 공간을 구성하는 주된 세 가지 요소는 광장의 방향성으로 나타나는 도시의 축, 공공건물 등으로 나타나는 대규모 상징 건축, 그리고 김일성 동상이나 체제 선전을 위한 기념 조형물 등이다.

상징 공간은 대부분 세장형으로 나타나기 때문에, 그 물리적인 구조상 도시에 하나의 축을 형성할 수밖에 없다.[2] 이 경우 상징 공간의 축이 도시 조직과는 별개로 독립적으로 나타날 수도 있고, 또 주변 도시 조직의 축과 융합되어 나타날 수도 있다. 어느 경우에서건 하나의 노드(node)로 인식되는 광장과는 다르게 상징 공간은 선으로 인식되며 축을 형성한다. 린치(Kevin A. Lynch)는 사람들이 도시를 인식하는 구성 요소를 길(path), 면(edge), 노드(node), 지구(district), 랜드마크(landmark) 다섯 가지로 나누었다(Lynch, 1960). 여기서 길은 사람들이 이동을 하게 되는 경로, 즉 도로나 보도 등으로 해석할 수 있으며, 면은 강변이나 해안가, 혹은 다른 물리적인 벽처럼 사람들이 도시 내 한 영역과 다른 영역을 구분해서 인식하게끔 하는 요소이다. 노드는 주요한 교차점이나 광장, 지구는 사람들에게 어떤 성격의 공간으로 인식되는 비교적 넓은 지역의 영역, 그리고 마지막으로 랜드마크는 상징적인 건

---

1) 상징 공간은 지리적으로 대부분 도시의 중심에 나타나기는 하지만, 경우에 따라서는 중심부에 위치하지 않기 때문에 중심 공간이라는 명칭보다는 상징 공간으로 지칭하는 것이 적합할 듯하다.

2) 도시 조직 내에서 세장형이 아니라 정방형으로 대규모 공간을 구성하는 데는 한계가 있으며, 상징성은 세장형이 강조되었을 때 더 효과적으로 나타난다.

축물 등이 될 수 있다. 이러한 구분으로 보았을 때 상징 공간은 어느 하나의 요소로 규정할 수 없는 특징이 있다. 즉, 북한 도시에서 나타나는 상징 공간은 선적인 요소로서 방향성을 강조한다는 면에서 길의 성격을 띠기도 하며, 상징 광장으로서 노드의 특징을 나타내기도 하고, 또 상징 건축물을 포함함으로써 랜드마크의 요소를 함축하기도 한다. 그만큼 도시 구조에서 상징 공간은 물리적으로나 공간 인식적으로나 매우 중요한 역할을 할 수밖에 없다. 이처럼 단순한 대규모 광장으로도 도시의 상징성을 확보할 수 있는 환경에서, 이를 더 큰 도시 조직으로 확대하여 축을 형성한다는 것은 북한의 상징 공간 구축에 대한 의지를 반영한다.

여기서 살펴볼 북한의 도시는 평양, 함흥, 청진, 신의주, 남포, 개성, 나진, 원산이다. 이들 8개 도시는 규모와 잠재성 면에서도 주요하지만, 우선 각 도시의 물리적인 특징을 고려해 배분했다. 예를 들어, 서부 도시(평양, 남포, 개성)와 동부 도시(함흥, 원산, 청진) 그리고 북부 국경 도시(신의주, 나진) 등이 지역 배분을 통해 선정되었다. 또한 항구 도시(나진, 함흥, 원산, 청진)와 포구 도시(남포, 신의주), 그리고 내륙 도시(평양, 개성) 등의 구분도 가능하다. 특히 후자의 구분은 각 도시의 상징 공간이 항만(바다)이나 강을 어떻게 받아들이고 대응하는지를 보여주는 데 중요한 물리적인 요소를 제공한다.[3] 이외에도 철로 인프라가 도시의 중심을 관통하는 경우와 그렇지 않은 경우에 따라 상징 공간의 구성이 달라지는 것을 확인할 수 있다.

3) 청진이나 남포, 나진 등 항구나 포가 있는 도시들을 보면 바다와 강을 하나의 도시 요소로 인식하고 그들의 방향성을 고려해 상징 공간축을 구성하는 것을 알 수 있다.

1) 청진

청진은 함경북도 내에 위치하며 동해안에 면한 도 소재지이다. 인구는 약 67만 명으로 북한 도시 중 세 번째로 인구가 많으며 행정구역상 면적은 1,538km^2, 도시화 면적은 약 55km^{2}이다. 전체 면적 중 41% 이상이 산악 지형으로 구성된 청진은 제한된 면적에서 강과 운하를 따라 도시가 발달해 있다. 청진은 비교적 격자 체계가 잘 갖추어진 도시이며, 철로와 운하를 따라 선형으로 발달한 도시이다. 이는 청진이 광복 이후 도시의 조직을 갖추어가기 시작했기 때문으로 해석된다. 청진의 상징 공간은 이러한 체계 속에 하나의 질서로 자리 잡고 있는데, 청진역의 배면에서 시작하여 도시의 격자 체계를 따라 항구까지 약 1.7km에 달하는 광장이다. 이 공간이 시작되는 위치에서 보았을 때, 상징 공간은 현재의 남-북 방향과는 다르게 동-서 방향으로

〈그림 1.1〉 **청진 상징 공간**

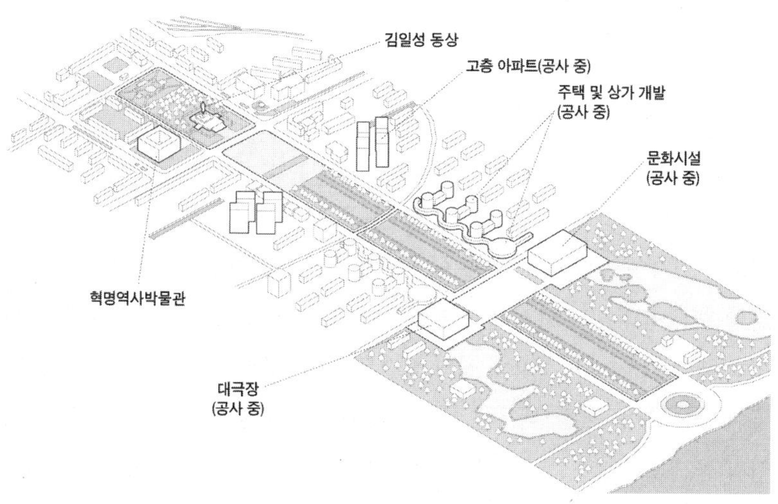

자료: 임동우·루나(2014).

구성될 수 있는 가능성이 충분히 있었지만, 현재의 방향성으로 구성된 이유는 상징 공간이 바다 방향으로 축을 형성해 상징 공간의 공간감을 극대화시키기 위한 것으로 보인다. 현재는 김일성 동상을 중심으로 상징 공간축 상으로 전면부와 후면부만 광장으로 계획되어 있다. 특히 전면부(동상의 남쪽)의 경우, 광장을 형성하기 위하여 하천을 복개한 모습이 보이기도 한다. 자료에 따르면 북한은 이미 구성되어 있는 상징 공간축을 적극적으로 활용해 그 주변부에 새로운 고층 아파트, 문화시설 등을 배치해 이 상징 공간의 효과를 더욱 극대화할 예정이다(NK News, 2013년 5월 30일 자). 궁극적으로는 1.7km에 달하는 상징 공간 주변이 새롭게 개발됨으로써 상징 공간축이 더욱 강조될 것으로 보인다.

2) 함흥

함경남도 도청 소재지인 함흥은 동해안으로 흐르는 성천강을 따라 도시가 발달했다. 함흥은 인구 76만 명으로 평양 다음으로 북한에서 가장 큰 도시이다. 성천강을 따라 약 48.5km^{2}의 도시화 면적을 갖고 강 동쪽으로 발달했으며, 강의 서쪽은 대부분 농경지로 개발되었다. 함흥의 도시축을 형성하는 중요한 두 개의 인프라는 성천강을 가로지르는 철로와 이와 평행하게 만수다리가 있는 도로이다. 함흥의 도심에 있는 세장형 아파트들은 대부분 이 도로에 면하여 개발되어 있다. 함흥은 청진만큼 격자형 구조가 발달하지는 않았지만, 어느 정도 도시의 축을 읽어낼 수 있는 이유는 이 두 개의 강한 선형 인프라 때문이다. 함흥의 상징 공간은 이 두 인프라 사이에 위치하며, 함흥의 중층형 아파트는 대부분 이 공간의 주변으로 형성되어 있다. 청진에서 상징 공간을 형성하는 주요소가 김일성 동상이었던 것에 반해, 함흥에서의 상징 공간은 함흥대극장이 공간 형성의 주요한 역할을 한다. 함흥 상징 공

〈그림 1.2〉 **함흥 상징 공간**

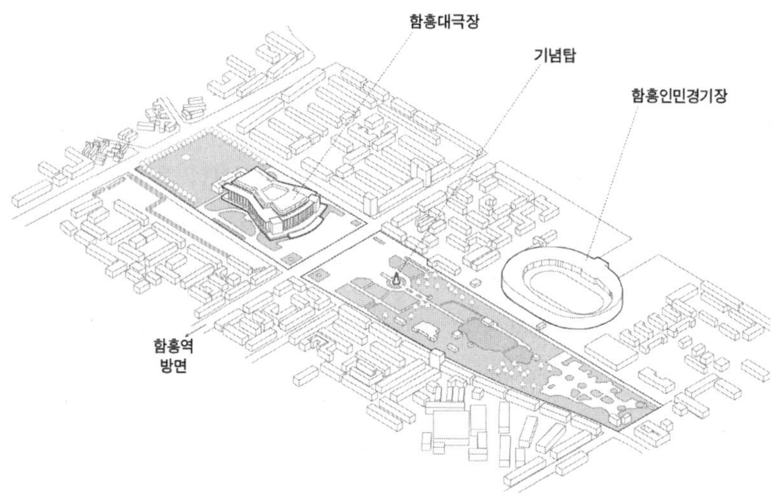

자료: 임동우·루나(2014).

간은 함흥대극장의 후면부 일부와 전면부에 걸쳐서 대규모 광장 및 공원으로 구성되어 있는데, 함흥대극장의 규모를 보면 이 광장은 거의 함흥대극장의 부속 공간처럼 읽힐 정도이다. 1984년 완공된 함흥대극장은 연면적이 약 6만m²로 북한에서 가장 큰 극장이다. 함흥의 상징 공간에는 함흥대극장뿐만 아니라 인민들을 위한 시설인 경기장(3만 5,000석 규모, 1981년 완공), 공원, 기념탑 등이 자리 잡고 있어 도시의 축을 형성하며, 상징 공간의 요소를 모두 갖추었다고 볼 수 있다. 이 공간은 또 다른 기념탑까지 연장 길이 약 1.6km로 발달해 있다. 이 중 약 0.6km에 달하는 공간은 축의 연장선상으로 공간이 구성되어 있지만, 공원이나 문화시설 등 특별한 공공 공간으로 계획되어 있지는 않다.

3) 개성

개성은 익숙한 이름에 비해 북한 내에서 그다지 큰 도시는 아니다. 인구 면에서 아홉 번째로 도시 주민은 약 30만 명이며, 도시화 면적은 약 14km^{2}에 지나지 않는다. 북한에서 행정구역 면적으로 개성보다 작은 도시는 신의주와 송림 정도뿐이다. 개성은 한국전쟁 이전 남한의 도시였다는 이유로 북한의 도시 중 가장 전쟁의 피해가 적은 도시 중 하나가 되었다. 이는 다시 말해, 기존의 도시 조직 때문에 도시에 새로운 축이나 대규모 광장을 조성하기가 힘들었다는 의미이다. 비록 도시 조직 전반에 영향을 미치지는 못하지만, 개성에서 가장 상징적인 축은 자남산의 김일성 동상으로부터 시작되는 약 1.7km 구간의 통일거리이다(폭 약 25m, 보도 포함 40m). 하지만 개성 주민들이 행사를 준비하고 연습하기 위해 모이는 공간은 이 축이 아닌 통일거리와 수직적으로 배치되어 있는 광장이다. 이 광장은 개성학생소년궁전[4)]의 전면부 광장과 개성 남대문과 문화시설 사이의 삼각형 광장이 수직으로 만나면서 구성되고 있다. 이는 도시 내 도로의 축이 어긋나면서 생기는 삼각형 공간을 광장으로 이용하는 전형적인 도시형 광장의 모습을 띠고 있다. 앞서 통일거리가 그러하듯이, 이 광장 역시 도시의 축을 형성하고 있지는 못하지만, 상징 공간의 나머지 두 개 요소, 즉 김일성 동상과 문화시설이 이 공간을 형성하는 데 주요한 역할을 하고 있다. 여기에 나타나는 김일성 동상의 특징은 김일성과 아이들이 함께 있는 것인데, 이것이 가능했던 이유는 김일성의 우상화를 위한 동상과 공간은 앞서 언급한 자남산에 형성되어 있기 때문으로 보인다. 여기서 나타나는 상징 공간 내의 삼각형 광장의 길이는 약

---

4) 1961년 6월 개성시 북안동 모락재의 2만m^{2}의 부지에 1만m^{2}의 연면적으로 건설되었다. 36개의 소조실을 갖추고 하루 평균 약 2,000명의 학생을 가르치고 있다.

〈그림 1.3〉 **개성 상징 공간**

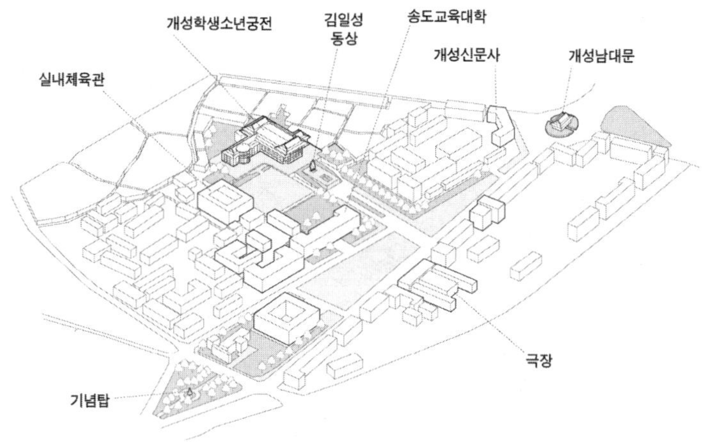

자료: 임동우·루나(2014).

300m로 역시나 도로의 축이 어긋남으로써 구현된 뉴욕의 타임스스퀘어 광장의 길이와 비슷하다.

4) 남포

남한의 인천격인 남포는 조선 시대의 작은 어촌 마을로 시작했으나 1897년 통상 항구를 개항하고 1906년 일제가 진남포부를 설치하면서 일제 시대에 본격적으로 개발이 되었다(북한지역정보넷). 남포는 1980년대 김일성의 현지 방문을 계기로 도시 개발의 기본 방향을 평양의 최대 위성도시이자 국제 항구 도시로 개발하고자 했으며, 북한 서부 지역의 공업 지구를 이곳에 집중시키기로 한다(김원, 1990). 인구가 약 37만 명인 남포의 도시화 면적은 약 51km²(행정구역 면적의 약 4.1%)로 북한 제2, 3의 도시인 함흥이나 청진과 비슷하다.[5] 개성처럼 남포의 상징 공간 역시 도시 전반에 걸친 도시 조직의

〈그림 1.4〉 **남포 상징 공간**

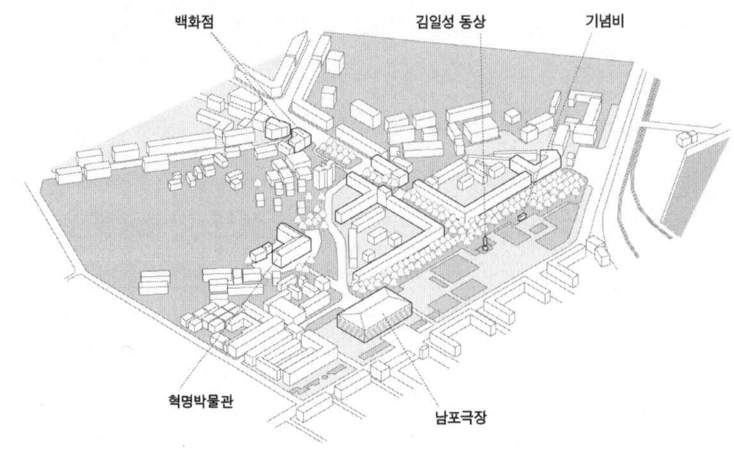

자료: 임동우·루나(2014).

축을 형성하고 있지는 못하며, 공간의 구성 역시 십자형으로 개성의 상징 공간과 유사성을 찾아볼 수 있다. 십자형의 공간에서 중심을 차지하고 있는 것은 김일성 동상이며, 동상을 중심으로 대동강을 향하는 남쪽으로는 폭 25m의 거리가, 북쪽으로는 녹지 공원이 조성되어 있다. 이 남북을 가로지르는 축은 총 1km에 달하며 그중 남쪽 절반은 거리로 조성되어 있다. 김일성 동상이 동서의 축을 향하지 않고 남북의 축을 향하고 있다는 것은 이 십자형 상징 공간에서 남북 축의 위계가 더 높다는 것을 의미하며, 이는 여타 항구 도시들과 마찬가지로, 바다 혹은 강으로 향하는 축을 중요시한 북한의 도시 공간계획의 의도를 잘 내포하고 있는 것으로 보인다. 남포의 상징 공간의

---

5) 남포의 행정구역 면적은 560km^2로 619km^2인 함흥과 견줄 수 있는 반면, 청진은 행정구역 면적이 1,538km^2로 도시화 면적은 매우 비슷하나 행정구역상 면적으로는 많은 차이를 나타내고 있다.

특징은, 상징성을 강조하기 위하여 선형적인 아파트를 주변에 배치했다는 점이다.[6] 남포의 대부분 지역에서는 단층형 주거들이 불규칙하게 나타나는 편이다. 이렇게 질서가 잡히지 않은 도시 조직에서 남포의 십자형 상징 광장은 도시의 질서를 확립해주는 역할을 한다. 이와 함께 남포역 앞 광장과 평양-남포 간 고속도로인 청년영웅도로의 연장 도로가 수직으로 만나는 남포의 또 다른 십자형축은 남포에서 가장 발달된 도시 조직을 갖춘 지역이다.

5) 신의주

평안북도 도청 소재지인 신의주는 일제 시대 경의선이 완공되면서 본격적으로 발달한다. 신의주의 발달은, 한반도와 압록강을 지나 중국으로 연결되는 철로를 건설하는 여러 가지 대안 중, 본래부터 중국과 조선의 사절단이 이용하던 의주 대신 그곳으로부터 20km 정도 하구로 내려와 지금의 단둥 맞은편에 철로를 건설함으로써 시작되었다. 개성처럼 신의주 역시 우리에게는 익숙한 도시이지만 행정구역상 면적은 매우 작다. 약 134km^{2}에 지나지 않아 북한에서 두 번째로 작은 면적이다. 반면 신의주의 도시화 면적은 행정구역의 7.6%(약 23km^2)로 상당히 높은 편이고, 북한의 도시 중에서도 비교적 격자형 구조가 잘 갖추어졌다고 볼 수 있다. 철로의 발달이 도시화에 지대한 영향을 끼친 도시인만큼, 이 격자 체계는 철로의 방향과 일치한다. 격자 체계는 일제 시대에 형성되기 시작했으며, 경의선이 가로지르는 철로의 남서쪽은 1930년대에 이미 격자 체계를 완성했다. 해방 이후에는 경의선의 북동쪽 지역이 개발되는데, 이 역시 남서쪽 지역의 축을 반영한다.

---

6) 건축에서 외부(absence), 내부(presence)라는 개념으로 많이 설명되는데, 내부를 통해 외부를 규정하는 방식이 종종 쓰인다.

〈그림 1.5〉 **신의주 상징 공간**

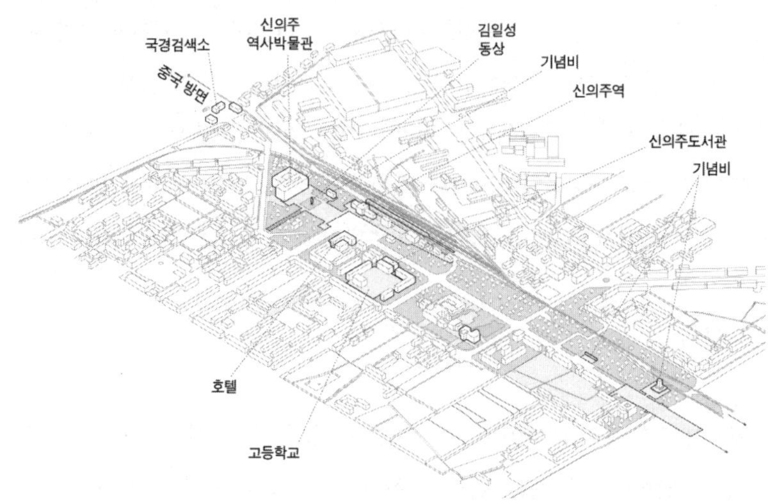

자료: 임동우·루나(2014).

신의주의 상징 공간 역시 이 축을 바탕으로 하고 있다. 경의선을 따라서 발달한 상징 공간의 축은 신의주역 광장과 공원까지 포함하면 약 1.5km에 달하는 긴 세장형 공간을 형성한다. 상징 공간의 축이 도시를 관통하는 철로의 방향과 일치하는 경우는 함흥에서도 나타나지만, 이처럼 철로변으로 상징 공간이 나타나는 경우는 매우 이례적인 것으로 보인다. 이 상징 공간은 상징 건축물이기도 한 문화시설의 전면 광장과 김일성 동상에서부터 시작한다. 이는 바로 신의주역 앞 광장에 접하며, 철로변 공원으로 확대된다. 도시 조직의 축이 이미 상징 공간의 축과 일치하므로, 상징 공간을 강조하기 위하여 선형의 주거를 배치하는 식의 방식은 취하고 있지 않다. 또한 신의주역에서 600m 정도 떨어진 영역에서 구지역(경의선의 남서 지역)과 신지역(경의선의 북동 지역)이 교차하는 지점이 발생하고, 신의주의 상징 광장은 이 교차점을 포함하고 있다. 이 교차점이 중요한 이유는 이 부분이 유일하게 철로에 의해서 단절될 수 있었던 신의주의 남서 지역과 북동 지역을 같은 도시 조직의 축으로 연결시켜주기 때문이다.

6) 나진

나진은 현재 나진·선봉 지구로 묶여 총 825km^{2}에 달하는 행정구역을 가진 비교적 큰 면적의 도시에 속한다. 하지만 인구는 여전히 나진과 선봉을 모두 합쳐도 20만 명이 채 안 되는 작은 도시이다. 나진은 동해안에 위치하여 산악 지형과 바다 사이에 제한된 지역에서 발달했기 때문에 여타 해안 도시와 비슷하게 방사형의 도시 구조를 취하고 있다. 이러한 상황에서 도시의 축을 형성하게끔 하는 것이 역사박물관과 대극장, 그리고 기념 조형물로 이루어진 상징 광장에서 시작되는 중심 상징 공간이다. 이 상징 공간은 청진

〈그림 1.6〉 **나진 상징 공간**

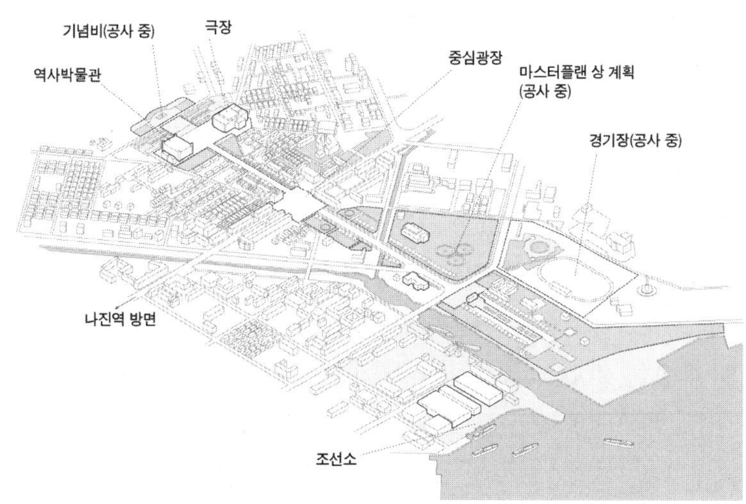

자료: 임동우·루나(2014).

과 같은 해안 도시에서 나타나듯이, 항구로 향하는 방향성을 갖고 뻗어 있다. 이 공간의 특징은 앞서 언급한 상징 광장이 주도로를 따라 방향성을 갖고 연속되다가 다시 공원의 공간으로 전환된다는 것이다. 이는 북한이 단순한 광장이나 공원의 공간만을 상징 공간으로 이용하는 것이 아니라, 도시의 축이 될 수 있는 거리를 이용하여 상징 공간의 규모와 성격을 강조하기도 한다는 점을 보여준다. 1.7km에 달하는 이 직선 공간은 물론 아직 그 주변부가 완성되지는 않았지만, "나선시 중심부 형성 계획을 보고 드립니다"(≪조선일보≫, 2010년 11월 5일 자)에 따르면 북한은 이 상징 공간 주변부를 더욱더 적극적으로 개발할 것으로 보인다. 아직 밀도가 낮고 주변부로의 확장 개발이 충분히 이루어질 수 있는 상황에서 도시화를 다시 중심 상징 공간에서부터 개발해나간다는 점은 북한이 도시 개발을 단순한 도시 확대로 해석하는 것이 아니라, 상징 공간의 강조를 통해 체제의 우월성을 표출하는 방편으로 사용한다는 점을 시사한다.

7) 원산

여타 항구 도시처럼 원산 역시 19세기 말 개항을 시작으로 본격적으로 개발되기 시작했다. 인구 36만 명으로 북한에서 다섯 번째로 큰 도시인 반면, 실제 도시화 면적은 15km^{2}에 지나지 않아 도심 지역의 인구밀도가 북한에서 가장 높은 편에 속한다. 원산의 도시 조직 역시 다른 해안 도시들과 비슷하게 방사형이다. 이는 동해안 지역의 산세가 거칠어 제한된 지형 때문에 불가피했던 선택으로 보인다. 특히 기념탑이나 동상 등을 활용하여 노드를 만들고 거기서 방사형으로 도시 조직이 뻗어나가게 하는 형식은 방사형 도시의 전형적인 모습을 띠고 있다고 볼 수 있다. 이러한 가운데 원산의 상징 공간은 매우 독특한 위치를 점하고 있다. 나진의 경우 방사형 조직을 활용

〈그림 1.7〉 **원산 상징 공간**

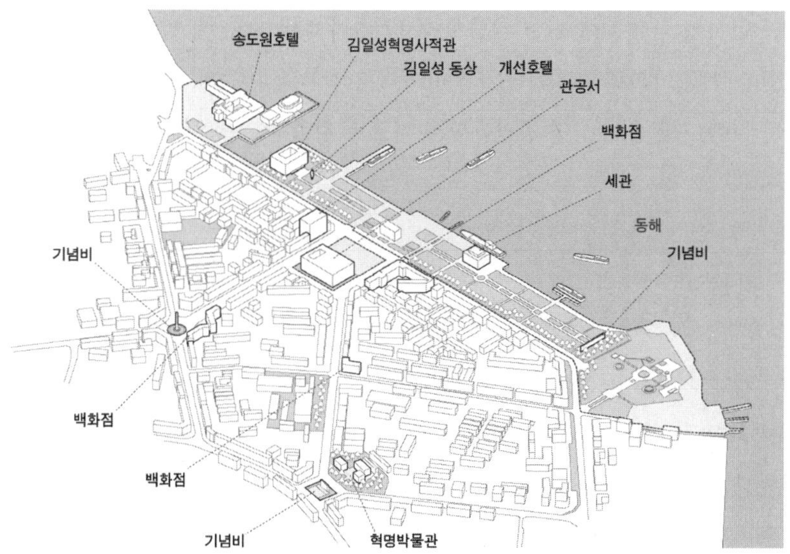

자료: 임동우·루나(2014).

한 상징 공간을 구성하는 데 반해, 원산에서는 항만을 이용하여 상징 공간을 구성한다. 따라서 이 상징 공간은 육지의 방사형 도시 조직보다는 해안의 방향성을 따르고 있다. 이는 해안을 따라 구성된 공원과 문화시설로 판단되는 상징 건축물 앞의 광장이 십자로 교차되는 형태를 띤다. 공원은 김일성 혁명사적관과 김일성 동상으로부터 시작하여 중간에 상징 광장과 교차하고 반대편의 기념비가 나올 때까지 약 1km가량 뻗어 있다. 이 상징 공간의 특징은 이 공간 내에 세관 건물이 있다는 점이며, 이는 무역항인 원산의 지역적 특성을 가장 잘 나타낸다고 볼 수 있다. 이곳의 상징 건축물 또한 원산 내 하나의 노드를 형성하고는 있지만, 전체적인 상징 공간은 다른 도시 조직과는 별개로 독립적으로 존재한다. 또한 김일성 동상이 이 상징 광장에 위치하는 것이 아니라 항만에 발달한 세장형의 상징 공간의 한쪽 끝에 위치하고 있다는 것은 이 상징 공간의 위계와 방향성을 설명한다. 이 세장형 상징 공간의 특징은 기존에 있던 원산혁명사적관과 항구 인근에 있었던 기념물이 최근 모두 자취를 감추었다는 점이다(자유아시아방송, 2011년 5월 9일 자). 이는 북한이 원산의 상징 공간을 지속적으로 정비하고 있음을 반증하는 내용이다.

8) 평양

평양의 상징 공간은 그동안 가장 많이 다루어진 공간이 아닐까 싶다. 우선 나타나는 공간이 1950년대 전후복구과정에서 가장 먼저 복구한 평양의 중심부, 김일성광장 지역이다. 김일성광장으로 대변되는 평양의 상징 공간은 시대에 걸쳐 꾸준히 개발되어왔다. 1950년대에 처음 광장의 모습을 갖춘 이후, 1950년대와 1960년대에 좌우로 조선미술박물관, 조선역사박물관 등이 들어섰다(김영재 외, 2001). 이후 1980년대에 들어 인민대학습당과 대동강 맞은편으로 주체사상탑이 세워지면서 평양의 상징 공간이 완성된다. 특히 인민대학습당에서 김일성광장을 통해 주체탑까지 이어지는 도시의 축은 대동강과 수직으로 만나며 도시 개발의 축을 형성한다. 평양이 대동강으로 인해 동쪽과 서쪽으로 나누어져 있음에도 두 지역이 서로 분리되어 보이지 않는 이유는 상징 공간의 물리적 연속성과 시각적 연계 등이 잘 구현되었기 때문이다. 이 공간에는 상징 공간이 갖출 수 있는 세 가지 요소가 모두 있다. 즉, 도시의 축을 형성하는 상징 광장(김일성광장 및 주체탑 주변 광장), 중심성을 강조할 수 있는 상징 건축(인민대학습당, 조선역사박물관, 조선미술박물관 등), 그리고 마지막으로 체제 선전을 위한 기념 조형물(주체탑)[7]이 하나의 완벽

7) 김일성의 70번째 생일을 기념해 만든 상징 조형물로 1982년 완성되었다. 이 탑은

〈그림 1.8〉 **평양 상징 공간**

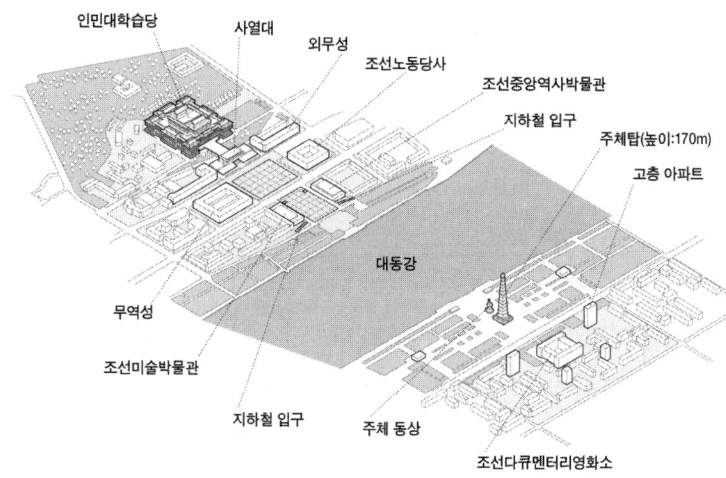

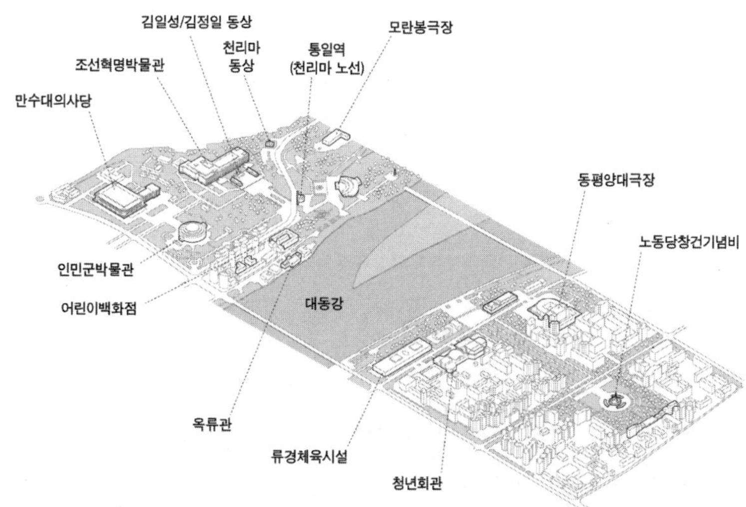

자료: 임동우·루나(2014).

170m 높이에 총 2만 5,550개의 화강석이 쓰였는데 이는 2만 5,550일(70년×365일)을 뜻하는 것이다.

한 도시 공간을 구성하고 있다. 이 상징 공간의 축은 여타 항구 도시나 강을 끼고 있는 도시들에서, 항구나 강변을 향해 수직으로 축을 설정하는 북한 도시에서의 상징 공간의 구성 원리를 그대로 지키고 있다.

평양에는 이 상징 공간의 원칙을 그대로 구현한 공간이 또 하나 있다. 김일성광장의 북쪽에 인민대학습당-주체탑의 도시축을 평행하게 그대로 따르는 상징 공간이 바로 그것이다. 김일성, 김정일 부자의 동상[8]이 있는 조선혁명박물관 앞 광장(혹은 만수대기념비광장)에서부터 시작하여 도시의 축을 따라 대동강 맞은편의 노동당창건기념비까지 이어지는 공간이다. 대동강을 가운데로 하고 대칭적으로 나타나는 이 두 개의 상징 공간은 북한이 도시의 축을 구현하는 방식을 잘 나타내며 이들 공간을 통한 도시의 중심성을 확보하기 위한 노력을 보여준다. 창건기념비는 주체탑과는 다르게 대동강변에 위치하지 않고 한 개의 도시 블록을 지나 더 도시 조직 안쪽에 자리 잡고 있다. 이로써 창건기념비 앞으로 세장형의 상징 공간을 형성할 수 있게 되었으며, 이는 비교적 취약한 서쪽 축(만수대기념비광장)의 방향성을 보완하는 기능을 한다.

3. 북한에서 상징 공간의 의미

북한에서 상징 공간은 모든 도시에서 나타난다. 다만, 규모가 작은 도시들에서는 상징 광장이 상징 공간을 대체하기도 한다. 북한에서의 상징 공간은 사회주의 도시계획이론의 영향뿐만 아니라 북한의 정치 체제를 유지하기 위한 일환으로서 더욱 적극적으로 계획된 듯하다. 김일성과 김정일의 현

8) 김일성 동상의 높이는 22.5m로 광화문 광장의 세종대왕 동상보다 두 배가량 높다.

지 지도는 전제왕권시대에 절대적인 주권을 갖는 왕의 권위와 권력을 보여주며 곳곳에 세워진 김일성 동상과 김정일 사후 진행되고 있는 김정일 동상 제작 현황이 이를 대변한다. 이러한 현상은 북한을 하나의 극장 국가로 인식하고 해석할 수 있는 근거를 제시한다(와다, 2002). 이는 기어츠(Clifford Geertz)가 주장하는 '극장 국가'를 바탕으로 북한의 사회현상을 해석한 것인데, 그는 물리적인 압력이 아니라 의례화된 국가의 행사를 통해 국가권력, 혹은 왕권 체제의 기반을 확고히 할 수 있다고 보았으며, 이는 그대로 북한 사회에 적용되고 있다(정병호, 2010).

북한의 도시에서 나타나는 물리적 상징 공간이 이러한 사회적 현상, 즉 극장 국가를 형성하기 위한 수단으로서 만들어졌는지, 아니면 반대로 사회주의 도시계획 차원에서 먼저 구성되고, 이들 공간이 추후에 극장 국가의 틀을 유지하기 위해 사용되었는지 선후 관계에 대한 것은 명확하지 않다. 하지만 확실하게 현상적으로 나타나는 것은, 현재 북한의 상징 공간들이 대부분 의례화된 북한의 행사를 진행하고, 또 준비하기 위한 공간으로 사용되고 있다는 점이다. 대부분, 북한에서의 상징 공간과 광장은 일상의 공공 공간으로 점유되고 있지는 않다. 이는 이 공간의 물리적 특성이 어떠한가와는 별개로 사회적인 환경이 어떻게 구성되고 정착되었는지와 더 밀접한 관련이 있을 것이다.

하지만 그럼에도 북한 도시 내에서 나타나는 상징 공간은 김일성의 우상화 작업을 위한 상징 공간과는 구분해서 보아야 할 것이다. 북한 전역에 걸쳐 조성된 우상화 작업을 위한 상징 공간들은 대부분 혁명 전적지와 혁명 사적지를 바탕으로 조성되어 있다. 이는 김일성과 김정일의 투쟁 역사를 역사적인 장소에서 생동감 있게 보여주어 인민들에게 혁명 전통을 고무시키고 김일성 부자의 우상화 작업을 효과적으로 진행하기 위함이다. 이는 도시 내 도시 조직의 일부로서 구성된다기보다는, 역사적인 사적지에 기초하여 구성된다는 면에서 도시 내 상징 공간과는 구분해야 할 것이다. 즉, 이 두 공간이 현재는 모두 체제의 선전과 국가 의례를 위한 공간으로 사용된다고 할지라도, 근본적으로 공간이 구성되는 원리와 물리적 특성은 다르다는 것이다.

도시 내 상징 공간 내에도 우상화 작업을 위한 노력이 없는 것은 아니다. 이는 대부분 김일성, 김정일 동상이나 체제 선전을 위한 상징 조형물 등으로 나타난다. 역사적으로 광장의 발달이 국가나 왕권의 우월성을 위해 조성된 경우에는 이 같은 조형물 혹은 동상이 흔하게 나타난다. 이러한 조형물은 그 공간의 성격을 규정하기도 한다. 그래서 동유럽 국가에서는 왕권 시대가 끝나고 사회주의가 시작되면서 왕권 시대와 관련된 광장의 조형물들을 철거하고 사회주의를 선전할 수 있는 조형물로 대체했다가 다시 사회주의가 끝나면서 이 조형물 역시 철거되는 과정이 종종 있어왔다. 즉, 물리적인 공간은 대동소이하게 유지되었지만 공간에 정치적·사회적 색깔을 입히는 작업은 계속해서 변화하는 것이다. 이러한 점은 북한의 상징 공간을 어떻게 바라볼 것인가에 대해 생각하게 한다. 북한의 도시에서 나타나는 상징 공간 역시 물리적 공간에 정치적·사회적 색이 입혀져 있는 상태이다. 이 둘을 구분하지 않고 이 공간을 이해한다면, 사회의 변화와 함께 공간의 파괴를 가져올 수도 있는 경우가 발생할 것이다.

참고문헌

국내 자료

김영재·최정환·한동수. 2001. 『해방 이후, 서울과 평양의 도심공간구조와 그 특성에 관한 비교 연구』. 대한건축학회논문집. 대한건축학회.

김원. 1990. 「북한의 도시개발정책에 관한 연구」. 한국지방정책연구원.

_____. 1998. 『사회주의 도시계획』. 보성각.

김현수. 1994. 「북한의 도시계획에 관한 연구」. 서울대학교.

북한도시사연구팀 엮음. 2013. 『사회주의 도시와 북한: 도시사 연구방법』. 도서출판 한울.

서울시정개발연구원. 2007. 「서울과 평양의 도시 간 교류 및 협력방안 연구」. 서울특별시.

와다 하루키(和田春樹). 2002. 『북조선』, 서동만·남기정 옮김. 돌베개.

임동우. 2011. 『평양, 그리고 평양 이후』. 효형출판사.

임동우·루나, 라파엘(Rafael Luna) . 2014. 『북한 도시 읽기』. 담디.

정병호. 2010. 「극장 국가 북한의 상징과 의례」. ≪통일문제연구≫, 제22권 제2호.

최완규 엮음. 2004. 『북한 도시의 형성과 발전: 청진, 신의주, 혜산』. 도서출판 한울.

_____. 2006. 『북한 도시의 위기와 변화: 청진, 신의주, 혜산』. 도서출판 한울.

북한지역정보넷(www.cybernk.net/)

NK News. 2013.5.30.

자유아시아방송. 2011.5.9.

≪조선일보≫. 2010.11.5.

국외 자료

Andruz, Gretory, Harloe, Michael, and Szelenyi, Ivan(Eds.). 1996. "From the Socialist to the Capitalist City: Experiences from Germany." *Cities After Social-*

ism: Urban and Regional Change and Conflict in Post-Socialist Societies. Blackwell.

Bater, James H. 1980. *The Soviet City: Ideal and Reality*. Sage Publications.

Blau, Eve, and Rupnik, Ivan. 2007. *Project Zagreb: Transition as Condition, Strategy, Practice*. Acta.

Brade, Isolde, Axenov, Konstantin, and Bondarchuk, Evgenij. 2006. *The Transformation of Urban Space in Post-Soviet Russia*. Routledge.

French, R. A., Hamilton, F. E. Ian. 1979. *Socialist City: Spatial Structure and Urban Policy*. John Wiley & Sons Ltd.

Lynch, Kevin A. 1960. *The Image of the City*. MIT Press.

Merrifeild, Andrew. 2002. *Metromarxism: a Marxist Table of the City*. Routledge.

Saunders, Peter. 2007. *Social Theory and Urban Questions*. Routledge.

Zhao, Lian. 2006. *Modernizing Beijing: Moments of Political and Spatial Centrality*. Harvard University.

제2장

수치지형도를 활용한 북한의 평성과 함흥의 도시공간구조

안재섭 | 동국대학교

1. 서론

1) 연구 배경

공간 구조는 본질적으로 상호작용이 항시 이루어지고 있는 유기체라고 볼 수 있으며, 조직화된 공간 구조는 정태적이지만 기능적인 상호작용에 의해 동태적인 구조를 이루게 된다(Bourne, 1982). 공간 구조란 상호작용이 상존하는 기능체이고 공간상의 관계는 실제적인 연계와 연결에 의해 이루어지며 그 형태는 상호작용이라는 매체를 동반한다. 따라서 공간적 상호작용에 의해 공간 구조가 형성되며, 일단 새로이 형성된 공간 구조는 또 다른 공간적 상호작용을 유발한다. 이와 같이 공간적 상호작용과 공간 구조는 인과적이며 누적적인 메커니즘 아래 계속 변화하고 있다. 따라서 공간 구조가 어떻게 변화하고 있으며 그 동인은 무엇이고 그 동인들의 유동에 영향을 주는 요인들은 무엇인가에 대한 연구가 필요하다.

한국의 경우 공간 구조를 변화시키는 주요 동인들이라고 볼 수 있는 인구 이동, 자본 흐름, 물자 유통, 기업 활동 및 기술 확산 등의 지역 간 상호작용을 통해 관련 방식이 과거에 비해 급격하게 핵심 지역을 지향하여 지속적으로 이동하거나 또는 그 반대 방향인 주변 지역을 지향하여 지속적인 이동이 이루어지면서 공간 구조상에서 변화가 생기고 있다. 또한 공간 구조의 변화 정도와 강도는 이들의 이동 방향과 이동 강도에 의존한다고 볼 수 있으며, 흐름의 양과 이동 강도는 핵심 공간과 주변 공간의 내재적 특성과 두 공간의 이동을 원활하게 해주는 교통과 통신의 발달에 따라 달라진다고 할 수 있다.

도시공간구조는 도시의 내부 구조를 뜻하며, 도시 지역을 구성하고 있는 요소의 배열 상태 내지 배열 방식을 의미하는 동시에 배열된 각 요소와 전체와의 관계를 의미한다(남영우, 2007). 여기서 도시를 구성하고 있는 요소는 도시 내부에 존재하는 등질적 공간 또는 기능적 공간을 말한다. 초기의 도시 연구자들은 도시의 공간 구조를 구성하는 각 요소의 연구에 중점을 두었으나 이후 차츰 요소 간의 공간적 관계, 기능적 관계, 인과 관계에 관심을 두고 연구하고 있다. 더욱이 최근에는 거대도시화 및 탈도시화되는 과정에서 도시 구조가 반드시 도시 내부만에 국한되지 않는 경향으로 발전하고 있다.

이 연구는 북한의 평성과 함흥의 도시공간구조의 특성을 분석하기 위한 것이지만, 공간 구조를 설명하기 위한 여러 요소에 대한 접근이 매우 어렵고, 공간 구조를 파악할 수 있는 주요 동인에 대한 기초 자료 또한 무척 미흡했기 때문에 제대로 수행할 수 없었다. 다만 평성과 함흥의 도시공간구조 연구를 시작하는 차원에서 국토지리정보원에서 발간하는 수치지형도와 구글(Google)에서 제공하는 구글어스 인공위성 영상을 이용해 두 도시의 토지 이용 현황을 중심으로 공간 구조에 대한 연구를 수행했다.

2) 연구의 범위와 방법

이 연구의 공간적 범위는 북한의 평성과 함흥이다. 평성은 평양과 행정구역이 접해 있으며, 평양의 위성도시격이다. 동서로는 성천군·은산군과 평원군, 북쪽으로는 순천시와 숙천군과 접해 있다. 평성은 북한의 최대 도시이자 수도인 평양과 인접해 있고 총 면적은 397.6km^{2}이다. 인구는 2008년 기준 28.4만 명 정도로 추정되며 꾸준히 증가하고 있다. 교통이 편리한 평성은 최근까지도 평양의 관문도시 기능을 하며, 일용품을 생산하는 경공업과 기계공업이 발달한 도시로 알려져 있다.

함흥은 함경남도의 도청 소재지로서 과거부터 행정과 문화, 교육의 중심지 기능을 갖춘 동해안의 항구 도시이다. 행정구역상 낙원군, 홍원군, 신흥군, 영광군, 함주군과 경계를 이루며 시의 남부 구역인 흥남 구역은 과거 분리되었던 적도 있으나 현재는 통합되어 하나의 시를 구성하고 있다. 함흥의 총 면적은 555.4km^{2}이고, 인구는 2008년 기준 약 76.8만 명으로 추정되며 인구 규모상 북한에서 평양에 다음가는 도시이다. 함흥은 일제 강점기 때부터 군수공업이 입지한 공업 도시로서의 기능이 발달했다. 현재에도 성천강 연안 및 해안에 화학공업지구를 비롯하여 방직공업, 군수공업, 신발 공업이 입지해 있는 것으로 알려지고 있다.

연구의 내용적 범위는 도시 내부의 공간 구조에 관한 일반적인 내용을 정리하는 한편, 북한 도시의 도시공간구조를 평성과 함흥의 사례로 살펴보고자 시도했다. 그러나 북한 지역에 관한 여러 자료에 대한 제한점이 있기 때문에 자세한 도시공간구조를 파악하는 데 어려움이 있다. 다만, 이 연구는 평성과 함흥에 대한 2만 5,000분의 1의 수치지형도 21개의 도엽 분석을 통해 각 도시의 자연환경, 토지 이용 현황과 교통 상황 등의 실태를 중심으로 거시적 맥락에서 공간 구조를 파악했다.

연구 방법은 각 도시의 도시공간구조를 살펴보기 위해 수치지형도를 이용한 지리정보시스템(GIS)을 활용하여 공간 정보 등을 분석했다. 2만 5,000분의 1 수치지형도와 구글어스의 위성영상 이미지 정보 등 관련 자료를 이용하여 여러 주제도를 작성했다. 마지막으로 이 연구에서는 문헌 자료와 주제도의 결과를 기초로 두 도시의 도시 발전 및 도시공간구조를 전망했다.

2. 도시공간구조와 북한 도시의 특성

1) 도시공간구조의 일반론

(1) 등질적 구조와 기능적 구조

공간 구조에 관한 연구는 공간 위에 자리 잡고 있는 사물과 현상의 분포를 구조적으로 파악하는 것이다(김형국, 1997). 도시 구조를 고찰하기 위해서는 사회적·물리적 요소들의 공간적인 분포와 이들 분포 간의 관계를 파악하는 것이 중요하다. 일반적으로 도시 구조라고 하면 그것은 도시의 내부 구조를 뜻하며, 그 구조는 도시의 '공간적 구조' 또는 '지역적 구조'를 가리킨다. 도시에 집중해 있는 각종 도시 기능은 일정한 위치와 면적을 차지하여 입지하며, 이 기능들의 입지가 어떻게 배치되어 있는가 하는 것이 곧 도시의 내부 구조를 파악하는 연구의 시작이다.

도시의 다양한 기능들의 입지는 도시가 점점 커지면서 유사한 기능들끼리 모이고 상이한 기능들끼리는 밀어내면서 전문화된 집적 지구를 형성하게 된다. 이렇게 도시 내 상이한 장소에 특정 경제활동이 집적함으로써 도시 내부에는 각기 성격을 달리하는 여러 종류의 기능 지역들이 존재하게 된다. 여러 종류의 기능 지역은 도시 전체를 구성하는 부분 공간으로 '등질적 구조'와 '기능적 구조'로 관계를 맺고 있다(남영우, 2007).

부분 공간의 등질적 구조는 토지 이용의 공간적 분화에 따른 구성 요소의 배열 상태가 동일한 속성을 지니는 것으로 파악할 수 있다. 이러한 속성을 지닌 등질지역구조는 각 부분 지역의 사회경제적 속성의 지역 분화와 그 결과 이루어지는 등질 지역의 형성이라는 측면에서 접근할 수 있다. 지역 분화 혹은 지역 차별화는 장소에 따라 각종 경제활동의 입지가 이루어지는 과정으로서, 이는 한 지역의 토지 이용이 그보다 작은 지역으로 분화되는 과정으로 볼 수 있다. 따라서 사회경제적 지역 분화는 토지 이용의 패턴이 지역별로 상이함에 따라 비롯된 것이며, 그 결과 각 지역의 사회경제적 속성을 반영하는 토지 이용 패턴이 형성되는 것이다.

부분 공간의 기능적 구조는 각 부분 공간의 상호 간에 무언가의 기능적 연계를 고려하여 설명하는 것이다. 이러한 기능적 구조를 고려하는 연구에서 첫 번째 단계는 연구 지역의 결절 구조를 파악하는 일이다. 이는 유동 구조를 규명함으로써 가능해진다. 또한 유동 구조를 규명하기 위해서는 두 가지 접근 방법이 가능하다. 하나는 장소와 장소 간의 유동과 그 규모를 분석하는 것이며, 다른 하나는 장소 간 유동의 공간적 통합체를 찾아내는 것이다. 두 번째 단계에서는 설정된 각 결절 지역의 특성을 밝히기 위하여 출발지와 도착지의 생성 요인을 도출하고, 지역별 사회경제적 특성에 관련된 변수를 동원하여 그 자료 행렬에 인자 분석 등을 적용하는 것이다. 이 경우에는 각 인자의 고유치, 인자 부하량, 인자 득점 등을 검토함으로써 인자의 수와 각 인자의 상대적 중요성이 밝혀지게 된다.

도시의 공간 구조는 등질적 구조의 등질지역관점과 기능적 구조의 기능지역관점으로부터 입체적으로 접근할 수 있다. 즉, '등질 지역이나 기능 지역을 구성하는 부분 공간이 서로 기능적 관계를 갖고 여하히 결합하여 전체 지역을 이루게 되는가' 하는 결합의 방법이 공간 구조이며, 이와 같은 구조화의 결과를 분석하는 작업이 공간 구조를 파악하는 일이 되는 것이다.

(2) 도시 공간의 구성

공간 구조는 다수의 부분 공간이 모여 각기 주어진 역할을 다함으로써 더 큰 전체 공간을 구성하여 한 차원 높은 또 다른 기능을 발휘하게 되는 경우를 일컫는다. 공간이 구조화되기 위해서는 전체 공간(대공간)을 구성하는 부분 공간(소공간)이 서로 기능적으로 관계를 맺고 있어야 한다. 각 부분 공간에는 상호 간 무언가의 기능적 연계가 있어야 비로소 공간 구조가 성립되는 것이다(남영우, 2007).

도시 공간의 구성에는 조성, 조직, 구조 메커니즘이 작용한다. 첫 번째, 조성 메커니즘은 성격과 양상을 달리하는 공간들로 구성되어 있음을 의미한다. 도시 공간은 전체가 동일한 것이 아니라, 성격과 양상을 달리하는 지역들로 구성되어 있다. 각 기능 지역을 구분하는 기준은 그 지역을 구성하고 있는 조성 요소가 무엇인가에 근거하게 된다. 도시 공간을 파악하는 데 공간을 형성케 하는 조성 메커니즘에만 주목하는 것은 불충분하므로 기존의 공간을 해체하거나 그와 대립되는 조성 요소를 파악하는 것도 중요하다.

두 번째, 조직 메커니즘은 조성 요소의 조직 상태, 조성 자체의 특성과 상호작용으로 결정된다. 조성 요소가 동질적이라도 그 조직 상태의 차이에 따라 공간적 속성은 달라지며, 일반적으로 조직 메커니즘이란 여러 조성 요소 자체의 특성과 상호 관계로 결정된다. 예를 들어 주거 공간과 상업 및 업무 공간의 지역성에서 차이가 나타나고, 주거 공간이 저급·중급·고급 주택지로 분화되는 것처럼 조성 메커니즘의 차이는 필연적으로 조직 메커니즘상의 차이로 표현된다.

세 번째, 구조 메커니즘은 조성 요소의 존재와 그들의 상호 관계, 즉 조직을 보장하고 그들이 가능하도록 매개하는 틀의 역할을 담당한다. 조성과 조직이 기능하도록 하는 틀로서 구조 메커니즘에는 자연환경, 기반 시설, 사회간접자본 등이 포함된다. 주택, 상점, 기업, 공장 등과 같은 조성 요소가 각기 입지하려는 경우에 자연과 도시 인프라는 구조적 상황에 맞게 자리 잡게 된다. 이는 각 조성 요소의 고용한 활동을 유지하고 보장하는 기본 틀이 자연과 인프라이기 때문이다.

결과적으로 도시 공간은 집단성, 결절성, 비농업성이라는 도시의 본질에 따라 조성 메커니즘이 정해지고 그들 간의 조직 메커니즘이 이루어지며, 이들을 구조 메커니즘이라는 틀에 맞추어 수용함으로써 형성된다는 것이다.

(3) 도시공간구조 이론

도시공간구조 이론에는 허드(Rechard M. Hurd)의 성형(星型) 이론에서부터 시작해, 생태학적 관점에서 사회경제적 집단에 따라 토지 이용이 동심원적으로 이루어진다고 밝힌 버지스(Ernest Burgess)의 동심원 이론, 공간적 시각에서 주거지 패턴이 부채꼴로 발달해나간다고 본 호이트(Homer Hoyt)의 선형 이론, 도시의 기능적 군집에 따라 도시 내에 다핵이 존재한다고 주장한 해리스(Chauncy Harris)와 울먼(Edward Ullman)의 다핵심 이론 등의 고전 이론이 있다.

이 외에도 유럽 도시의 역사적 발전과 오늘날의 지역 구조를 결합하여 만든 디킨슨(Robert E. Dickinson)의 유럽의 도시구조모형이 있다. 또한 도시 내 구역을 분류하는 방법으로 주민의 사회적 지위, 도시화, 분리계수 등을 산출하여 도시의 사회적 속성을 구조화한 사회지역 분석과 요인 분석이 있으며, 도시 내부의 인구밀도 경사도 변화를 통해 도심 공동화 구조를 규명한 이론도 있다.

또한 교통의 발달과 도시권의 확대로 변화된 도시 구조를 모형화한 밴스(James Vance)의 도시권역모형이 있다. 이 모형의 핵심적인 요소는 기존의 전통적 도심 또는 중심 도시와 독립적인 각각의 권역을 이루고 있는 대규모 자족적인 교외 지역의 등장과 성장이다.

한편, 도시에 대한 연구에 마르크스시스트 경제학을 적용한 관점도 제시되었다(Harvey, 1973). 이는 구조주의 접근 방법으로 알려졌으며, 도시 공간을 자본축적과정에 필수적으로 내재된 지역 불균등 발전과 자본과 노동의 대립에 의한 사회공간적 갈등을 담고 있는 곳으로 본다. 구조주의 관점에서는 어떻게 자본이 순환 과정에서 투자되고 재투자되느냐에 따라 지역적 불균등 발전이 나타나며, 자본순환과정은 도시 공간의 물적 토대의 형성을 필요로 한다고 주장한다. 산업 자본주의에서 도시는 그 물적 토대를 엄청나게 확대시켰으며, 노동력 및 산업 생산의 집적 확대로 팽창한 도시는 기능적으로 분화되었고 도시 간에 계층적 관계가 형성되었다는 입장이다.

이러한 구조주의적 접근은 자본주의 경제체제하에서 도시의 구조적 특성과 변화를 이해하는 데 경제적 접근과 생태학에서 거의 도외시했던 정치적 요인을 주요 요인으로 보고 현대 도시 공간의 발전 과정과 그 속에 내재된 모순 및 갈등 현상을 분석했다는 점에 의의가 있다.

(4) 도시공간구조의 변화에 대한 논의

현재는 도시 내부를 살펴보는 것에서 벗어나 도시가 국내적 요인들뿐만 아니라 세계 경제의 맥락에서 야기되는 과정도 고려해야 하는 단계로 변화하고 있다(Hall, 2006). 최근 세계화 시대의 도시 구조에 대한 많은 연구는 탈산업화 현상과 재산업화 현상, 정보통신기술의 발달을 포함한 새로운 변화에 관심을 두고 있으며, 단지 과거처럼 도시 내부를 살펴보는 것만으로는 도시의 형성과 재형성 과정을 이해할 수 없다는 입장이다. 따라서 훨씬 넓은 시각에서는, 즉 세계 경제가 초국적 기업의 국제적 경영에 의해 상호 연결되는 정도가 증가하고 있다는 것과 같이 도시가 국내적 요인들뿐만 아니라 국경 밖으로부터 야기되는 과정에 의해 형성되는 점도 수용해야 함을 주장한다.

도시는 지방적·지역적·국가적·국제적 요인 등 다층위의 상호작용에 의해 형성되며, 국제적 기능에 의한 영향력은 점차 커지고 있다. 1990년대 이후 도시의 변화에서 국제적 기능이 새롭게 인식되기 시작한 이유는 서구 도시들의 탈산업화, 신흥공업국가 도시들의 성장, 세계 경제의 의사 결정 중심지로서 세계 도시의 급부상 등에서 영향을 찾을 수 있다.

아울러 도시산업구조의 변화, 경제의 재구조화에 대한 도시 인프라의 개선 요구, 소득 계층 및 생활 패턴의 분화에 따른 도시의 사회적·공간적·문화적 변화, 도시 거버넌스의 새로운 구성과 관계 변화 등으로 인한 도시 재생의 논의도 이루어지고 있다. 구체적 사례는 도시재생사업, 도시 재활성화, 도시 쇄신, 창조적 도시 만들기 등에서 찾아볼 수 있다(안재섭, 2011).

2) 북한 사회주의 도시의 공간 구조

(1) 북한의 사회주의 도시 정책

북한의 도시개발정책은 주거지와 근로지의 근접 개발을 통한 공동체 생활을 조성하는 한편, 도시와 농촌을 균형적으로 개발하여 도시와 농촌 주민 간의 생활 격차를 최소화하기 위해 국가 주도 아래 추진되었다(안정근, 2009). 그러나 도시 개발이 주체사상과 같은 정치적 판단에 따라 추진됨으로써 도시 공간의 효율성보다는 정치사상의 실현 또는 선전에 이용되는 전시성 건설이 강조된 측면도 있다.

북한의 도시정책기조는 크게 다음과 같은 세 가지 특성을 지니고 있다(이상준·이영아, 1998). 첫 번째, 사회주의 이념과 주체사상에 기초한 도시 정책이다. 사회주의 이념이 반영된 북한의 도시 정책은 이데올로기로서 사회주의의 우월성을 강조할 수 있는 도시 건설 및 사회주의의 실현이라는 점에서 노동자의 편리한 생활 보장 등을 그 목표로 하고 있다는 점이다. 이런 과정에서 공간적으로 도농 간 차별적 발전이 이루어지는 것을 막고, 일정한 도시 공간 내에서도 자급자족을 실현하고자 하는 것을 목표로 도시를 계획했다.

두 번째, 농촌과의 균형 발전을 지향하는 도시 정책이다. 북한의 도시 정책에서 중요한 것 중 하나는 도농·지역 간 균형 유지를 위한 도시 균형 개발과 군 단위 개발이라는 원칙하에 지방 소도시를 집중 육성한다는 것이다. 지방 소도시의 집중 육성은 도시 정책이라기보다는 오히려 국토공간정책이라고 할 수 있다. 특히 북한의 도시 정책은 대도시화를 경계하고, 대도시의 과도한 성장을 막기 위해 대도시 주변의 위성도시나 지방 도시의 개발을 강조하는 방향으로 이루어지고 있다. 또한 군 단위 개발을 원칙으로 하고 있는데 이 또한 도농 간 균형 개발이라는 원칙하에 계획·개발되는 것이다.

세 번째, 계획경제하에서의 도시 정책이다. 북한의 도시 정책은 이념적으로는 사회주의를, 형평성을 추구하기 위한 방안으로는 도농 간 균형 개발을 통한 지역 격차의 해소를 표방했다. 북한의 또 다른 도시 정책의 방향은 계획경제를 통해 생산성을 높이고자 효율적인 도시 정책을 추구했다는 점이다. 북한에서 도시라는 것은 단순히 경제 발전의 수단으로 여겨져 왔다. 따라서 북한의 도시 개발은 철저히 계획경제체제하에서 작동되어왔으며, 이러한 도시 정책의 목표는 사회주의 국가들에서 공통적으로 나타나는 정책 기조였다.

(2) 북한의 도시화와 도시공간구조의 특성

북한의 도시를 살펴보면 인구 100만 명 이상의 대도시는 평양이 유일하며, 북한의 행정, 교육, 기타 서비스의 중심 도시 역할을 하고 있다. 그다음으로 인구 규모가 큰 도시는 함흥, 남포, 청진으로 이들은 중공업 중심의 도

〈표 2.1〉 **북한의 도시별 분류**

구분		공업 중심 도시		교육 행정, 기타 서비스 중심 도시
		중공업 중심 도시	경공업 중심 도시	
도시 규모 (명)	60만 명 이상	함흥, 남포, 청진		평양
	45만~60만 명 미만	순천		
	30만~45만 명 미만	단천	개성, 개천, 신의주, 사리원, 원산	
	15만~30만 명 미만	안주, 구성, 정주, 희천, 나진·선봉, 김책, 해주		평성
	15만 명 미만	덕천, 만포, 회령, 송림	문천	
도시 입지	해안 도시	함흥, 남포, 청진, 나진·선봉, 해주	신의주, 원산, 신포, 문천	
	내륙 도시	안주, 구성, 정주, 희천, 김책, 순천, 단천, 덕천, 만포, 회령, 송림	개성, 개천, 사리원, 강계, 혜산	평양, 평성

자료: 이상준(2001), 경제체제 개혁에 따른 북한의 도시 성장 전망에 관한 연구를 기초로 재작성했다.

시이다(행정자치부, 2004; 국토연구원, 2005).

북한의 도시화 과정은 ① 평양을 비롯하여 함흥, 청진, 남포, 신의주, 원산, 사리원 등의 전통적인 대도시에서도 도시 규모의 확대와 더불어 꾸준한 인구 성장을 보이고 있다. ② 북한 도시들은 인구 규모가 대체로 작은 편이다. ③ 내륙 도시의 성장을 보인다. ④ 평양 주변 위성도시의 급속한 성장이 두드러지고 있는 점이다. ⑤ 새로운 도시의 육성 전략에 따른 일부 도시의 급속한 성장이 나타나고 있다(홍민, 2012).

최근 북한은 평양을 비롯한 대도시로의 농촌인구 유입이 날로 증가하고 있으며, 특히 평양-남포 간과 평양-사리원 간은 이미 대도시권화되어 주택, 직장, 그리고 각종 생활편익시설 등이 부족한 실정에 이르는 등 도시문제가 발생하고 있다. 북한의 도시는 〈표 2.1〉에서 보는 바와 같이 몇 개의 대도시를 제외하고는 대부분 중소 도시이며, 이들 도시는 중공업을 중시하는 사회주의 계획경제의 특성에 따라 대부분 공업 도시이고, 서비스나 행정 기능 중심의 도시는 평양과 평성 등 극히 일부 도시이다. 사회주의 국가인 북한의 도시계획에서는 '사상교양의 장'으로서의 도시 역할이 강조되고 있다. 이 때문에 도심의 중심부에는 상업 용도의 건물보다는 대규모 혁명 사적지와 광장을 배치시키고 있다. 이러한 현상은 비단 수도인 평양뿐만 아니라 지방 도시의 경우에도 보편적으로 적용된다(이상준·이영아, 1998).

평양을 비롯한 북한 도시의 도심은 상업, 업무의 중심이기에 앞서 정치적 역할을 하는데, 이러한 원인에 의해 북한의 대도시는 일반적으로 도심 광장을 중심으로 하는 단핵적인 도시공간구조를 형성하고 있다.

도시 구조의 특징은 다음과 같다(이상준·이영아, 1998; 이승일, 2009; 임형백, 2009). 첫 번째, 정치사상의 상징인 도심 광장을 중심으로 하는 단핵 구조를 보이고 있다. 이러한 도심 광장은 주로 정치 집회의 장소로 이용되고 있으며, 구소련이나 동유럽 국가의 대도시에서도 공통적으로 나타나는 큰 특징 중 하나이다. 예를 들어 평양의 도심구성체계는 동상-광장-공원 등의 순서로 구축하여 전체적으로 획일적으로 이루어지고 있으나, 최근 들어 도심의 건물들은 획일적으로 가로변에 배치시키지 않고 웅장함과 다양함을 강조하고 있다. 북한의 대도시들은 토지 이용으로 경쟁하지 않으며, 철저한 계획에 의해 생활 서비스 시설 및 상업 시설 등이 편의봉사시설이라는 이름으로 소구역 단위로 배치되는 경우가 많다.

두 번째, 통행 유발을 최소화하기 위한 목적으로 생활 서비스 시설 및 상업 시설 등이 계획적으로 분산 배치되는 구조이다. 북한의 도시에서는 도시 내에서 이동을 최소화하고 자급자족할 수 있는 자족적 생활권을 구축하기 위해 1960년대 '살림집소구역'이라는 집단주거단지를 건설했다. 그러나 건설과 경영 면에서 좀 더 경제적이면서도 주민 생활에 편리한 새로운 생활단위를 조직하기 위해서는 기존 소층살림집 구획보다 확대된 형태인 다층살림집 위주의 ‘살림집소구역’ 조직 방법을 적용하게 되었다. 이는 사회주의적 생활 방식을 도시 건설에 적용한 집단주거단지를 일컫는 것이다.

세 번째, 도시의 생산 활동의 목적에 부합하는 중공업 중심의 토지이용구조이다. 북한의 도시는 생산 활동의 목적에 부합하게 중공업 중심의 경제정책 위주로 발전해옴에 따라 대부분의 도시가 상업, 업무 등 서비스를 공급하기보다는 공업 도시로서의 성격이 강하다. 북한은 도시 내에 집단생산기지 성격의 노동자 지구가 중소 도시는 물론 평양과 같은 대도시 내에도 입지하고 있다. 이는 토지의 국가 소유 등으로 계획에 의한 대규모 개발이 가능한 여건을 활용한 것으로, 이러한 노동자 지구 내의 주택 건설에서 공업화된 기법이 적극적으로 추진되었다.

네 번째, 대중교통 중심의 교통 체계이다. 대중교통 중심의 도시교통으로 이루어지고는 있으나, 북한의 교통 관련 현황은 전체적으로 남한에 비해 열악한 것으로 보인다. 북한의 철도 및 도로 보급 현황은 남한에 비해 전반적으로 낮은 비율이며, 특히 도로는 자동차 등록 대수 및 고속도로의 연장, 도로의 포장률 등이 낮게 나타나고 있다. 이처럼 미흡한 교통 관련 인프라 시설은 체제 전환 혹은 개방 이후 많은 비용을 투자해야 할 부문이며, 이를 통해 대중교통 중심의 도시교통체계를 계속 유지할 수 있도록 해야 할 것이다.

북한의 도시계획 및 개발에서 보이는 문제점은 몇 가지가 또 있다. 북한의 도시는 토지 이용에서 비효율적인 측면이 있다. 공간 이용의 효율성보다는 사상 고양을 위한 공공용지를 도시 내에 과다하게 지정함으로써 공간 이용의 비효율성을 초래하고 있다. 사회주의 체제하에서 북한 지역의 도시 개발은 주체건축사상의 실현과 같은 정치적 이념을 강조하고 있다. 또한 신분계층에 따른 도시 간, 도시 내 주거 환경의 불균형과 정치적 요인에 따른 도시 체계의 왜곡을 들 수 있다. 이는 정치적으로 매우 민감한 사안이나 도시 공간구조의 효율성을 저해하는 심각한 문제점이 되고 있다. 사회주의 국가에서 모순적인 거주 신분의 구분은 공간 구조에 대해 왜곡을 초래할 뿐 아니라 도시 활동에서 비효율성을 낳게 된다. 이 밖에도 북한 도시공간구조에서 나타나는 문제점으로는 도시별로 정체성을 가지지 못하는 획일적인 도시계획을 들 수 있다(임형백, 2009; 이승일, 2009).

3. 수치지형도를 활용한 북한 평성과 함흥의 도시공간구조 분석

1) 평성과 함흥 개요

평성은 평안남도 도 소재지이다. 면적 381km^{2}로 함흥의 절반 규모이지만 평안남도 도 면적의 3%를 차지한다. 인구는 2008년 기준 28만 5,000명으로 추정되며 규모 면에서는 북한 도시 28개 중 12번째에 해당한다. 1964년 10월 김일성이 평양을 보위하는 성새가 되라는 뜻의 '평성'으로 개명한 후 웅장하고 화려한 과학·문화 도시를 표방하며, 현대적 중앙공업과 지방 공업을 가진 도시, 발전된 농촌경리를 가진 지역으로 발전해오고 있다.

평성은 대표적인 과학·문화 도시로서 교육문화시설이 비교적 잘 발달되어 있다고 볼 수 있다. 대표적인 교육기관으로 북한 과학원 본원이 위치해 있으며, 이과대학의 실험 시설과 기숙사 등이 하나의 단지로 조성되어 있다. 과학원 및 그 산하의 연구 기관들은 북한 전체의 연구 기관들을 연계하는 역할을 수행한다. 도 단위 행정구역의 수도로서 사범대학, 의학대학, 수의축산대학, 석탄공업대학, 교원대학, 예술대학 등 분야별 고등교육기관이 입지해 있다.

북한의 교통 체계에서 평성이 차지하는 위치는 매우 중요하고 유리한 편이다. 평양-나진·선봉(평라선) 노선이 평성을 지나고 있으며, 평양으로 들어가는 관문의 역할을 하고 있다. 그뿐만 아니라 평성은 평양-강계 사이의 도로를 연결하는 지점에 있으며, 평양에서 순천, 강동, 성천, 평원, 대동, 증산으로 가는 도로의 연계 지점에 위치해 있다. 평성시장은 현재 북한 최대의 도매시장으로 성장했으며, 하루 이용 인원이 10만 명을 넘을 정도로 그 규모가 크다. 이는 평성의 서쪽과 남쪽이 평양과 접하고 있어 평양으로 들어가는 교통 요충지로서의 위치를 점하고 있기 때문이며, 평양의 경우 출입을 엄격하게 통제하기 때문에 사실상 평양에 필요한 상품을 공급하는 도시로서 많은 유동 인구와 이들 사이의 유통과 판매에 관련된 분업 구조가 발달했기 때문이다. 사실상 북한의 시장 유통의 위계 구조에서 가장 높은 자리에 위치하고 있으며, 평양의 소비 욕망과 정치적 감시라는 팽팽한 긴장 속에서 생존해가고 있는 도시이다(홍민, 2012).

함흥은 함경남도 도 소재지이다. 함흥의 면적은 약 556.4km^{2}로 함경남도 도 면적의 약 3%를 차지하며, 시 인구는 2008년 기준 83만 7,000명 정도로 추정된다. 시 주변으로 홍원군, 신흥군, 낙원군, 영광군, 함주군과 접해 있다. 함흥은 여러 차례 행정구역이 개편되어 현재는 흥남 지역을 포함해 7개 구역 체제를 형성하고 있다.

함흥은 6·25 전쟁 이후 중화학공업 도시로 발전한, 북한에서 가장 큰 지방경제단위이다. 대표적인 공장과 기업소는 2·8비날론연합기업소, 흥남비료연합기업소, 룡성기계연합기업소가 있으며, 이 밖에도 흥남제련소, 흥남제약공장, 5월19일공장, 함흥싸카리트벽돌공장, 함흥모방직공장, 함흥영예군인수지일용품공장 등 금속 가공, 건재공업, 방직 피복 및 시료, 일용품 공장, 그리고 군수공장 등이 다수 있다. 1990년대 중반 고난의 행군 이후 함흥은 '북한의 의식주를 해결하는 데 중요한 역할을 담당하는 도시'로서 북한 경제문제 해결의 중심축을 형성하고 있으며, 2009년 이후 전면적인 현대화 건설이 진행되고 있다.

함흥은 동해 연선을 따라 평양-나진·선봉(평라선), 평양-무산(북부내륙철도) 노선을 잇는 철도의 중심지이다. 상업 및 교통의 중간 지점으로 회령·청진과 나진·선봉에서 나오는 산품이 함흥에 모여 전국으로 펴져 나간다. 그래서 함흥은 국경을 통해 중국과 한국 등 외부 세계의 영향이 집중되는 곳이며, 상업 중심지, 교통 중심지로 발전이 계속 이루어지는 곳이다(고유환·박희진, 2013).

2) 수치지형도를 활용한 도시공간구조 파악

(1) 수치지형도의 위치 보정과 주제도 작성

수치지형도는 다양한 지도 요소를 항목별로 구분하고 데이터베이스화해서 컴퓨터 그래픽 기법을 이용해 전자 도면에 옮긴 것이다. 지도의 이용 목적에 따라 자유로이 변경해서 사용할 수 있는 것이 장점이다. 이 수치지형도를 이용하면 북한의 도시에 관한 기본 정보를 추출해낼 수 있다. 수치지형도를 이용해서 도시의 공간 구조를 파악하는 연구는 수치지형도의 수치자료에 대한 제한점 때문에 좀 더 상세한 속성 자료 값이 충족되어야 더욱 세밀한 공간 구조에 대한 연구가 이루어질 수 있음을 밝혀두는 바이다.

이 연구에서 이용한 함흥과 평성의 수치지형도는 2009년 한국 국토지리정보원에서 구축한 것으로, 축척 2만 5,000분의 1의 평성 관련 8개 도엽과 함흥 관련 13개 도엽이다(〈표 2.2〉 참조).

일반적으로 수치지형도를 이용한 주제도 작성은 지역적 특성상 구축 가능성을 고려하여 행정 및 지역 경계, 등고선(지형), 하계망, 건물, 토지 이용, 도로, 철도 등 목적에 맞는 대상으로 구축할 수 있다. 정확한 주제도를 작성하기 위해서는 해당 지역의 기초 자료 수집, 정위치 편집, 구조화 편집의 과정이 필요하다.

〈표 2.2〉 **수치지형도 도엽명과 도엽 번호**

평성 지역 수치지형도

	응봉 395121		
평원 395114	평성 395123	장암 395124	대봉 396093
	삼석 395161	수리 395162	강동 396131

함흥 지역 수치지형도

		동고천 407152	희현 407161
오노리 407144	기곡 407153	덕산 407154	홍원 407163
상조양 397022	북주동 397031	덕천 397032	퇴조 397041
주지 397024	연포 397033	서호 397034	

〈표 2.3〉 **주제도에 추출된 레이어명 및 데이터 타입**

구분	수치주제도 레이어명		데이터 타입
	한글명	영문명	
일반 데이터	인덱스(25,000)	K_index_Polygon	Polygon
	지명	K_Name_Point	Point
	행정구역	K_Boundaries_Polygon	Polygon
	등고선	K_Contour	Line
	표고점	K_Elevation_Point	Point
	해안선	K_Sea_Line	Line
	건물	K_Building_polygon	Polygon
	하천	K_River_Polygon	Polygon
	논밭	K_Field_Polygon	Polygon
	주요 도로	K_Road_Line	Line
	철도	K_Railroad_Line	Line

국토지리정보원에서 구축한 2만 5,000분의 1 북한 지역 수치지형도는 공간 정보가 54개의 레이어(layer)로 구축되어 있다. 이 중에서 연구에 활용한 레이어는 인덱스, 행정구역, 등고선, 해안선, 하천, 건물, 논밭, 초지, 주요 도로, 철도, 표고점 등 12개 레이어에 대한 주제도를 작성했다(〈표 2.3〉 참조). 연구에 이용한 수치지형도는 각각 축척이 1 대 2만 5,000의 한 도엽으로 구성되어 있는데, 여러 장의 도엽을 함께 분석하기 위해서는 위치 보정이라는 보완 작업을 거쳐야 한다. 즉, 각 도엽별로 수치지형도의 좌표계를 확인한 후 GRS80 TM 좌표계로 동일하게 변환시켜야 하며, 통합 데이터를 구축하기 위해 각 도엽들을 인접 처리(map marge)해서 연결해야 한다.

연구 지역의 경사도를 파악하기 위해 표고점과 등고선 고도값을 활용하여 DEM 방식으로 지도(TIN)를 작성했다. 아울러 구글어스 인공위성의 영상과 접목하여 수치지형도와 실제 지역의 영상을 복합적으로 결합한 지도도 작성했다. 결합된 지도작성과정은 북한 수치지형도의 좌표계(GRS80 TM)와 구글어스 위성영상의 좌표계(WGS84 경위도)가 다르기 때문에 이미지 결합을 위해 수치지형도의 좌표계 변환 과정이 필요하다.

수치지형도를 이용하여 작성한 평성과 함흥의 각 주제도는 〈그림 2.1〉~〈그림 2.6〉에서 보는 바와 같다.

주제 지도를 작성한 후 두 도시의 정확한 행정구역을 파악할 수 있었지만, 각 도시 내의 좀 더 세부적인 행정단위는 표시되어 있지 않기 때문에 알 수 없었다. 등고선 지도와 하계망, TIN 지도를 통해 도시의 전반적인 지세 구조가 파악되었다. 또한 논밭, 초지 등 토지이용정보와 도시 및 농가 등 건축물의 분포 상황도 주제 지도로 작성되었다. 그리고 주제 지도의 주요 도로망과 철도 노선을 확인해 교통망을 살펴볼 수 있었다.

평성의 중심 시가지는 평양 순안 지구와 인접한 남쪽에 위치해 있다. 동쪽으로는 대동강을 경계로 강동군·은산군과 접해 있으며, 산지로 둘러싸여

〈그림 2.1〉 **평성의 각 주제 지도**

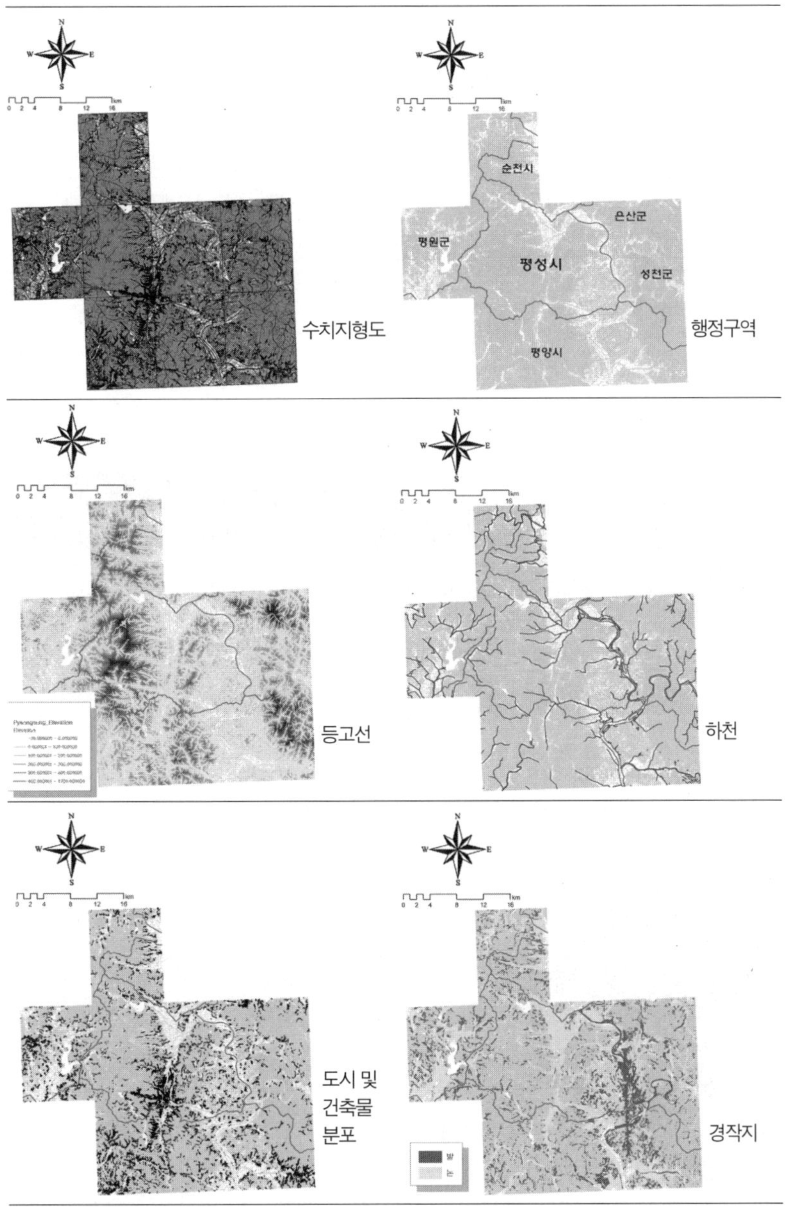

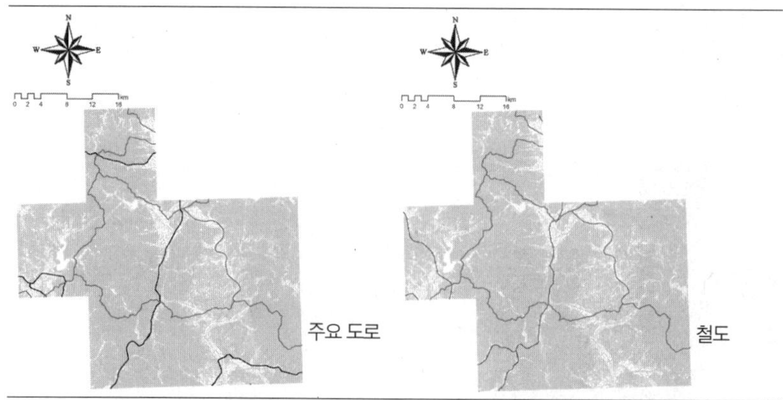

〈그림 2.2〉 **평성의 TIN**
〈그림 2.3〉 **평성 수치지형도와 구글어스 위성영상**

〈그림 2.4〉 **함흥의 각 주제지도**

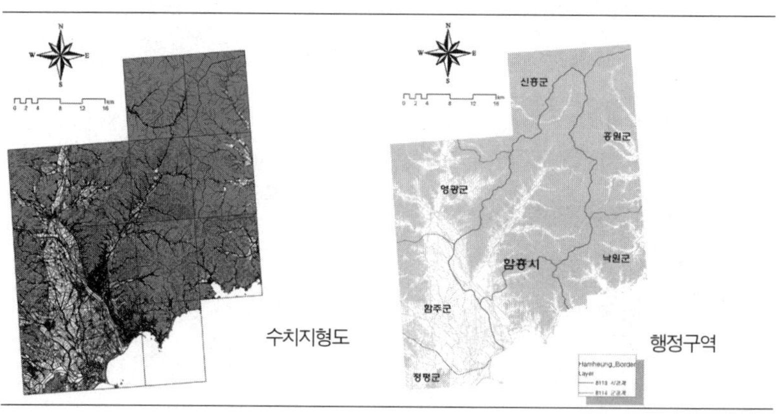

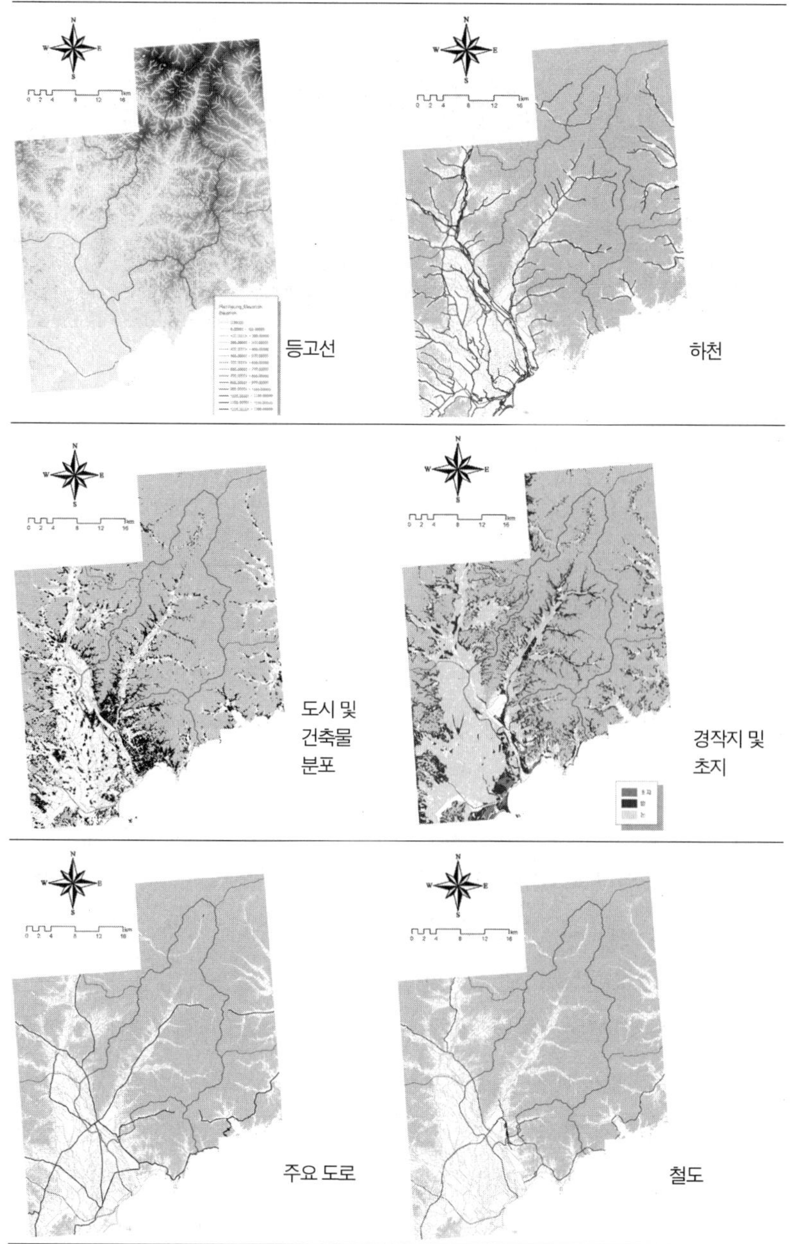

N
W
E
S
0 2 4 8 12 16 km
등고선
하천
도시 및
건축물
분포
경작지 및
초지
주요 도로
철도

〈그림 2.5〉 **함흥의 TIN**
〈그림 2.6〉 **함흥 수치지형도와 구글어스 위성영상**

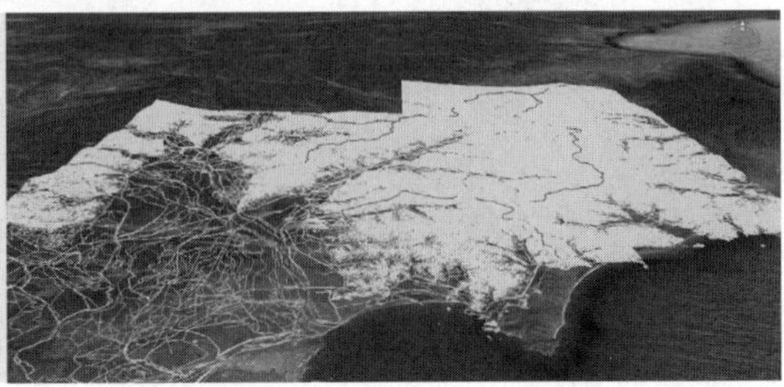

있는 중앙부는 논으로 이용되고 있다. 평성의 주요 도로는 65번 국도가 평성의 중앙부를 지나 순천시와 연결되어 있다. 평성을 관통하는 철도선은 평라선 하나로 표시되어 있고, 철도역은 평양에서 나진·선봉을 향해 북쪽으로 3개역(평성역-봉학역-자산역)이 있다. 평성역은 평양 은정 구역과 인접한 시 남쪽에 위치하며, 평성의 중심 시가지는 이 역을 중심으로 서쪽으로 계곡을 따라 발달해 있다. 봉학역은 시의 중앙부 농촌 지역에 위치하며, 자산역은 북쪽의 순천시와 인접한 곳에 있다.

함흥의 중심 시가지는 성천강과 호련천이 만나는 지점의 북동쪽으로 발달해 있다. 함흥만의 항구를 중심으로 흥남 구역의 시가화된 구역도 나타나며, 성천강 유역의 하안가에는 많은 공장이 입지하고 있다. 하안과 해안을 제외한 지역은 대부분 산지로 둘러싸여 있는 구조이다. 계곡의 저지대는 거의 논과 밭으로 토지가 이용되고 있다.

함흥 교통망으로는 철도로 평라선(평양-나진·선봉)이 지나고, 신흥선(함흥-부전호)의 분기점이 된다. 도로망은 함경북도·평안남도·자강도·양강도·강원도 등의 도 소재지 및 중요 도시와 연결되고 있으며, 흥남항은 원산항·청진항과 함께 동해안 해상 교통의 중심지로 되어 있다. 도로는 원산-회령 간의 1등 도로, 함흥-황수원 간·함흥-서호진 간·함흥-자성 간의 2등 도로, 함흥-신상 간의 3등 도로가 사방으로 뻗어 있으며, 함주군·정평군 등과 연결되어 있어 편리한 편이다.

함흥 철도는 이처럼 수도 평양과의 연계, 동해 북부와의 연계, 북부 내륙과의 연계를 갖는 중심축이며, 도시 내 함흥과 흥남의 경제생활과 일상생활의 이동을 연계하는 교통망으로 자리하고 있다. 함흥을 관통하는 철도선은 총 3개이다. 중심 철도선은 동해안선으로 평라선(평양-나진·선봉)이 원산을 거쳐 함흥, 청진, 나진·선봉으로 올라가는 선이다. 평라선에 해당하는 철도역은 '서함흥역-함흥역-함흥조차장역-흥남역-서호역-마전역'을 거쳐 북쪽으로 올라간다. 그런데 함흥조차장역에서 흥남역 사이에는 철도 지선이 존재한다. '함흥조차장역-비날론역-흥남역'의 지선 구간은 2·8비날론연합기업소와 연결된 철도 지선이다. 또한 중심 철도선과 별개로 북부 내륙과 연계된 신흥선 철도가 있다. 이 철도 구간은 동흥산 구역을 지나 함흥으로 들어가지 않고 성천강을 따라 '사포역-상수역-성천강역-운중역-룡성역-하덕역-서호역'으로 연결되어 서호역에서 평라선과 합쳐진다. 이 철도 노선은 주거밀집지역인 사포 구역과 성천강 구역을 통과하여 룡성기계연합소 앞을 지나 흥남항과 연계되면서 서호역으로 집중되는 것으로 확인되었다(고유환·박희진, 2013).

3) 평성의 도시공간구조 및 도시 발전 전망

평성은 남쪽으로 평양과 접해 있으며, 동쪽으로는 은산군·강동군과 인접해 있고, 서쪽으로는 평원군·숙천군, 북쪽으로는 순천시와 맞닿아 있다. 평성은 북한의 교통 체계에서 매우 중요한 위치를 차지하고 있으며 교통 여건도 유리한 편이다. 평성역은 평양-나진·선봉(평라선) 노선이 지나는 역이며, 이 노선은 순천에서 평양-만포(만포선) 노선과 분기한다. 그뿐만 아니라 평성은 평양-강계 사이의 도로를 연결하는 지점에 있으며, 평양에서 순천, 강동, 성천, 평원, 대동, 증산으로 가는 도로연계지점에 위치해 있다.

평성의 도시내부구조에 대해서는 북한의 일반적인 중소 도시와 다른 구조를 보이지 않는다고 볼 수 있다. 다만 평성은 1965년 평성구를 형성했다가 1969년에 시로 승격되어 급성장했기 때문에 오랜 전통을 지니고 있는 구도심 지역이 있지 않고 새롭게 형성된 중심 시가지만 있다는 점에서 다른 중소 도시와 다를 수 있다.

현재 평성의 시가화 지역은 동쪽의 평성역으로부터 시작해서 동서로 길게 뻗어 발달되어 있다. 평성의 행정구역에서 시가화된 면적은 전체 도시 면적의 0.4% 정도로 낮은 비율이다. 이는 평성만이 아니라 북한 도시 대부분의 특징 중 하나이다. 또한 평성은 철저한 계획과 통제된 토지 이용에 따라 단핵공간구조를 형성하고 있다. 향후 체제전환과정에서 본격적인 투자와 개발이 진행될 경우 시가화 면적은 현재보다 크게 증가할 가능성이 높지만 단핵공간구조에서의 토지 이용은 심각한 비효율성을 초래할 것으로 예측된다. 평양과 인접한 도심부를 제외하고 대부분의 토지는 농지와 산지로 구성되어 있다.

도시의 발전 전망에서 도시의 성장 잠재력은 도시의 사회경제적 변화가 나타날 가능성이 있는지, 그리고 이렇게 변화가 나타날 때 개발 가능한 미개발지가 있는지 여부를 동시에 감안하여 판단한다(이상준 외, 2011). 이런 측면에서 평성은 기본적으로 이 두 가지 요소를 모두 갖추고 있는 도시라고 할 수 있다. 평성은 고유한 개발 잠재력을 최대한 활용하고 북한의 최대 도시인 평양에 인접한 위성도시로서의 역할을 강화해가는 방향으로 도시 발전을 모색해가는 것이 중요하다. 평성은 평양과 함께 장기적으로 북한 경제구조 전환의 중심 지대로 발전할 잠재력이 높은 도시이다. 따라서 평성은 중공업 기능보다는 물류와 무역, 그리고 업무 기능을 바탕으로 평양과 연계된 행정, 교육 및 위성도시로서의 개발이 필요할 것으로 보인다. 무엇보다도 평성이 북한의 최대 도시인 평양의 배후 지역에 위치하고 있다는 점이 이러한 발전 가능성을 뒷받침한다.

4) 함흥의 도시공간구조 및 도시 발전 전망

함흥은 북한의 사회주의 이념이 그대로 투영되어 재건설된 역사적 도시이다. 해방 시기부터 존재해왔고, 주요 공업 도시로 주목받아왔으나 전쟁 이후 북한식 사회주의 도시로 재건설되었다. 함흥은 구사회주의 형제국인 구동독 및 소련, 중국의 지원으로 전후의 복구 건설이 진행되었으며 사회주의 도시계획가들에 의해 건축되고 설계된 도시 면모를 보이고 있다. 함흥은 1990년대 중반 고난의 행군 이후 '북한의 의식주 문제를 해결하는 데 중요 역할을 담당하는 도시'로 북한의 경제문제를 해결하기 위한 중심축을 형성하고 있으며, 2009년 이후 전면적인 현대화 건설이 진행 중인 도시이다.

함흥역 앞의 거리를 중심으로 10층, 21층, 25층의 고층 아파트들이 들어서 있고, 동흥산 기슭의 김일성 동산, 김일성 혁명 사적지를 중심으로 교육 문화시설이 편재되어 있다. 성천강 구역을 중심으로 함흥대극장, 문화회관, 함흥경기장, 함흥체육관 등 문화시설이 있으며, 회상 구역에는 북한에서 유일한 함흥구강병예방원 등 보건위생시설도 있다. 특히 함흥은 중화학공업의 선두 도시로서 수리·화학 분야의 교육 시설이 발달해 있다. 화학공업대학, 수리동력대학, 의학대학, 과학원 함흥분원 등의 대표적인 이과 분야 고등교육 연구 시설이 도시 내에 입지해 있으며, 이 밖에도 사범대학 및 160여 개의 인민학교 고등중학교가 시가화 지역을 중심으로 분포하고 있다.

함흥의 도시 구조에 중요한 변화는 홍남 지역과의 관계이다. 2001년 7월에 단행된 행정구역 개편에서는 함흥시에서 홍남시를 따로 분리했다. 함흥시에서 홍남시를 분리하면서 기존의 동홍산·성천강·회상·사포·홍덕·해안·홍남 구역을 없애고 행정구역을 93개동 20개리로 조정했다. 홍남시는 해안 구역 일부와 홍남·홍덕 구역과 통합되어 시로 분리 승격되었다. 그러나 2005년 12월 홍남시를 다시 함흥시로 환원시켜 현재는 과거 1995년 체계인 총 7개 구역 체제로 구성되어 있다(고유환·박희진, 2013).

함흥은 함흥의 중심부와 홍남 지역의 두 성장 중심축을 지니고 있다. 과거 행정구역 개편에 따라 두 도시로 분리되었던 적이 있던 만큼, 각각의 도시 중심축이 따로 존재하는데, 현재는 하나의 도시로 통합되어 있기 때문에 도시 발전을 위해서는 함흥의 중심 권역과 홍남의 도심 권역 간의 유기적인 연계가 더 원활하게 이루어져야 할 것으로 보인다.

도시의 발전 전망에서 함흥은 인구가 지속적으로 증가하여 2008년 현재 북한에서 평양 다음으로 인구가 많은 도시이다. 성천강의 하류 동안을 따라 발달해 있는 홍남 구역과 함흥 중심부의 도시연계구조가 좀 더 확충되어야 할 것이다. 일제 시대부터 이어져 내려온 중화학공업 도시로서의 성격이 그대로 유지되고 있는 홍남 구역의 경우 항구 도시로서의 개발이 더욱 보완되어야 할 것으로 보인다.

4. 결론

도시지리학 연구에서 도시공간구조적 측면은 도시 내부의 공간 현상을 설명하는 방법이다. 도시 내부에서 볼 수 있는 여러 종류의 기능 지역은 도시 전체를 구성하는 부분 공간으로 등질적 구조와 기능적 구조를 맺고 있다. 부분 공간의 등질적 구조는 토지 이용의 공간적 분화에 따른 구성 요소의 배열 상태가 동일한 속성을 지니는 것으로 파악할 수 있고, 기능적 구조는 각

부분의 공간 상호 간에 무언가의 기능적 연계를 고려하여 설명할 수 있다. 이러한 도시공간구조를 파악하는 데 필요한 조건은 부분 공간을 이루고 있는 조성 요소의 추출, 요소들의 조직과 구조 메커니즘에 대한 분석이다.

도시의 공간 구조적 접근은 정확한 자료를 기반으로 도시를 설명하는 실증적 방법론이다. 북한은 도시와 관련된 통계 또는 현황 자료를 공개하지 않을 뿐 아니라, 자유로운 왕래가 불가능하기 때문에 자료 수집이 매우 어려운 지역이다. 따라서 북한 도시에 대한 실증적인 도시 지리의 연구 방법을 적용하는 것은 분명한 한계점을 내포하고 있다.

이 연구는 수치지형도 자료를 이용한 지리정보시스템을 활용하여 북한의 평성과 함흥의 도시공간구조를 파악하고자 시도한 것이다. 연구 지역의 도시공간구조를 더 정확하고 자세하게 분석하려면 수치지형도 자료 외에 다양한 속성 자료를 수집해 동시에 활용해야 한다. 특히 도시의 내부공간구조를 분석하기 위해서는 더욱 세밀한 자료가 필요한데, 북한이라는 특수한 상황을 고려할 때 이런 자료를 얻기가 불가능하다. 이번 연구는 수집한 평성과 함흥의 수치지형도를 이용하여 공간적 환경을 설명하는 방식으로 진행했다.

평성은 평양에서 순천, 강동, 성천, 평원, 대동, 증산으로 가는 도로연계지점에 위치해 있으며 평양으로 들어가는 북쪽의 관문 역할을 하고 있는 도시이다. 수치지형도를 이용하여 분석한 결과 평성은 도시 개발의 역사가 오래되지 않은 만큼 개발이 일부 지역에 국한되어 있으며, 평양과 인접한 도심부를 제외하고는 대부분의 토지가 농지와 산지이다. 현재 평성의 행정구역에서 시가화 면적은 전체 도시 면적의 0.4% 정도로 낮은 비율이다. 이는 평성만이 아니라 북한 도시 대부분의 특징 중 하나이다. 향후 체제전환과정에서 본격적인 투자와 개발이 진행된다면, 시가화 지역의 면적은 현재보다 북쪽으로 확대될 가능성이 높다. 평성은 입지상 개발 잠재력을 최대한 활용하며,

북한의 최대 도시인 평양에 인접한 위성도시로서의 역할을 강화해가는 방향으로 도시 발전을 모색하는 것이 중요하다. 평성은 평양과 함께 장기적으로 북한의 경제구조 전환의 중심 지대로 발전할 잠재력이 높은 도시로 평가된다.

함흥은 북한의 사회주의 이념이 그대로 투영되어 재건설된 역사적 도시이다. 함흥은 일제 시대부터 북한의 주요 공업 도시로 주목받아왔으며, 전쟁 이후 북한식 사회주의 도시로 재건설되었다. 수치지형도 분석 결과에 따르면 함흥은 함흥의 중심부와 흥남의 두 성장 중심축을 지니고 있다. 과거 행정구역 개편에 따라 두 도시로 분리되었던 적이 있던 만큼, 각각의 도시 중심축이 따로 존재하는데, 현재는 하나의 도시로 통합되어 있기 때문에 함흥의 중심 권역과 흥남의 도심 권역 간에 유기적인 연계가 더 원활하게 이루어져야 할 것으로 보인다. 또한 흥남 권역은 항구로서의 기능이 한층 강화되어야 할 것이다.

북한은 도시공간구조의 특성상 정치 논리에 따른 인위적인 공간 구조를 유지하기 때문에 자본주의 국가의 도시 같은 효율적인 공간 구조로의 개편에는 한계가 있을 것으로 보인다. 무엇보다 북한이 이념적으로 철저한 사회주의 국가라는 점이 합리적인 측면에서 효율성을 우선에 두는 공간 구조 개편에 많은 제한을 행사할 것으로 예측된다.

참고문헌

국내 자료

고유환·박희진. 2013.『북한 도시 함흥·평성 자료해제집』. 선인.

국토연구원. 2001.『체제 전환국의 도시 발전과 북한에 대한 시사점』. 국토연구원.

_____. 2005.『북한의 국토개발 및 관리 실태에 관한 조사·연구』. 국토연구원.

김인. 1991.『도시지리학원론』. 법문사.

김형국. 1997.『한국공간구조론』. 서울대학교출판부.

남영우. 2007.『도시공간구조론』. 법문사.

녹스, 폴(Paul Knox)·핀치, 스티븐(Steven Pinch). 2012.『도시사회지리학의 이해』. 박경환 외 옮김. 시그마프레스.

안재섭. 2011.「도시재생의 지속가능성에 관한 연구」. ≪한국사진지리학회지≫, 21(3).

_____. 2013.「도시지리학의 주요 연구방법과 북한 도시」.『사회주의 도시와 북한: 도시사 연구방법』. 한울아카데미.

안정근. 2009.「북한의 주택 및 산업 현황과 과제」. 대한토목학회 편저.『북한의 도시 및 지역개발』. 서울: 보성각.

이기석·이옥희·최한성·안재섭·남영. 2002.「나진·선봉 경제무역지대의 입지특성과 지역구조」. ≪대한지리학회지≫, 37(4).

이상준·김천규·박세훈·신혜원. 2011.『통일 한반도 시대에 대비한 북한 주요 거점의 개발 잠재력과 정책과제(I)』. 국토연구원.

이상준·이영아. 1998.『통일 이후 북한지역 도시공간구조의 개편 및 도시 정책방향에 관한 연구』. 국토개발연구원.

이승일. 2009.「북한의 국토 및 도시공간구조 현황과 과제」. 대한토목학회 편저.『북한의 도시 및 지역개발』. 서울: 보성각.

이옥희. 2011.『북·중 접경지역: 전환기 북·중 접경지역의 도시네트워크』. 푸른길.

임동우. 2011. 『평양 그리고 평양 이후: 평양 도시공간에 대한 또 다른 시각, 1953-2011』. 효형출판.

임형백. 2009. 「북한공간구조의 형성과 변화전망: 북한내부요인과 통일이후 경기도와의 관계를 중심으로」. ≪GRI연구논총≫, 11(4).

_____. 2010. 「사회주의 북한 공간구조의 자본주의 공간구조로의 변화 전망」. ≪한국정책연구≫, 10(1).

하비, 데이비드(David Harvey). 1983. 『사회정의와 도시』. 최병두 옮김. 종로서적.

행정자치부. 2004. 『지방자치단체의 행정구역 및 인구현황』. 행정자치부.

홀, 팀(Tim Hall). 2011. 『도시연구: 현대도시 변화와 정책』. 유환종 외 옮김. 푸른길.

홍민. 2012. 「북한연구에서 '공간' 이해와 도시사의 가능성: 함흥과 평성의 사례를 중심으로」. ≪북한학연구≫.

국외 자료

Bourne, L. S. 1982. "Urban Spatial Structure: An Introductory Essay on Concepts and Criteria." in Bourne, L. S.(ed.). *Internal Structure of the City*. New York: Oxford University Press.

Hartshorne, T. A. 1991. *Interpreting the City: An Urban Geography*. New York: John Wiley & Sons.

Pacione, M. 2005. *Urban Geography: Global Perspective*. New York: Routledge.

Scott, A. and Soja, E. W.(eds). 1998. *The City: Los Angeles and Urban Theory at the End of the Twentieth Century*. UCLA Press: Los Angeles.

| 제2부 함흥과 평성의 도시 정치와 일상생활 |

제3장

함흥 도시 공간의 지배 구조와 탈주체의 삶

박희진 | 동국대학교

1. 서론

이 글은 도시를 지리와 지역의 개념을 넘어선 하나의 사회적 공간으로 간주하고, 도시사적 관점에서 사회주의적 도시 공간으로 만들어진 북한 함흥의 도시 구조와 도시민의 삶을 연구한 것이다. 사람은 살면서 다양한 삶의 관계와 질서를 만들어나가는데 이 모두는 공간을 통해 이루어진다. 공간을 만들면서 하루하루를 살아가고 또 수많은 사람이 함께 사는 큰 사회도 만들어간다. 그러나 공간은 사람의 의지와 행위로 형성된 것이지만 그 자체의 구성물로 기능하면서 그 속에 진입하는 사람들의 행동거지와 의식을 틀로 만든다. 공간 속에서 일상을 살아가는 개인은 도시 공간의 배열 방식과 규정 방식에 맞춘, 즉 공간적으로 프로그램화된 삶을 살아가게 되는 것이다. 이처럼 공간에 사회적 상상력을 불어넣고 사회과학과 공간의 결합을 시도하며 탄생한 개념이 사회적 공간(social space)이다. 그러나 사회적 공간 개념은 이를 다루는 논자들의 입장에 따라 다양한 함의를 내포하는 술어로서

쓰인다. 1960년대 말 이래 사회적 과정과 공간 형태의 관계에 주목했던 르페브르(Henri Lefebvre)는 공간은 사회적 구성물로서 인간의 자유로운 창조의 산물이라고 주장한다(Lefevre, 1976: 19~21). 반면 카스텔(Manuel Castells)은 공간을 사회구조와 사회관계의 연관에 따라 특정화된 것, 사회적 과정에서 그 의미가 도출되는 사회적 형태로 바라본다(Castells, 1977: 430). 하비(David Harvey)는 자본의 순환 속에서 공간이란 사회적 자원의 소유와 사용을 놓고 여러 집단이 벌이는 치열한 투쟁과 협상의 산물이라고 본다. 이들 논리는 모두 오늘날 자본주의의 모순이 인간의 의식과 일상에까지 침투한 사회적 현상을 공간으로 대변하고자 하는 것으로, 이들의 이론에서는 과도한 일반화의 오류가 지적될 뿐 아니라 이들 이론을 사회주의 도시 공간에 적용하는 데도 일정한 한계가 있다(Harvey, 1973: 10~11, 13).[1] 따라서 이 글에서는 어느 한 공간 이론가의 공간 개념을 적용하기보다는 포괄적으로 사회적 공간을 사회적 관계나 제도의 작용에 의해 형성된 비가시적·인식적 공간으로 정의하고(이무용, 2005: 49~51), 사회주의적 공간이자 함흥 도시 공간을 하나의 사회적 공간으로 간주한다. 그리고 공간 내의 역학 관계에 따라 '체제의 공간(space of system)'과 '주체의 공간(space of subject)'(조명래, 2013: 48~50)으로 구분하여 살펴본다. 체제의 공간은 행정구역, 산업 배치, 중앙과 지방의 권력 배분, 지역 간 교류 방식, 공간 정책, 법 등에 의해 공간이 생산되고 작동하는 영역을 의미하며, 주체의 공간은 일상 활동이 일어나는 공간

1) 박영민(1997: 195~197)은 공간 이론을 주도한 연구자들[하비, 카스텔, 소자(Edward Soja) 등]의 사회적 관심은 한계를 지닌다고 비판한다. 예를 들어 하비는 지나치게 원칙론에 집착한 경제 결정론의 틀에 안주했다거나, 카스텔은 경제적 결정의 틀을 포기함으로써 정치경제학적 입장까지 폐기하고 이를 통해 문제의 돌파구를 찾으려는 경향이 있다는 것이 그것이다. 더욱이 포스트모더니즘과 같은 새로운 이론의 틀에 지나치게 현실을 끼워 맞추려 한 과도한 일반화의 오류를 낳는 지경에 이르렀다고 본다.

〈그림 3.1〉 **공간의 역학 관계와 공간적 실천**

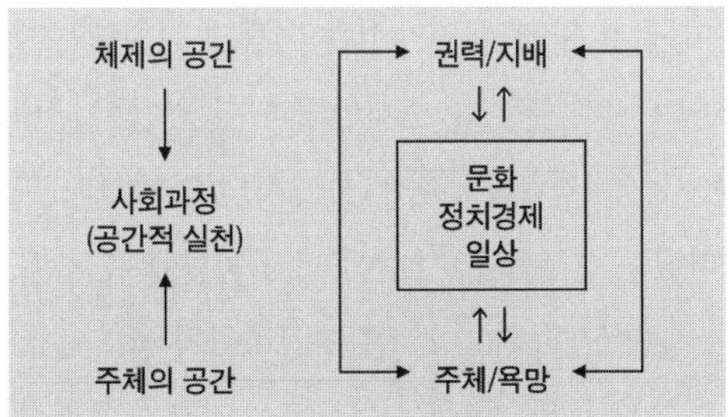

으로 독자적 사색 공간, 가족 공간, 학교 공간 등 행위자의 의지가 관철되고 또한 자기다움이 발현되는 공간을 의미한다. 일반적으로 공간의 발전은 주체의 공간으로부터 체제의 공간으로 확장되는 경향을 보여왔다. 이는 주체의 자유가 체제의 규범과 통제로 대체되기 때문이다. 그러나 주체의 공간에서 체제의 공간으로의 진화는 '공간의 권력화' 혹은 '체제에 의한 주체의 통제'라는 모순되는 상황을 파생시켰다. 자본주의든 사회주의든 체제의 모순이 공간에 반영되었기 때문이다. 따라서 공간은 그 역학 관계상 거시적 공간에서 미시적 공간으로, 체제의 공간에서 주체의 공간으로 돌아가려는 공간적 실천(spatial practices)을 공히 요구받게 된다.

〈그림 3.1〉에서 보듯이, 주체의 욕망은 일상 관계를 통해 도시의 정치·경제구조적 삶에 적응하고 변용하면서 이들의 욕망이 문화적 양식으로 표출되고 도시의 권력과 지배 구조에 영향을 미친다. 역으로 도시의 지배 권력과 구조는 도시의 문화 및 사회경제적 과정에 영향을 줄 뿐 아니라 주체들의 일상적인 삶과 정체성 형성에도 영향을 끼친다. 즉, 공간의 역학 관계와 공간적 실천을 통해 '체제의 공간↔사회과정↔주체의 공간'은 이들 상호 간에 영향을 주고받으면서 도시 공간을 형성하게 되는 것이다. 이것은 분석적으로 도시 공간의 지배 구조의 층위, 정치경제적 층위, 주체(일상)의 층위로

나누어 고찰해볼 수 있다. 이에 이 글을 다음과 같이 구성했다. ① 북한의 국가 전략과 도시의 공간 구조의 연계성은 어떻게 나타났는가(지배 구조의 층위), ② 도시 공간의 지배 구조와 도시민의 일상 공간이 만나는 정치경제적 과정은 어떠했는가(정치경제적 층위), ③ 도시 공간에서의 도시민의 주체적 삶과 일상은 어떠했는가(주체의 층위) 이 세 가지를 통해 김일성 사회주의 시기 북한 제2의 도시인 함흥의 도시성을 고찰하고자 한다.

주요 자료는 다양한 북한 간행물(문헌 자료)을 중심으로 했으며, 이 중 가장 많은 함흥 정보를 제공하고 있는 ≪로동신문≫을 주요 자료원으로 삼았다. 시기적으로는 사회주의 도시 공간의 순환 주기로 볼 때 탈냉전 이전 시기를 하나의 주기로 범주화했고(1953~1987), 제4절의 공간 체험과 관련된 자료는 함흥 출신의 북한 이탈 주민 인터뷰 자료를 재구성했다.

2. 도시 역사와 공간 전략

함흥은 함경남도 도 소재지로서 면적 556.4km^2, 인구 76만 8,000명의 북한 제2의 도시이다.[2] 지명(地名) 역사로 볼 때 함흥은 중종 4년인 1509년에 함경도로 구획되어 1895년 조선 전국을 23부로 편재할 때 함경도 지역이 함흥부와 갑산부 지역으로 나뉘면서 함경남도를 '함흥부'라 지칭하기 시작했다. 이후 함경남도를 대표하는 도 소재지 명칭으로 '함흥'을 사용하고 있으

2) 북한의 자체적인 인구 발표는 없고, 한국통계청은 함흥 인구를 1967년 42만 4,000명, 1982년 69만 1,000명, 1991년 80만 2,000명, 1996년 85만 7,000명으로 발표했다(통계청). 그러나 한국과는 달리 에버슈타트(Nicholas Eberstadt)는 1992년 북한의 인구 조사에 근거해 함흥 인구를 70만 1,000명으로 발표했다(Eberstadt·Banister, 1992). 이 글에서는 가장 최근의 통계 발표인 76만 8,000명을 공식 인용했다.

며, 오늘의 '함흥'에 이르기까지 수차례 행정구역상의 변화를 거쳤다.[3)]

함흥은 이웃하는 홍남 지역과 밀접한 연관성을 갖고 도시의 역사를 서술하게 된다. 홍남은 일제 시기만 하더라도 동수 100여 호의 이름 없는 한 어촌이었다. 그러나 일제가 홍남 지역에 공장 용지를 최초로 매입하기 시작한 1927년 초부터 이 근방 일대에 부전강수력발전소 건설, 조선질소비료주식회사 설립,[4)] 홍남공장 건설 등 대규모 전기생산시설과 공장 지대가 형성되기 시작한다. 그리고 해방 직전인 1944년에는 수력발전에 의거한 대규모 공장군을 형성했다.[5)] 그래서 함경남도 도청 소재지인 함흥에서부터 남쪽으로 약 12km 거리에 있는 함흥의 남쪽 '홍남'이라는 지명을 사용하며 행정경제수도로서의 '함흥'과 산업 거점으로서의 '홍남'이 어깨를 나란히 하게 된다. 홍남이 일제 시기부터 중화학공업의 거점을 형성하고 발전시켜왔다면 함흥은 인근의 석회석, 무연탄, 유화철 등 중화학공업 발전에 필요한 기본 원료와 풍부한 에너지 지하자원을 육로와 해운 교통의 편리한 교통 체계를 통해 더욱 발전시켰다.[6)] 전력생산시설이 근접해 있고 교통 면에서도 평라선·신흥선과 장진선의 철도 연결점으로서, 그리고 홍남항 등의 내륙수로교통과 해운의 교통 요충지로서 함흥은 물류 이동의 조건이 유리한 곳이었다. 이렇

3) 행정구역의 변화 역사는 지장길 외(2009: 575, 594) 참조.

4) 조선질소비료주식회사[사장 이치로(野口)]는 1927년 5월 2일 설립되었으며 자본금 1,000만 원을 100% 일본 출자했다(손정목, 1990: 161).

5) 그 당시 사택 및 기타 후생시설을 합한 홍남 공장군의 면적 합계는 총 550만~600만 평(1,815만~1,980만m^2) 정도로 이는 오늘날 여의도 면적의 약 7배이다. 현재 한국 내 유사 크기의 공업단지는 1984년에 건설된 구미공업단지(총면적 1,816만 6,000m^2), 여천공업단지(총면적 1,836만m^2)이다(손정목, 1990: 194).

6) 연합군 최고사령부에서 발간한 『1945년 8월 현재 일본인 해외자산』에 의하면 북한 지역에 분포된 일제 자산이 29.7억 달러로, 일제의 전체 해외 자산 중 13.6%였고 이들 대부분이 중화학공업 계통이었다(허수열, 2005: 314).

듯 함흥과 흥남의 경제지리적 입지와 조건은 북한 당국의 관심과 지원 속에 제2의 도시로 성장할 수 있는 배경이 되었다.

1) 사회주의적 도시 구상

전후에 재정 능력이 취약하고 경제적 잠재력도 미비한 상황에서 소련을 비롯한 사회주의 국가들의 원조는 북한 경제에서 매우 중요한 비중을 차지했다. 소련의 원조는 경제 정상화에 필요한 각종 물자와 설비를 공급하는 수준에 그치지 않고 과학기술자들을 직접 파견하고, 설비의 운영 방법을 구체적으로 전수하는 데까지 이르렀다.[7] 그러나 무엇보다 북한은 구소련의 사회주의 도시건설이론을 토대로 삼아 함흥 재건을 실행하기 시작했다.[8]

전쟁 중인 1951년 10월 25일 내각결정 제345호 「도시 및 부락 조사사업에 관하여」를 통해 흥남비료공장을 비롯해 흥남 지역 내 공장과 기업소들의 피해조사사업을 진행했고, 휴전에 돌입하자 1953년 8월 '평양시복구건설총계획도'를 원형으로 하여 주요 도시의 복구건설원칙과 방침을 수립하게 된다. 그리고 1954년 3월 11일 내각결정 제42호를 통해 함흥, 청진, 원산, 사리원, 강계 및 남포 재건을 위한 총 기본 계획을 승인하고 결정한다. 이때 수립

---

7) 구체적으로 흥남비료공장 정상화를 위해 자동차 50여 대를 무상으로 제공했을 뿐만 아니라 국내에서 구할 수 없었던 '스텡강, 전선, 로라, 베아링그, 백금망' 등을 비행기로 직접 공수해주기도 했다(리국순, 1960: 195~196). 또 일본인 과학기술자들도 정상화에 협조할 의사만 있으면 다른 사람들보다 우대받으면서 고용되었다(≪化學工業≫, 1951: 10~21). 전후부터는 모든 역량을 산업 현장으로 집중하면서 교육계의 역량 역시 생산 현장인 공장에 투입하면서 생산 활동과 교육 활동을 결합시키기 시작했다(김창호, 1990: 209; 리국순, 1960: 188).

8) 파괴된 도시의 복구와 재건에 대한 위대한 과업을 성과적으로 옳게 수행하기 위하여 우리는 쏘웨트 도시 건설의 고귀한 경험을 리용해야만 한다(김청희, 1953: 51).

된 함흥 공간에 대한 주요 전략은 다음 몇 가지로 특징된다. ① 일제 시기의 낡고 퇴폐적인 도시건설방식을 타파하고 새로운 사회주의적 도시로 건설할 것, ② 주민 생활과 생산 활동에 편리하게 용도별 지역 구분을 명확히 하여 거주 지역, 산업 지역, 교통 지역, 대규모의 록화 지역 및 위생보건지대 등으로 구분하여 건설할 것, ③ 도시 중심부에 광장을 계획하고 모든 도시 영역 간의 합리적 도시교통체계를 수립할 것, ④ 도시 생활에 필요한 일련의 기술 시설(상하수도, 열 공급 시설 등)들을 합리적으로 배치하여 건설하는 것이다(리화선, 1989: 103~105).

그때 북한 당국의 도시공간구상은 일제 식민지 정책의 결과로 뒤틀린 도시를 바로잡고, 도시의 주인인 '인민'을 위한 공간을 건설하는 것이었다. 예를 들어 일제 시기 북한 도시의 모습은 도시의 가장 번화한 중심지에 경찰서 청사가 있고, 이로써 위압적인 건축과 구조물이 시민들에게 군림하는 모습, 혹은 일본인 거주 구획물들은 일본식으로 건축되고 조선인 거주 구획물들은 조선식으로 건축되어 일본인 거주 구역은 신시가로 불리고 조선인 거주 구역은 구시가로 불리며, 일본인들이 도시의 중심부와 가장 좋은 지역을 차지하고 조선인들은 점차 도시 중심으로부터 추방되는 등의 식민지 도시 형상을 바로잡는 것이었다. 이에 구소련 사회주의 도시계획의 3대 목표인 도시 규모의 성장 억제, 자족적이며 균형 있는 커뮤니티 형성, 그리고 도농 간 격차 해소(White, 1980: 216~217)에 기초하여 도시계획안을 작성했으며, 구소련이 채택한 도시계획의 주요 방법으로 ① 주거 환경을 보호하기 위한, 공업과 주거를 분리하는 상이한 토지 이용 간 분리, ② 자족적인 주거 단위이자 사회주의적 공동생활의 기초 단위로 소구역(micro-district) 설정, ③ 직주근접의 원칙과 공간적 형평성 제고를 위한 서비스 시설의 균등 배치, ④ 이념적 학습의 장소로서 상업·업무 시설 대신 공공시설과 기념 광장 건설(French, 1979: 73~74)의 구체적인 방법을 도입했다. 그리고 이 같은 도시건설계획안은 '구동독의 함흥시 재건 계획'에 그대로 반영되었다.

한국전쟁 중에 구동독은 북한에 경제 물품을 원조했으며, 종전 직후 지원 결정 의정서와 함께 북한 함흥에 대한 경제 복구와 산업 기반의 확충을 결정하게 된다.[9] 통일연구원이 수집한 문서(김면·전현준, 2006: 259~262)에 의하면 함흥재건사업은 사업 첫해인 1955년부터 1962년까지 구동독이 공업 및 과학기술 원조와 금융 원조를 통해 함흥 내 모든 생활 영역에 걸쳐 복구 사업과 현대화 작업을 형성하며, 특히 함흥-홍남-본궁을 중심으로 이 지역을 함흥공업단지의 특별경제구역으로 개발·육성하고자 한다고 되어 있다.

실제 북한에서 전후 함흥 복구건설계획은 두 차례에 걸쳐 계획되고 부분 시행된다. 첫 번째는 1955년부터 1958년까지 진행되었고, 두 번째는 1958년부터 1961년까지 진행되었다.[10] 첫 번째 계획은 함흥역 앞에서부터 도인민위원회 앞까지, 그리고 도인민위원회에서 만세교 입구까지 구간을 함흥 중심 거리로 설정하고 피크거리라 명명했다.[11] 또한 함흥 중심 거리와 만세교에서 홍남으로 내려가는 통남동 세거리까지 도로 건설을 시행했다. 함흥역

---

9) 함흥 프로젝트(DAC-구동독 함흥시 재건단) 발족의 장본인은 구동독의 그로테볼(Otto Grotewohl) 국무총리이다. 1954년 6월 22일 구동독을 방문한 북한 외무장관 남일의 환영 연회에서 그로테볼 총리는 건배 축사를 통해 '북한이 정하는 한 도시 재복구 지원 사업을 할 의향'을 보였다. 그후 김일성 주석은 함흥 재건을 원한다는 친서를 보냈다. 1955년 2월 17일 구동독 정부는 1955~1962년 함흥 재건을 결정한다(필자 입수 비공개 자료).

10) 도시계획 및 도시 건설과 관련한 보도는 그 당시 신문에 보도되지 않고, 시기별 사업이 종료된 이후 그 성과를 종합하면서 보도하는 경향을 나타낸다. 구동독 지원 사업에 대한 총괄 보도는 이들이 철수한 1960년에 실렸다(≪로동신문≫, 1960년 4월 3일 자).

11) 피크거리란 이름은 독일 피크(Wilhelm Pieck) 대통령의 탄생 80주년을 기념해 친선의 의미로 지은 것이다.

앞에는 온수 장치와 온돌, 목욕탕이 있는 다층문화주택을 짓고, 도인민위원회 앞 1소구획에는 공산주의 주택 구획이라고 불리는 다층주택을 1,020세대 건설한 후 이 구획 안에 유치원, 탁아소, 세탁소, 목욕탕 등 문화후생시설을 같이 짓도록 했다.

두 번째 계획은 내각결정 제69호 1958~1961년 기간 「함흥시 복구건설사업을 보장할 데 관하여」의 구체 방침에 실려 있다(≪로동신문≫, 1958년 6월 20일 자). 이 기간 사업은 함흥 중앙동, 회상동, 피크거리 등 중심부에 9,300여 세대 주택을 건설하고, 건물의 기본 층수는 4~5층으로 한다고 되어 있다. 또 상수도 취수, 정화시설공사와 도시교통을 보장하기 위한 도로 건설, 성천강의 호안 공사, 전기통신 및 유선방송설비 확장 계획이 포함되어 있다. 그 당시는 함흥과 홍남이 나뉘어져 있었기 때문에 내각결정 제70호 「홍남시 복구건설사업을 보장할 데 관하여」의 건설계획이 별개로 발표되었다. 이 계획에는 현존하는 산업 지역을 보존하는 가운데 8,000세대 살림집 건설과 함께 경기장, 공원, 서호해수욕장, 휴양지, 공장 병원, 지역 단위 진료소, 여성의 사회적 진출을 보장하기 위한 유치원, 탁아소, 상업망 및 목욕탕 등 각종 문화편의시설도 중요하게 다루고 있어 노동자 지구의 편의성을 종합적으로 보장하기 위한 건설 계획이 설계되었다.

함흥시 재건 계획은 구소련 도시 건설의 기본 원칙을 반영하고, 도시 주민과 로동자를 위한 사회주의적 도시 공간의 형성을 지향하고 있다. 토지 이용에 따른 함흥과 홍남의 건설 중점을 달리하여 함흥은 중심 거리와 광장을 형성하고 소구역 주택 건설을 통해 구역별 편의 시설을 합리적으로 배치했다. 홍남의 경우 산업 시설을 복구하는 데 주력하는 가운데 노동자의 보건 위생, 편의위락시설을 고려했고 직주근접의 원칙에 따라 노동자 주택을 집중적으로 건설하고자 했다.

2) 구동독 함흥시 프로젝트의 좌절

함흥시 프로젝트는 실행과 동시에 여러 난관에 부딪혔다. 김일성에 의해 빈번히 긴급한 건설을 요구받았고, 실행 계획의 우선순위 및 용도 변경도 이루어졌다. 앞서 보았듯이 첫 번째 계획 시기에는 도시 인프라 건설과 1,000여 세대의 소구역 주택 건설이 예정되어 있었다. 함흥재건사업의 문서 기록에도 사회간접시설의 건설을 위해서 도로 건설팀, 상수도팀, 다리 건설팀, 지하 건설팀의 배수·관계시설팀을 중심으로 산업 기반을 완성한다고 되어 있다. 그러나 주거 건축물 팀은 '김일성 수상 동지의 특별한 바람에 기초하여' 주거복합건물을 우선 건설했으며, 1955년에만 대략 400가구를 건설하는 과제를 행하게 되었다고 전했다. 3년에 걸쳐 1,000여 세대 건설이 목표였음에도 사업시행연도에만 절반에 해당하는 주택 건설을 우선했다는 것이다. 이것은 두 가지 문제를 파생시켰다. 하나는 건설 재료의 부족, 또 다른 하나는 재정 부족이다. 실제 1956년 동독 작업단은 자금 문제 때문에 독일 전문기술자가 약 150명으로 축소되었고, 건설 이행의 분야에서 마이스터와 전문근로자는 64명으로 축소 파견되었다. 또한 주택 건설에서 생활양식의 차이도 노정되었다. 김일성은 '우리 생활양식'을 주택 건설에 반영할 것을 강조하면서 '온돌방'을 강조하고, 온돌 난방을 위한 석탄 저장고 및 고유의 음식문화인 김장 저장고가 필요하다고 했다(≪로동신문≫, 1957년 3월 11일 자). 구동독의 주택 양식은 북한식 살림 주택으로 적합하지 않음을 표현했다. 따라서 두 번째 계획 시기에는 건설 방향이 전면적으로 수정된다. 기존 소구역 주택 건설의 원칙보다는 일제 시기 신시가에 자리 잡았던 일본식 단층집들을 그대로 복구해 사용하며, 새로운 주택은 건설 원가를 최대한 낮추고, 지방의 기후 조건에 맞게, 도시민들의 풍습과 생활에 편리하게 주택 건설을 지시했다.

김일성은 직접 두 차례에 걸쳐 회상동 주택 지구 인민반 회의에 참가하여 "층고를 낮추고, 층수를 높이며, 매개 세대별 변소, 목욕탕 등을 공동으로 건설"하고, "필요 이상의 부엌 면적과 주택 매 쌕지아별(계단식 구조) 계단을 외랑식(복도식 구조)으로 개조하는 등 부대면적을 축소"할 것을 제기했다. 실제 "벽체와 층막 등 구조체의 용적과 두께를 축소"하고 "온돌 바닥 지반과 지붕 안전 란간을 낮추며 부엌의 이중창을 단창으로 변경"하고, "온돌석을 조립식 토피 온돌로 변경"하여 1억 2,457만 원의 자금을 절약하는 방안을 통해 2,090세대의 주택 건설을 진행했다. 공공시설분야에서는 회의실을 축소 통합하고, 노동자 합숙의 개별적 식당을 없애고 구역별 공동 식당, 사회급양식당을 건설하며, 상점의 단독 창고를 공동 창고로 개조하여 회전율을 높였다. 또 주택의 넓은 방을 축소하여 1,940원을 절약했으며 이를 통해 10년제 학교 교사 2개동을 건설하고 100여 명을 수용하는 노동자 합숙 1개동을 새로 건설했다. 시설물 공사 분야에서는 "도로포장을 1~1.5cm 감소하고 원단 예비의 합리적 리용과 배수 로선의 변경, 옹벽의 조립식 도입"을 통해 계획 외의 2,200세대 주택, 20학급의 3층 학교 교사 2동, 100여 명을 수용할 수 있는 노동자 합숙 1동을 추가로 건설했다(≪로동신문≫, 1958년 2월 14일 자).

북한은 함흥 건설에서 노동력과 자재의 증가 없이 더 많은 주택, 공공시설 및 시설 건설을 목표로 했다. 주택 구역의 건설에서 동독 작업단은 도시계획을 대폭 수정한 이후 홍남 소재의 개별 공장·기업소 복구 건설에 매진한다. 그리고 산업 기반의 여러 건축물 중 홍남비료공장, 본궁화학, 홍남17호공장, 홍남제약회사의 완전한 복구와 홍남질안공장과 본궁염료공장, 함흥건구공장, 함흥목재가구공장, 함흥시멘트공장, 함흥흄관공장, 함흥위생자기공장 등의 함흥 화학산업기지화 건설에 성과를 낸 후 철수한다.[12]

12) 구동독 대표단은 1965년 8월 10일부터 25일까지 함흥시 경제협력사업의 주요 결과

3. 지배 구조의 층위: 행정구역 개편과 공간 기능의 분화

함흥이 북한의 '화학공업 중심 기지'로서 도시 정체성을 수립하는 시점은 1961년이다. 전후의 복구 시기 이후 북한의 제1차 5개년 계획의 성공적 실행은 사회주의 공업화 노선에 힘을 실었다. 무엇보다 1957~1960년 시점의 가장 큰 변화는 홍남비료공장의 중심 시설인 질안직장이 소련 기술자들의 지원을 받아 1958년 복구 건설, 1961년 비날론 공업화에 성공한 것이다. 리승기의 비날론 공업화[13] 성공은 1960년대 초 북한 사회에서 '주체'라는 단어가 본격적으로 쓰이는 데 든든한 근거로 작용했고, 려경구의 염화비닐,[14] 김봉한의 동양의학의 정수라 할 수 있는 경락 체계 등의 성과는 서서히 형태를 잡아가던 '주체사상'이 본격적으로 언급될 수 있는 토대를 마련했다.[15] 이에 1961년 9월 조선로동당 제4차 당대회를 앞둔 시점은 승리의 분위기가 팽배했다.

함흥에 건설되고 있던 비날론 공장을 1961년 5월 1일까지(당대회 개최 전

를 검토했다. 이때 동독 지원단은, 경제협력의 외형적 성공과 업적 기록으로 흙관공장, 건자재공장, 목재가구공장은 현재에도 산업 기반으로 큰 역할을 하고 있다고 자평하고, 북한 측은 새로운 화학 공장의 확대 건설 등 경제협력의 확충을 희망하고 있음을 적고 있다(김면, 2003: 100~102).

13) 비날론 연구와 공업화에 대해서는 중공업위원회 제5설계사업소 및 제17건설트레스트(1961), 리승기(1962, 1976), 김태호(2001) 참조.

14) 염화비닐에 관해서는 내각결정 제122호(1959: 125~126), 렴태기(1994: 189~193) 참조.

15) 김근배는 논문에서 리승기의 행적을 통해 북한이 남한 과학기술자 월북유도사업을 전개하는 구체적인 모습과 오랜 인텔리 정책이 만들어진 배경, 그리고 1950년대 후반 주체라는 말이 전 사회적으로 쓰이게 되고, 나아가 주체사상이 등장할 수 있었던 배경에 비날론 공업화의 성공을 비롯한 과학기술적 성과가 자리 잡고 있음을 서술한다(김근배, 1996).

까지) 기한을 앞당겨 완성하기 위해 열린 대책 회의인 '비날론 공장 건설 관계 부문 열성자 회의'는 함흥의 화학공업기지로의 공간전략구상에서 중요한 위치를 차지한다(박종완, 1985: 100~104). 이 회의에서 김일성은 화학공업기지 전체를 지도하는 데 알맞은 '지도 체계'가 명확하지 않다는 점, 과학연구사업을 강화하기 위한 '연구 체계'가 잡히지 않았다는 점을 문제로 제기한다. 이때 리승기를 비롯한 과학자와 기술자들은 두 번째 문제를 해결하기 위해 북한에 있는 화학 관련 과학기술자들을 함흥으로 집결시키자는 주장을 강력히 제기했다. 김일성은 동의했고(1981), 이는 과학원 함흥분원 건설계획으로 구체화되었다. 함흥분원 건설 계획은 화학공업 관련 생산 시설이 갖추어진 곳에 연구 기관과 지도 기관을 집중시키기 위한 조치였고 함흥분원이 건설되면서 함흥은 화학공업 관련 연구 기관, 생산 기관, 지도 기관이 모두 갖추어진 화학공업 도시로 거듭나는 결과를 맞게 되었다(강호제, 2007: 334~338). 또한 단일한 행정지도체계를 수립하기 위해 함흥시와 홍남시를 통합하여 함흥시 산하 '구역' 단위로 행정을 개편하게 된다.[16] 이렇게 수립된 함흥 화학공업 도시는 이후 홍남을 기반으로 했던 산업의 규모를 함흥 도시 전체로 확대하여 공간적 배치와 위계를 형성한다.

1961년 함흥시와 홍남시가 통합되면서 함흥시는 현재 총 7개 구역으로 편재된다. 〈그림 3.2〉에서 보듯 회상 구역, 동흥산 구역(변경 전 반룡 구역), 사포 구역, 성천강 구역(변경 전 성천 구역), 홍덕 구역, 홍남 구역, 해안 구역(변경 전 룡성 구역)이다. 이들 7개 구역은 각 구역별로 1961년 이후부터 1987년까지 함흥 공간 전략에 따른 공간 분화를 해나가기 시작한다. 이는

16) 1961년 이전 함흥시는 7리 33동 체계로, 홍남시는 5리 22동 체계로 구성되어 있었다. 두 도시가 통합된 후 함흥시는 7개 구역(성천강, 동흥산, 회상, 사포, 해안, 홍남, 홍덕)으로 재편되었고, 과거 홍남시에 포함되는 구역은 사포 구역 일부, 해안 구역, 홍남 구역, 홍덕 구역이다.

〈그림 3.2〉 **함경남도 함흥 시가도**

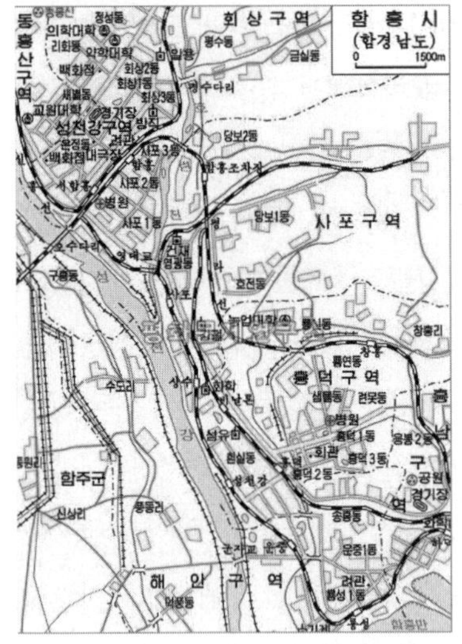

자료: 북한지역정보넷(www.cybernk.net/).

크게 세 가지 측면으로 구분해볼 수 있다.

첫 번째, 1961년 이전 흥남시 소속 구역은 사포 구역 일부와 흥덕 구역, 흥남 구역, 해안 구역이며 이 구역을 중심으로 북한의 화학공업 기지가 펼쳐져 있었다.[17] 흥덕 구역 위쪽의 사포 구역[18]은 농업지대이나 산 밑 골짜기는 핵심적인 군수공장 분포 지역이다. 211호공장, 6월1일공장 등 폭탄 및 화학 생산 군수공장이 소재한다. 흥덕 구역은 비날론역을 중심으로 2·8비날론공장이 소재하며, 비날론공장 밑에 흥남제약공장, 흥남17호군수공장이 있다. 그리고 지도의 오른쪽 공원경기장 밑으로 흥남 구역의 흥남비료공장이 소재한다. 해안 구역에는 룡성기계공장이 소재한다. 또한 성천강 너머의 해안 구역은 농업지대로 흥덕 구역의 연합 기업소 소속 단위의 협동농장이다. 이들 농장은 기업소의 농부산물 공급을 담당한다. 지도상에서 흥덕 구역의 인민병원(⊕) 주변 지대는 노동자 거주밀집지역이다. 공원경기장(Ⓐ) 밑으로는 김일성 동상이 있는 광장이 존재한다. 이 광장은 흥남비료공장을 마주하

17) 이하 행정구역별 기관 시설의 소재 여부는 함흥 출신 탈북자 인터뷰를 통해 확보한 도시 정보에 기초하며, ≪로동신문≫을 포함한 북한의 문헌 자료 속 보도도 참고한다. 고유환·박희진(2013) 참조.

18) 함흥 출신 탈북자에 의하면 성천강 구역과 마주하는 사포 구역을 윗 사포, 흥덕 구역과 인접한 사포 구역을 아래 사포라 칭한다.

고 있으며 홍남 지구의 정치적 중심을 형성한다.

북한이 함흥을 화학공업의 중심 기지로 천명한 1961년 이후, 함흥의 1차적 건설 대상은 홍덕 구역 일대의 공장·기업소였다. 구소련 및 구동독에 의해 1950년대 중반부터 부분 공정들이 복구·건설되었지만, 홍남 일대는 1960년대 내내 건설이 진행된다. 홍남의 3대 공장(홍남비료, 2·8비날론, 룡성기계) 중 가장 먼저 홍남비료공장이 복구 건설을 통해 생산 증대와 기술혁신을 거듭해나가고 있는 가운데 본궁화학공장의 화학염료직장이 '비날론' 공장으로 1단계 완성을 하고, 룡성기계공장이 1967년부터 국가적 자금 투자 및 기술적 노력을 통해 성장해나간다. 또한 1967년 사포 구역에 함흥모방직공장까지 들어서자, 홍남 일대의 노동자 구역은 기초 건설을 완성한다. 이후 구역 노동자들의 농부산물을 담당하는 농업협동농장 생산 체계의 수립, 구역 노동자들의 소비품 공급을 위한 상업망 배치, 출퇴근 노동자들의 동선에 따른 교통통신시설의 건설 등이 병행적으로 건설되고, 1960년대 홍남 지구는 북한의 자립 경제, 주체식 사회주의 건설의 본보기 도시로 성장한다.

두 번째, 옛 홍남시가 경제와 산업의 중심지로, 또 노동자 도시 공간으로 확대·장성해갔다면, 함흥의 정치 행정 중심지는 동흥산 구역이다. 동흥산 구역에는 동독 작업단이 건설하여 피크거리라고 불린 1호 도로(함주-영광)에 각 행정기관들이 분포하고 있다. 도 단위, 시 단위 행정기관이 소재하고 이들 지도기관에 근무하는 가족들이 주로 거주하고 있다. 무엇보다 동흥산 구역에는 수령 동상과 혁명 유원지가 조성되어 있어 함흥의 정치적 중심을 형성한다. 또한 리승기가 강조했고 김일성이 동의했던 연구 기지는 회상 구역에 건설되었다. 지도상에서 볼 때 동흥산 구역(Ⓐ)과 오른쪽 회상 구역 일대는 대학촌을 이루고 과학원 함흥분원이 존재하는 등 이 구역은 교육과학기지로 특화되어 있다. 또 회상 구역은 함경남도 군(郡)과 함흥시의 경계를 이루는 곳으로 군부대, 교화소 등 치안보위시설이 존재한다.

동흥산 구역과 회상 구역의 건설 역시 1950년대 전후복구건설 시기부터 진행되었지만, 정치적 중심으로서 또 교육과학기지로서의 공간 기능은 1970년대에 가장 활발하게 전개된다. 1970년대 함흥은 도시 내적으로 계급성을 강조하고 혁명교양, 계급교양이 매우 강화된다. 문화기술수준이 높은 혁명적 노동자 양성을 제도화하기 위해 공장대학이 활발해지고 1975년 전반적 11년제 의무교육 시행, 1977년 사회주의 교육 테제 발표 등 각급 학교 기관들이 확대·건설되고 교육 사업이 집중적으로 전개된다. 따라서 동흥산 구역과 회상 구역의 경계에 있는 교육기관 밀집 구역 역시 투자의 확대, 규모의 확대, 기능의 강화, 문화 수준이 높은 거리 조성 등의 변화가 나타난다. 또한 아래 흥남 지구의 공장·기업소들이 주체의 산업 기지로 생산 체계를 완비함에 따라 아시아, 아프리카, 동유럽 국가들의 경제 시찰단 방문이 매우 왕성하게 이루어진다. 1970년대 함흥의 정치 행사는 빈번했고, 10만 명에서 30만 명까지 동원되는 함흥시 군중대회는 외국 수반 및 경제 시찰단을 맞이하기에 분주했다. 크고 작은 환영 행사까지 포함한다면 연일 환영 행사를 열었다고 해도 과언이 아니다(고유환·박희진, 2013: 181). 이로써 1970년대 함흥 도시는 북한의 대표적 정치 도시로 기능하며 성장해나갔다.

세 번째, 도시 가운데 성천강 구역과 사포 구역(윗 사포), 그리고 회상 구역 일부는 함흥 시민의 대표적인 거주밀집지역이다. 지도상에서 윗 병원(⊕)을 중심으로 성천강 하류 지점과 호련천이 만나는 브이(V) 지점 안의 구역이 여기에 속한다. 이곳은 구동독 함흥시 재건단의 살림집소구역 건설의 대상 구역이었다. 인구당 가구 수에 맞도록 3~5층 높이의 다층주택을 건설하고, 소구역마다 학교, 탁아소, 유치원, 목욕탕 등을 계획하고, 소구역 안에 문화휴식조건을 보장하기 위한 공공녹지 및 살림집 사이 공간들의 녹화 사업을 예견한 구역이다. 실제 성천강 구역과 사포 구역은 동별 편재 속에 유치원과 학교가 배치되었고, 생활단위별로 식료품 상점, 신문 도서 열람실,

아동 도서관 및 극장 등의 편의 시설이 배치되었다. 또한 도시 주민의 일상과 관련한 함흥역, 역 광장, 함흥경기장, 함흥인민병원, 함흥려관, 청년공원, 함흥대극장 등을 이 구역에 배치함으로써 도시민의 거주밀집지역에 사회주의적 도시 형상을 가미했다. 그러나 1950~1960년대 집중적으로 계획되었던 성천강 구역과 사포 구역, 회상 구역 일부는 도시계획의 건설 방침이 전면적으로 시행되지 못했다. 일제 시기 일본인이 거주했던 사포 구역을 중심으로 신시가 형태의 단독주택(땅집)이 있고, 회상 구역 내에는 구동독 재건단이 건설한 약 2,000여 세대의 유럽식 문화주택도 존재하며, 성천강 구역과 사포 구역에는 1960년대 김일성이 강조했던 조립식 주택과 3~5층 다층살림집이 존재하는 등 다양한 유형의 주택들이 작은 골목길을 따라 배치되어 있다.

성천강 구역, 사포 구역 등 거주밀집구역이 사회주의적 도시 형상을 외연적으로 덮어 쓰게 된 것은 1980년대이다. 김정일은 건축에서 주체사상의 요구가 전면적으로 구현되도록 해야 한다면서 도시 형성의 여러 문제들에 대해 구체적인 방침을 제시한다. 특히 개별적 대상 건축과 건축 세부적 문제들까지 세세하게 간여하며 '건축을 비반복적으로 창조'할 데 대한 과업 지시를 내린다(김정일, 1997: 210~211). 이후 북한의 건축은 더욱 조형화되면서도 그 형태가 다양해지고 여러 형성 수단들이 적극적으로 도입되었으며 북한이 자랑하는 대기념비적 건축물이 함흥 시내 도처에 형성된다. 이 시기 들어 동흥산 구역에 김일성 동상이, 주변 일대에 공원이 조성되었으며, 통남거리, 사포거리에 이전보다 층수가 높고 다양한 건물들이 배치되었다. 주요 도로를 따라 고층 살림집을 '비반복적'으로 조형해 세우고(통남동 원형 아파트가 대표격이다), 건축가들이 유사성을 죽음으로 받들고 다양한 현대적 미감을 구현한 함흥대극장, 함흥경기장, 함흥신흥관, 청년공원 등이 조성되었다.

종합하자면, 함흥시는 정치행정 도시 함흥이 경제산업 도시 흥남을 포함하면서 자립적이며 자기 완결적인 하나의 도시 공간을 형성하게 되었다. 구역별로 정치 행정, 산업 경제, 교육 문화 등의 기능을 분리하여 발전시켰고, 각 구역 공간은 시간의 흐름에 따라 겹겹이 쌓이면서 전체 도시의 면모를 형성해나갔다.

4. 정치경제적 층위: 공간별 연계와 위계

공간이 용기(container) 속에 갇힌 유형의 산물이 아니듯이, 함흥 도시 공간이 구역별로 편재되어 기능을 달리하면서 구조화되는 가운데 이 공간들은 상호 연계하여 또 다른 공간을 창출하기도 하고, 하나의 공간 안에 여러 성질을 배태하게 하기도 한다. 즉, 구역으로 편재된 도시는 다양하고 밀접한 네트워크를 형성하면서 도시를 변화시킨다. 이 공간별 정치경제적 연계는 세 가지 측면에서 고찰할 수 있으며, 그 운영 방식은 다음과 같다.

첫 번째, 공업과 농업과의 연계 측면이다. 함흥은 공업 도시로서의 정체성을 띠지만, 도시 안에 농업지대를 포함하고 있다. 함흥 농업 부문은 '도시 주변 협동농장들에 공고한 남새 기지를 꾸려 도시 주민들에게 신선하고 다양한 남새를 생산 공급'할 데 대한 김일성의 지도에 따라 도시민의 부식물 공급을 담당하는 부문으로서 그 목적과 기능이 명확하다. 함흥 안에는 약 53개의 협동농장이 존재(≪로동신문≫, 1961년 2월 20일 자)하지만 대부분은 시 안 근로자들의 부식물 문제를 해결하기 위해 봄에는 과일과 채소, 가을에는 김장거리 등의 남새 재배를 주요 생산 활동으로 삼고 있다.

시 안에서 기본적인 농업 부문의 관리 체계는 '구역'이다. 물론 시인민위원회는 그 산하에 광목목장, 홍상청년가금목장, 서호수산사업소 및 4개의 수산협동조합, 함흥육류가공공장을 비롯한 53개의 협동농장을 관리하며 각종 농수산물 및 식료품의 생산, 분배, 소비의 계획적인 보장을 책임지고 있지만, 실제 생산 영역을 책임지고 있는 단위는 구역이다. 각 구역별로 구역 안의 협동농장들을 관리하며 구역 안의 모든 기관 시설 종사자들, 그리고 구역 거주민들은 농업 부문에 대한 연대책임을 갖고 상호 밀접한 생산 전투를 전개한다. 북한은 1964년 2월 25일 조선로동당 제4기 제8차 전원 회의에서 '사회주의 농촌 문제에 관한 테제'를 채택한 이후 매 시기마다 알곡 고지를 점령하기 위한 농업 전투 및 농업지원전투를 조직해왔다. 함흥 역시 1964년 이후부터는 시 안의 구역 체계 속에서 농업 생산 및 지원 전투를 조직하기 시작한다. 예를 들어 함흥 회상 구역 '논밭 김매기 전투' 경험에 의하면 구역 당위원회 지도 아래 구역행정위원회, 협동농장경영위원회, 근로단체책임일군이 총 7개의 '현지 지휘조'를 조직하고 이들이 각 산하 협동농장들을 하나씩 맡는다. 회상 구역의 경우 회상협동농장을 모범 단위로 설정하고 집중 지도하며, 이 사업 경험을 회상 구역 내 다른 협동농장(하덕, 광덕 등)에 해설·교양한다. 현지 지휘조에 의해 집중적인 논밭 김매기 작업이 시작되면 구역 내 인민병원, 종합 상점, 종합 식당들은 '자원봉사대'를 조직하여 구역 협동농장에 '이동 진료'를 나가거나, 상점의 상품 및 먹거리를 포전에 나가 판매하는 '포전 판매'를 실시하고, 회상 구역 내 리화녀자고급중학교, 광명인민학교, 회상유치원, 치마유치원의 학생들은 '포전 공연'을 하면서 부모님의 노고를 덜어드리는 방식이다(≪로동신문≫, 1976년 7월 1일 자).[19]

이 같은 공업-농업의 연계 방식은 사회주의 도시가 도농 격차를 해소하고 농촌의 도시화, 도시의 자급자족력을 높이기 위함이다. 또 같은 구역 내에 도시 근로자와 협동농장의 농장원이 동일한 교육을 받고, 동일한 편의봉사, 위락 시설을 공유함으로써 사회주의 도시민으로 동등한 위상을 갖도록 하

19) 함흥 홍남 구역, 동흥산 구역, 사포 구역을 대상으로 한 유사 보도는 ≪로동신문≫ 1982년 1월 13일 자, 1982년 1월 22일 자 참조.

기 위함이다. 그러나 같은 구역에 있다 하더라도 삶과 거주 공간, 그리고 노동의 질이 다르며, 무엇보다 농장원이 도시 근로자로 자신의 계급과 직업을 변화시킬 수 없는 구조 속에 놓여 있다. 그래서 도시 근로자와 농장원의 위계가 명확하다.

두 번째, 중앙 기업과 지방 산업의 연계 측면이다. 함흥 도시경제는 1957년부터 흥남 구역의 3대 기업소들이 복구 건설되고 1960년대를 거치면서 생산능력이 가일층 확대되어 북한 당국은 중앙공업과 함께 지방 산업을 병행해 발전시키게 된다. 함흥의 경우 어느 도시보다 중앙 기업소와 지방 공장 간 결합이 큰 비중을 차지하고 있었기 때문에 이는 함흥 도시경제를 특징짓는 대표적 현상이라 할 수 있다. 지방 산업은 많은 수요에 비해 적은 공급량을 해결하기 위해 시작되었지만, 1964년 이후 함흥에 본격적으로 제기된 중소 규모의 공장·기업소 신설 문제는 3대 기업소의 활성화와 이로 인한 유휴자재의 낭비와 절약, 그리고 노동력 활용과 소비품 공급 확대의 문제가 결합하면서 제기된다. 이로써 함흥 시내 안으로 지방 공장들이 배치되기 시작한다. 지방 공장들은 살림집 지구 안 다층살림집 아래층에 '가두 로력'으로 운영되는 분공장, 생산협동조합(종업원 8인 이하)을 조직하며(리화선, 1989: 195), 지방 공장들을 중앙 기업소가 책임지고 자재 원료 등을 공급 운영하는 방식이다.

1965년 2월과 5월 김일성의 현지 지도 이후 1965년 한 해 동안 함흥 시내의 중소화학공장은 60여 개가 생산을 정상화하고, 분공장과 분작업장 50여 개가 신설되었다. 처음 중소화학공장은 과학원 함흥분원 전문 과학자들과 250여 명의 기술 일군이 배치되어 중앙공업 기업소가 설비 자재를 제공해주어 건설되었으며(≪로동신문≫, 1965년 7월 18일 자), 성천 구역(현재 성천강 구역)의 중소화학공장, 분공장에서 500여 가지의 각종 화학제품을 생산해냈다(≪로동신문≫, 1965년 12월 9일 자). 1976년에 이르면 흥남비료련합기업소,

홍남제약공장, 2·8비날론련합기업소, 영대화학공장 등이 성천·반룡(현재 동흥산)·사포·회상 구역 내 수십 개의 중소화학공장을 운영해 가지 수 1,300여 종, 화학제품 생산량의 2.5배 증가를 보도하고 있다(≪로동신문≫, 1976년 3월 25일 자). 그리고 이들 생산 활동은 함흥시경공업위원회 공업 생산액의 약 30%를 차지할 정도로 비중이 높았다. 나아가 살림집 지구 안에 경공업 공장들도 배치했다. 소구역 안 혹은 변두리에 피복, 완구, 일용품, 학용품, 정밀기계, 식료가공공장들을 배치해 출퇴근 교통량을 줄이고, 자본 투자 없이 가두 로력을 생산에 활용함으로써 부족한 소비품 공급을 도모했다.

이처럼 함흥 지방산업공장들은 대체로 함흥 시민의 거주밀집지구인 성천·사포·회상 구역과 동흥산 일부 구역에, 그리고 단층 건물 혹은 살림집에 꾸려졌으며, 여성 노력을 활용했고, 중앙 기업소의 분공장 형식으로 운영되었다. 그 결과 살림집 지구는 주민의 물질문화생활을 누리는 곳만이 아니라 사상문화교양의 장소가 되었고, 휴식과 소비만 진행되는 곳이 아니라 노동과 생산이 진행되는 공간이 되었다. 그러나 이 역시 같은 구역 안에서도 중앙 기업소 노동자와 지방 산업 노동자의 위계는 분명하다.

세 번째, 구역 내 사회적 연계 측면이다. 1963년 계획된 북한 도시의 소규역 규모는 인구 5,000~1만 명 사이였다(리순건, 1963). 그러나 1967년 이후 가두 노력을 더 많이 생산 활동에 투입하고 주민들에 대한 사상교양사업을 확대하기 위해, 이미 형성된 소구역과 새로 건설한 소구역을 2~4개씩 통합해 더 큰 단위의 살림집 지구, 살림집소구역을 조직하기 시작했다.[20] 기존

20) 함흥에서 성천 구역 통남1동에 거주했던 탈북자의 구술에 의하면 통남1동의 인민반은 80여 호로 구성된다. 약 18~20가구가 하나의 인민반이 되기 때문에 5인 가족으로 계산하면 100명(5명×20가구)이 1개의 인민반이 되고, 통남1동에는 대략 8,000명(100명×80개 인민반)의 주민이 살고 있는 셈이다. 각 구역이 9~10개 동으로 구성되어 있다고 여겨지는바, 하나의 구역은 7만~8만 명 사이로 보인다. 여기에 노동자 지

의 소구역이 '동'별 단위였다면, 확대된 살림집 지구는 '구역' 단위로 편재되었다. 따라서 협동농장도 구역 안에 포함되고, 경공업 및 지방산업공장 등도 구역 안에 포함되었으며, 구역은 곧 일체화된 단위로 기능하기 시작한다.

구역은 특히 사상문화교양의 단위로서 구역 안의 교육 일체를 주민들이 책임지는 방식으로 운영된다. 특히 1970년에는 북한 교육이 전반적 11년제 무상의무교육제로 전환하면서 교육사업에서 시·구역의 행정단위가 일체화하는 형식으로 내용의 변화가 이루어진다. 예를 들어 함흥 성천강 구역의 구역행정위원회는 성천 구역 내 해방유치원-성남인민소학교-천리마성동녀자고등중학교를 초·중등 부문의 대표적 교육 단위로 설정하고, 구역 안 모든 교원들의 교수 질을 이곳 기준으로 맞추게 했다(≪로동신문≫, 1978년 1월 11일 자). 그리고 구역 안의 주민들이 학교 사업을 지원하도록 독려하고 있다(≪로동신문≫, 1982년 2월 4일 자, 1984년 1월 10일 자, 1987년 2월 25일 자). 즉, 구역 안의 학교 시설을 자체로 책임지고 보수 확충하며, 각 학교 단위에서 요구되는 각종 물자를 학부형들이 책임지게 하는 방식이다. 예를 들어 함흥성천강피복공장은 신흥녀자고등중학교 실험 실습실 문제를 해결하고, 함흥기와생산협동조합은 성남인민소학교 체육관을 건설하며, 성천강 구역 량정사업소는 하신흥인민학교의 수영장을 건설하는 방식으로 구역 안의 지방산업공장·기업소와 학교, 그리고 인민반이 운명 공동체처럼 묶여 있음을 보여준다(≪로동신문≫, 1988년 6월 9일 자). 교육 부문에서 보듯이 각 구역 안에는 함흥 차원에서 투자하고 독려하는 대표적인 모범 단위가 존재하며 이 단위가 곧 함흥의 대표성, 상징성을 나타낸다. 그러나 구역 안에도 시급

구, 협동농장의 14개 '리' 인구를 포함하면 함흥 인구의 근사치는 약 70만~80만 명이다. 그러나 북한이 발표한 함흥시 각 구역별·동별 인구통계자료가 없기 때문에 이는 구술에 의한 단순한 추정치임을 밝히는 바이다.

〈그림 3.3〉 **함흥 도시 공간과 구역 공간의 층위와 구성**

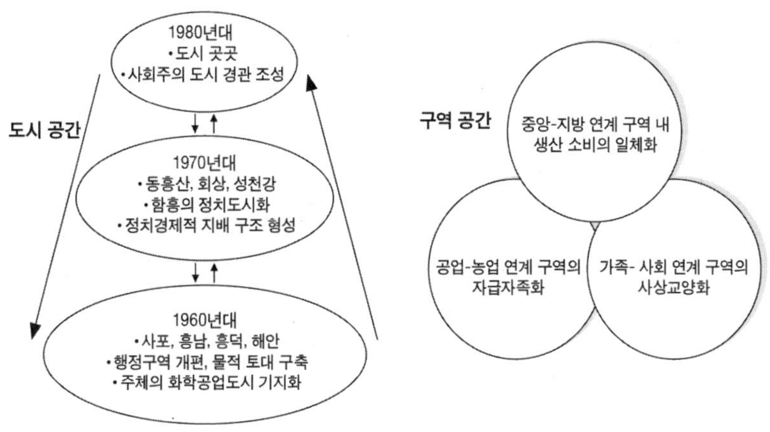

단위와 구역급 단위의 위계는 분명하다.

〈그림 3.3〉에서 보듯이, 함흥 도시 공간은 도시사적 맥락에 따라 1960년대 이후 흥남 지구의 물적 토대를 기초로 함흥 도시 공간의 정치적 지배 구조를 확립한다. 이 공간적 진행 과정은 왼쪽 그림으로 표현된다. 1960년대 흥남 지구에서 함흥 시내로 물적 토대를 확대 반영하고, 역으로 함흥 시내의 정치적 지배가 흥남 지구 안으로 확립해 들어오면서 도시 공간의 정치경제적 메커니즘을 확립한다. 그리고 1980년대 이후 사회주의 도시성을 상징하는 주요 경관 및 상징 건물을 덧씌우게 된다. 반면 오른쪽 그림의 구역 공간은 체제의 공간적 요소가 주체의 공간적 요소로 침투하여 상호 간의 역동적 작용 아래 정치경제적 층위를 이루는 기본 생활단위이다. 구역은 곧 도시 공간의 공간적 실천이 매개되는 장소이자, 체제와 주체의 공간 요소가 만나는 지점이다. 그러나 앞서 살펴보았듯이 함흥 도시지배구조의 확립 과정은 구역 공간을 거주와 휴식의 생활공간만이 아닌 노동과 생산의 공간으로, 그리고 문화와 사상교양의 공간으로 일체화했다. 이로부터 정치경제적 층위

는 구역을 단위로 압축적으로 실현되며, 구역 내 위계와 신분에 따라 차별적 거주 공간을 점유하게 된다.

5. 주체의 층위: 도시 주민의 삶과 일상

주체의 공간이란 일상 활동이 일어나는 공간으로서 거주지와 그 생활 영역을 대표하며 문화와 휴식 등 행위자의 의지가 관철되고 주체의 욕망이 표현되는 공간이다. 일반적으로 함흥의 경우, 구역을 단위로 하지만 실제 도시민의 생활 영역은 '구역-동-인민반'이라는 거주와 생활공간, 또는 '구역-(동)-학교', '구역-(동)-생산 단위'의 노동과 사상문화공간, '구역-구역'을 넘나드는 새로운 생활세계공간 등으로 그 동선을 설정해볼 수 있다. 그런데 이들 주체 공간의 구성 요소는 모두 '구역'을 단위로 하고 있다. 앞서 고찰했듯이 이 구역은 도시의 역사적 형성발전과정에서 공간적 프로그램을 구조화하여 프로그램화했다. 따라서 주체의 층위 속에서 고찰되는 바는 주체의 공간이 체제의 공간에 비해 부차적 기능을 하며 매우 종속적인 공간 운용을 하고 있다는 점이다.

필자는 지난 1년여 동안 함흥 출신이거나 함흥 거주 경험이 있는 북한 이탈 주민 총 34명을 대상으로 심층 인터뷰를 진행했다. 공동연구과정이었기에 직접 인터뷰한 대상자는 20명이고, 나머지 14명은 음성 파일과 녹취록을 공유했다. 인터뷰는 면 대 면 심층 인터뷰로 진행되었고 통상 1회 2~3시간가량 진행했으며, 도시 정보가 많은 대상자들은 2회 이상 인터뷰를 반복했다. 34명 중 거주 구역별 경험자는 동흥산 구역 1명(거주 경험자는 4명), 회상 구역 5명, 사포 구역 5명, 성천강 구역 15명, 흥덕 구역 4명, 흥남(룡성, 해안) 구역 3명, 기타 인근의 함주군 1명이다. 이들을 통해 각 구역별 공간의 배치와 구역 안의 일상 및 동선을 고찰했다. 연령대별로는 20대 1명, 30대 6명, 40대 14명, 50대 5명, 60대 2명, 70대 6명이다. 이들은 각각 도시를 경험하고 기억하고 있는 시기가 달랐다. 60~70대는 함흥의 과거 역사를 가장 잘 구술할 수 있는 나이 대였지만, 기억력이 분명치 않았고 거리, 명칭, 숫자 등 세부적인 질문에는 답을 하지 못했다. 반면 20~30대는 함흥의 1990년대 이후 '고난의 행군' 시기부터의 기억이 선명했다. 따라서 연구 범위에 속하는 함흥의 1960~1980년대를 가장 잘 복원해낼 수 있는 연령대는 40~60대이며 본문에서는 이들의 기억과 경험을 주요하게 활용했다.[21)]

주체의 공간 활동 및 공간적 체험을 기록한 인터뷰를 종합하여 함흥 도시 주민의 생활공간을 재구성하면 다음과 같다.

첫 번째, 체제의 공간이 잉태하고 있는 위계와 불평등의 차이 공간을 통해 주체의 역동적 공간 활동이 이루어지고 있는가 하는 점이다. 공간 연구는 자본주의 이후 시기의 체제 모순이 자본집적과 계급 발생을 넘어 삶과 일상의 공간에 스며들며, 이것이 공간을 통해 나타난다는 것을 전제하고 있다. 따라서 공간의 불평등, 공간상의 분리와 배제, 배열과 위계를 증명하고자 한다. 또 공간 안의 일상과 의식이 공간을 어떻게 형성하거나 변화시킬 수 있는지도 고찰한다. 그렇다면 사회주의 도시 공간은 어떠했는가. 앞서 보았듯이 함흥의 경우 화학공업 도시로서 도시 정체성을 확립한 이후 7개의 구역이 공간 기능을 달리하며 구역 안의 소재와 배치를 달리해왔다. 인터뷰에서도 거주 구역별 직업군의 분포 상태, 도시 주민이 선호하는 거주 구역 등을 질의했다. 그러나 이탈 주민이 기억하고 경험한 함흥 도시 공간은 위계와

---

21) 인터뷰는 도시인구, 도시의 물리적 구조, 가족과 사회, 산업과 경제, 경제와 인민 생활, 도시의 정치 행정, 도시 문화, 도시의 표상과 이미지 등 도시사 연구의 8개 주제 영역을 전제하고 대상자의 직업과 연령, 경험에 따라 서너 가지 주제 영역을 집중적으로 질의했다.

선호의 구분이 뚜렷하지 않았다. 직업에 따라 '그곳'에 살아야 하는 경우가 대부분이었고, '다른 곳'에 살기 위해 별도의 노력을 기울인 경우는 거의 없었다. 그리고 '더 나은 곳'에 살기 위해서는 직업과 신분의 변화가 필요했기 때문에 거주 지역을 옮기기보다는 당원, 큰 공장의 노동자, 도급·시급 단위의 사무원이 되고자 노력했다. 또 직업과 신분이 변한다고 해도 거주 구역을 바꾸기보다는 구역 안에 새로 지은 아파트나 방의 칸 수를 늘려 이사 가는 등 구역 안의 삶을 유지했다. 그래서 선호하는 어느 한 구역으로 쏠림 현상이 발생하거나 공간적 위계가 공간의 불평등 구조로 나타나지는 않았다.

> 함흥은 그렇진 않아요. 함흥은 어…… 그냥 뭐 이렇게 괜찮게 산다는 사람들은 뭐 이렇게 수출업 같은 거 일하는 사람들 뭐 그런데서 뭐 하는 사람들 뭐 좀 그럴 거고, 그다음에 행정적인 직책에 있는 사람들 뭐 따로따로 집이 나눠져 있거나 이렇진 않았어요. 함흥엔, 그런 사람들은 뭐 정말 못 먹어도 오곡밥을 먹는 형편 정도 사니까 그렇지, 지역이 뭐 특별하게 뭐……(HF7216).

두 번째, 인터뷰 대상자들 중에는 함흥의 도시 역사가 반증하듯이 '함흥 토박이'의 비율이 현저하게 높았다. 특히 여성의 경우 인근 '시·군' 단위 소재지에서 함흥으로 시집온 경우가 있었지만(HF7210, HF6812, HM6513), 남성의 경우 본래 아버지 대에서부터 함흥 출신인 경우가 많았다(HM4011, HF6411). 그리고 본래 함흥 출신들은 그 자리에서 대를 이은 삶을 살고 있었다. 즉, 이들 모두를 포함하여 함흥 출신인 이탈 주민들의 거주 경험은 '구역화된 삶'을 증명하고 있다. 전체 대상자 중 김일성 사회주의 시기에 이사 경험이 있는 이가 많지 않았으며, 혹여 구역을 옮겼다 하더라고 생애사 주기를 통틀어 두 구역 이상의 거주 경험이 있는 사람은 없었다. 대부분은 경제난 이후부터 집을 옮기는 경험을 하기 시작했다. 이는 사회주의 도시계획이 도농 격차의 해소와 도시인구의 통제를 전제로 했기 때문이며, 함흥 역시 주택 소구역 계획에 의해 살림집 지구를 편재했고, 살림집 지구를 생산과 소비, 노동과 휴식, 그리고 사상문화교양의 공간으로 운영했기 때문인 듯하다. 실제 인터뷰에서도 함흥 시민은 구역 밖을 벗어날 생각조차 하지 못한 것으로 나타났다. 그들은 매우 순응적이며 때로는 운명론적이기까지 했다.

> 가고 싶다 뭐 이런 마음조차 없었어요. 저는 함흥에 대해서는 그렇게 잘 알지 못해요. 다니긴 다녔지만 여기 신흥관이나 동상 같은 거는 알고 있지만은 사포 같은 거는 그냥 기차 타고 왔다 갔다 하면서나 알고 있을 정도지, 홍남구역에 대해서 저는 제가 살던 주변에, 그쪽에 하고 좀 아는 게 있죠. 제가 사는 곳에서 일을 하다보니까 …… 다른 구역이라는 게 제가 지금 말한 것처럼 주변에 유정, 천기 뭐 홍덕 이런 데는 이렇게 친척들 있고 하니까 돌아는 다니는데 …… 저는 진짜 정말. 저는 학교 다닐 때는 할머니 집에 1년에 한 번씩이나 놀러 가봤고 회사 다녀서는 그딱 그냥 회사에 묻혀서 사니까. 그렇게까지는 …… 네 …… 아마 거의 다 그럴건데요. 일에 묻혀서 살고 그렇게 하죠(HF7216).

> 좋았죠, 고향이 되서 그런지 모르겠는데 좋았어요. 그때는 전기도 잘 왔고, 네, 전기도 잘 왔고, 거기가 경치도 좋고 깨끗하고 그다음에 학교 다닐 때도 학교도 깨끗하고 학교 선생님들도 진짜 참 좋았어요. 그때는 뭐 배고프고 이런 어려운 그런 게 없었으니까. 완전 다 선량한 마음으로 편하게 행복했죠. 한마디로 말해서……(HF8323).

세 번째, 구역공간의 프로그램에 따라 구역 안의 삶과 일상은 이미 경로가 설정되어 있었다. 출생지에서 500m 안팎의 유치원과 인민학교에 다니며 약 15분 거리에 있는 고등중학교로 진학한다. 1970년대 당시 한 학급의 인원은 40명, 한 학년은 적게는 4개 학급, 많게는 8개 학급 정도의 규모였다. (HF8323의 경우) 인민학교 다니던 학급이 그대로 중학교에 같이 올라갔다고 구술할 정도로 같은 인민학교 출신 학생들이 곧바로 고등중학교로 진학하기 때문에 이들의 삶은 졸업 후 결정이 난다. 남자들은 대부분 군대로 나갔다가 다시 고향에 돌아와 공장이나 기업소에 배치받고 이때 거주지를 1차로 옮긴다. 그러나 여성의 경우 타 도시로 시집가지 않는 이상 구역 내 삶을 지속하는 경우가 대부분이었다. 대부분은 인근의 기능공 학교를 거쳐 살림집 지구 안의 경공업 공장, 혹은 중소화학공장 등에 배치되며, 신분상으로 특별한 경우에만 구역급·시급·도급 단위의 사무원으로 복무하게 된다.

(질문) 한 학급이 40명 정도면 이 40명이 전부 취업을 하나요? (답) 아니에요. 한 3명 정도는 군대 가고, 군에 가고 그리고 …… 한 농촌, 여기 가까이 있는 사람들은 또 농촌도 나가고, 한 30명 정도는 취업을 해요. 기능공 학교도 한댓 명이 가고……(HF6812).

운중이면 운중에 있는 중학교에 가고, 은성이면 은성에 중학교에 가고…… 그렇게 해서 이제 ㅇㅇ기술중학교를 졸업하고 나면 신체검사를 다 받고, 소조활동을 했던 사람들이 대학에 가고 나머지 사람들은 이제 몽땅 군대를 가죠. 거기서 신체검사에서 불합격된 아들하고 대학에서 저기 뭐야 시험에서 떨어진 아들, 이런 아들은 공장에 배치되죠(HM6827).

네 번째, 이들은 대부분 반복적이며 특별할 것 없었던 일상의 삶을 구술한다. '북한 사람들 그런 거 없다, 어느 직장을 원한다거나……', '꿈 그런 거 없다. 작가가 되고 싶었지만 어떻게 해야 할 줄 모른다……', '신흥관, 함흥대극장 가본 적 없다. 가고 싶다 뭐 이런 마음이 없다……', '마전유원지나 함흥대극장, 동물원 등은 공장에서 집체적으로 할 때 조직적으로 참관한 적 밖에 없다……'고 구술한다. 이들의 구술에서 느껴지는 감정은 체념에서 오는 무력감이 아니다. 너무나 당연했던 일상에 대해 의아해하는 면담자를 향한 답답함의 토로이다.

네, 일단 걱정이…… 희망, 꿈 자체가 없고, 우린…… 한국 애들은 꿈을 위해서, 막 피타는 노력하잖아요. 거기 피타는 노력이 뭐가 필요해요. 그냥 직장 댕겨서 하라는 대로 하면 되니까. 모자 옆을 박으라면 그냥 쭉 박으면 되는 거고, 뭐 다리미질하라면 다리미질하면 되는 거고, 아무 필요가 없는 거죠. 그래 그런데 무슨 경쟁은 했어요. 왜냐하면 이렇게 흐름 식으로 하는데 애가 100개를 흐름 식으로 판을 박는데 뒤에 애가 한 80개만 하면 뒤에서 막 재촉을 하고 이렇게 그런 경쟁을 할지언정, 다른 꿈 같은 건 없었어요. 뭐 꿈이 없…… 그냥 그게 꿈이죠. 그냥(HF6812).

함흥 이탈 주민은 1980년대 이후로 많은 변화를 겪었다. 그들은 극심한 경제난 속에서 국경을 넘었고, 남한 생활에 정착하는 과정에서 인식과 언어 표현, 생활과 관계의 재구성을 경험했다. 이제 와 생각하면 과거의 경험과 생활이 아련한 향수로 떠오를 수 있다. 먹고사는 것이 어렵지 않던 시절 특별한 그 무엇이 없었다고 구술하는 이들에게서 고향에 대한 그리움, 과거에 대한 향수, 너무나 많은 것을 경험해버린 현재의 고단함이 묻어났다. 이것은 실제 도시 공간의 지배성이 포획한 결과인지, 그 도시를 떠나버린 이들이 갖는 기억과 향수인지 명확하지 않지만 분명한 것은 이들이 새로운 그 무엇인가를 추구하지 않았다는 사실이다. 새로운 것을 갈구하고 욕망할 만큼 타인과의 불평등한 삶을 인식하지 않았다.

다섯 번째, 같은 공간 안에서 무력하고 반복적이며 변함없는 생활 패턴의 삶을 살고, 동일한 의식과 가치관 아래 주어진 삶과 생활을 묵묵히 수행해나가는 공간적 삶을 유지하는 힘은 '신분'이었고, 신분 세습을 통해 공간의 재생산 활동이 이루어지게 됨을 알 수 있었다. 간부는 간부의 삶을 세습했고, 양친이 당원인 경우는 자식도 당원이 되기가 용이했으며, 큰 공장 노동자는 대를 이어 큰 공장에 배치되었고, 군수공장의 경우는 더더욱 그러했다.

> 이 농촌에서 사신 산 여자들은요, 태를 먹고 산 여자들은 빠져나가기 힘들어요. 그러니까 시집을 이제 군부대에 간다든가 아니면 뭐 광부한테 간다든가 이래야지, 농사일 거기서 대대로 농사 사람하고 농사꾼하고 살면 대대로 농사일 하는 거예요. 그러니깐 여자들은 그래서 저희 어머님도 보면은 군인한테 갔잖아요(HF7210).

> (질문) 선생님도 자라시면서 귀국자 가족이어서 온전한 대접을 못 받거나 승급이 안 된다거나 이런 생각을 해보신 적 있으세요? (답) 크게 못해봤는데요…… 소조 끝나고 와가지고 좀 그런 감은 …… 하고 싶은 일은 많았는데 이거 잘 안되더라구요. 안 시켜주더란 말입니다(HF6513).

> 간부가 되고 싶었어요. 왜냐하면 저희 집이 전쟁 때 저희 외삼촌이랑 여기 있잖아요. 옛날 저희 엄마가 엄청 잘사는 집 자식이었어요. 그래가지고 출신이 좀 안 좋으니깐 이 간부하는 사람이 없어요. 저희 집은 시키는 일이나 계속해야 되는 사람들이잖아요. 그래가지고 야 무조건 군대 가야지 입당하겠구나 해서 군대를 막 간 거지요(HF7322).

구역 안 주체의 공간을 움직이는 힘은 '신분'이었다. 새로운 것에 대한 개인적 욕망과 갈구는 존재하지 않았지만, 좀 더 안락하고 편안한 삶을 위해 간부를 꿈꾸었다. 특히 주민 구성에서 볼 때 협동농장의 농장원, 부모님이 당원이지 못한 경우, 중국 혹은 일본의 귀국자 가족 등이 신분 차별을 극복하고자 많은 노력을 기울였다. 이것은 또한 구역 안의 지배 질서를 유지하는 동력으로 작용했다. 이들이 신분을 상승시키기 위해서는 조직 생활에 성실히 참여해야 하고, 공동체 안에서 그 누구보다도 이타적인 삶을 살아야만 했다. 그리고 그 결과는 구역 안의 위계와 권력 질서에 순응하는 것이었다.

이상 함흥 이탈 주민의 구술을 종합하면 함흥은 공간의 (인간) 주체성이 분명하고 주체들의 '삶의 풍부화'를 보장해주며, 개인의 자아실현과 더불어 사회의 공동체적 가치 실현이 이루어지는 공간으로 생산되지 않았다. 구술자들 대부분은 주어진 경로에 따라 기계적인 삶을 운명처럼 받아들이고 있었으며, 도시에 대한 기억조차 공식 이데올로기에서 벗어남이 없었다. 함흥은 '북한 제2의 도시로, 5대 공장이 있는 곳'이라고 한목소리로 정의했다. 개인의 경험 또한 '산과 바다를 끼고, 흥남의 큰 공장이 있어 사람이 살기 좋은 곳'으로 구술이 일치했다. 함흥이 (냉면으로) 자랑하는 신흥관, 문화 예술의 상징인 함흥대극장, 노동자들의 휴양지인 마전유원지 등은 이곳에 가본 적도 없는 사람이 제법 되는데도 사람들이 함흥을 살기 좋은 이유로 꼽는 상징 건물이다. 또한 자신의 삶이 주로 이루어지는 집(가정)은 일본식 단층 양옥집 혹은 대대로 살아온 고향집, 노동자 집단거주합숙 정도이고 고층 아파트들이 즐비한 사회주의 상징 도시가 함흥이라고 구술하는 이들은 도시 공간의 주체이기보다 탈주체화되고 도시지배구조의 이데올로기에 포획된 이들로서 이들에게는 함흥이 사회주의 이념이 학습되는 공간으로 기능했음을 알 수 있다.

6. 결론

해방 후 북한은 일제 식민지 도시로부터 탈피하여 근대화된 해방 공간으로서 도시 공간을 기획했다. 일제가 구획·분할한 도시 공간의 불평등화 등을 철저히 청산하고 '인민의 위한 도시'로 탈바꿈하고자 했다. 역과 광장을 중심으로 거리를 형성하고, 일본인 신시가지에 노동자 계급을 거주하도록 했으며, 삶과 생활이 윤택하도록 살림집을 많이 건설하도록 했다. 그러나 전쟁으로 도시가 파괴된 후 함흥은 더 이상 일제 식민지 도시를 벗어나는 것이 아닌, 사회주의적 이념이 투영된 미래의 도시가 되어야 했다. 구소련의 사회주의 도시건설이론을 대부분 수용했고, 구동독 함흥시 재건단에 의해 함흥과 흥남의 도시건설계획이 수립되었다. 이 계획은 사회주의적 이념을 반영하여 도농 격차를 해소하고, 직주근접 및 생활과 노동을 즐거이 수행하는 인구 5,000명에서 1만여 명의 생활공동체로 구상되었다. 인구수를 타산하고 인구별 단위를 소구역으로 분리했으며, 거리 계산을 통해 생활과 편의봉사, 교육문화시설을 배치했다. 공유 시설을 바탕에 두고 의도적인 집단조합과 집단생활을 통해 새로운 사회주의적 공동체를 건설하고자 한 것이다. 그리고 적어도 이들의 도시건설구상은 사람(주체)들이 어떻게 생활하고 생산하며 소비할 것인가를 염두에 둔 '주체의 공간' 구상으로부터 출발했다. 그러나 실제 1961년 이후 북한 함흥은 국가의 기간산업 건설 전략에 종속되어 공업 도시로서의 자기 정체성을 확고히 하기 시작했다. 복구건설과정에서도 생산 활동이 우선시되었기에 구동독의 함흥시 재건 프로젝트는 충실히 수행되지 못했고, 자본과 물질 자원의 부족과 관련하여 생활의 질을 향상하기 위한 투자는 거의 무시되었다. 일방적인 공업화 정책에 의해 도시는 생산 활동과 집단적 이해 충족에 우선순위를 두었고 획일적인 조립식 주책을 강조하고, 빠른 건설을 위해 표준화된 살림집, 공공건물이 들어섰다.

그 결과 함흥은 홍남(홍덕·해안 구역)의 물질생산토대가 함흥 부분을 충당하고, 함흥(동흥산, 회상)의 정치행정기구들이 홍남까지 지도관리체계를 담당하는 방식으로 공간이 분화되었다. 그리고 그중 가장 많은 거주 주민이 모여 있는 성천강·사포·회상 구역에 토대와 상부구조시설이 위계와 연계를 이루며 함흥의 면모를 상징하게 된다. 구역별 공간은 또한 도시가 농촌을 이끌고 나가고, 홍남의 대규모 공장이 함흥의 중소 산업들을 이끌어나가며, 도시민들은 구역 공간 안에서 생산과 소비, 노동과 휴식, 사상문화교양 활동을 전개하면서 공간적 실천으로 도모하고 있었다. 그리고 이들의 공간적 실천으로 이들의 공간은 체제의 공간 안으로 규범화·제도화·일체화되어갔다.

이상 1953년 이후부터 1987년 시기까지 함흥 공간 전략과 도시 안의 지배 구조를 보면 함흥은 근대화와 공업화, 사회주의화를 실현해나가는 북한의 대표적 도시로서 정치·경제, 사회문화활동의 종합 도시로서 역할을 맡아왔다. 홍남이라는 튼튼히 물질경제적 기초 위에 함흥의 지도 권력은 도시 공간을 주조해나갔다. 사회주의 도시건설이론을 바탕으로 구역 안에 동별 배치를 하고, 동별로 인민반을 조직했으며, 구역이 자급자족의 단위가 될 수 있도록 연계망을 형성한 것이다. 같은 공간, 같은 교육, 같은 노동, 같은 생활의 구조는 도시민의 의식과 생활을 지배할 수밖에 없었고, 이들의 공간적 실천은 '주체의 공간'을 형성하기보다 '체제의 공간'을 생산하는 데 일정한 기여를 하게 되었다. 일상 속에 침투한 도시공간전략과 도시 구조는 곧 그들의 생애사를 지배하며 '도시성'을 만들어갔던 것이다.

〈별첨〉 **북한 이탈 주민(함흥 출신) 인터뷰 대상자**

코딩 번호		성별/연령	직업
1	HF5715	여/50대	행정사무원
2	HF5512	여/50대	노동자
3	HF3812	여/70대	편의봉사
4	HF6411	여/50대	교원
5	HF6214	여/50대	행정사무원
6	HF6412	여/50대	방송원
7	HM6614	남/40대	철도원
8	HM6817	남/40대	노동자
9	HF7210	여/40대	노동자
10	HF7116	여/40대	노동자
11	HF7216	여/40대	노동자
12	HF6812	여/40대	노동자
13	HF7416	여/30대	노동자
14	HF4715	여/60대	노동자
15	HF7112	여/40대	편의봉사
16	HM6513	남/40대	소조 지도원
17	HM3210	남/70대	교포 상공인
18	HM4011	남/70대	상업 부문 비서
19	HM8814	남/20대	학생
20	HM3820	남/70대	노동자
21	HF8323	여/30대	무역 관리국(1)
22	HM6827	남/40대	노동자
23	HF8021	여/30대	단련대 지도원
24	HF7626	여/30대	노동자
25	HF7322	여/40대	편의봉사
26	HF7324	여/40대	체신소
27	HF7923	여/30대	노동자
28	HM6824	남/40대	노동자
29	HF5726	여/50대	전업주부
30	HF7027	여/40대	노동자
31	HM7821	남/30대	수출 사업소
32	HF4024	여/60대	노동자
33	HM4326	남/70대	노동자
34	HF8323	여/30대	무역 관리국(2)

참고문헌

국내 자료

강호제. 2007.『북한 과학기술 형성사 I』. 서울: 도서출판 선인.

고유환·박희진. 2013.『북한 도시 함흥·평성 자료해제집』. 선인.

김근배. 1996.「일제시기 조선인 과학기술인력의 성장」. 서울대학교 박사학위논문.

김면. 2003.「독일 국립문서보관소 소장 자료를 통해 본 북한과 구동독간의 경제협력」. ≪북한연구학회보≫, 제7권 제1호.

김면·전현준. 2006.「구동독이 본 북한체제의 형성과 발전(1949-1968)」.『해외자료로 본 북한체제의 형성과 발전 II』. 도서출판 선인.

르페브르, 앙리(Henri Lefebvre). 2011.『공간의 생산』. 양영란 옮김. 서울: 에코리브르.

박영민. 1997.「르페브르의 실천전략과 사회공간」. ≪공간과 사회≫, 제9호.

손정목. 1990a.「일제하 화학공업 도시 홍남에 관한 연구(上)」. ≪한국학보≫, 제59호.

_____. 1990b.「일제하 화학공업 도시 홍남에 관한 연구(下)」. ≪한국학보≫, 제60호.

이무용. 2005.『공간의 문화정치학』. 서울: 논형.

조명래. 2013.『공간으로 사회읽기: 개념. 쟁점과 대안』. 서울: 한울.

통계청. 각 연도.『한국도시연감』.

하비, 데이비드(David Harvey). 1983.『사회정의와 도시』. 최병두 옮김. 서울: 종로서적.

허수열. 2005.『개발 없는 개발: 일제하 조선경제 개발의 현상과 본질』. 은행나무.

북한 자료

김일성. 1981.「현대적 화학공업의 기지를 창설하기 위하여(비날론 공장 건설 관계부문 열성자 회의에서 한 연설(1960.9.1)」.『김일성저작집 14』. 평양: 조선로동당출판사.

김정일. 1997.「건축예술론」.『김정일선집 11』. 평양: 조선로동당출판사.

김창호. 1990. 『조선교육사 3』. 사회과학출판사.

김청희. 1953. 『도시건설』. 평양: 조선민주주의인민공화국 과학원.

김태호. 2001. 「리승기의 북한에서의 '비날론'연구와 공업화: 식민지시기와의 연속과 단절을 중심으로」. 서울대학교 석사학위논문.

내각결정 제122호. 1959. 「비날론 및 염화비닐 공장 건설을 촉진시킬 데 관하여(1958. 10.9)」. 『조선중앙년감』. 평양: 조선중앙통신사.

렴태기. 1994. 『화학공업사 I』. 사회과학출판사.

리국순. 1960. 「홍남비료공장 로동자들이 걸어 온 승리의 길」. 『력사논문집 4: 사회주의 건설 편』. 과학원출판사.

리순건. 1963. 『주택소구역계획』. 평양: 국립건설출판사.

리승기. 1962. 『과학자의 수기』. 평양: 국립출판사.

______. 1976. 『비날론』. 평양: 과학출판사.

리화선. 1989. 『조선건축사 2』. 평양: 과학백과사전종합출판사.

박종완. 1985. 「만년대계의 과학연구기지를 꾸려주시어」. 『수령님과 주체과학의 40년』. 평양: 평양출판사.

중공업위원회 제5설계사업소 및 제17건설트레스트. 1961. 『비날론공장 건설』. 평양: 국립건설출판사.

지장길 외. 2009. 『광명백과사전 8: 조선의 지리』. 평양: 백과사전출판사.

≪로동신문≫. 1957.3.11.

______. 1958.2.14., 6.20.

______. 1960.4.3.

______. 1961.2.20.

______. 1965.12.9., 7.18.

______. 1976.3.25., 7.1.

_____. 1978.1.11.

_____. 1982.1.13., 1.22., 2.4.

_____. 1984.1.10.

_____. 1987.2.25.

_____. 1988.6.9.

≪化學工業≫. 1951.「일본기술자들의 좌담회」, 제2권 제1호.

국외 자료

Castells, M. 1977. *The Urban Question: A Marxist Approach*. Cambridge: MIT Press.

Eberstadt, N. and Banister, J. 1992. "The Population of North Korea." *Institute of East Asian Studies*. Berkeley: University of California Press.

French, R. A. 1979. "The Individuality of the Soviet City." French, R. A. and Hamilton, F. E. Ian(eds.). *The Socialist City: Spatial Structure and Urban Policy*. John Wiley & Sons.

Harvey, D. 1973. *Social Justice and the City*. London: Edward Arnold.

Lefevre, H. 1976. *The Survival of Capitalism: Reproduction of the Revolutions of Production*. New York: St. Martin's.

SCAP(Civil Property Custodian. External Assets Dovision. General Headquarter). 1948.9.30. Japanese External Assets as of August 1945.

White, P. 1980.4. "Urban Planning in Britain and the Soviet Union." *Town Planning Review*, Vol.51 No.2.

제4장

북한의 아파트 건설 역사와 도시 정치

통치와 욕망의 공간적 변주

홍민 | 통일연구원

1. 서론

2014년 5월 12일 북한의 평양 평천 구역 안산1동 23층 아파트(1개동 92세대)가 붕괴했다. 이 사고로 수백 명의 사상자가 나오고, 최부일 인민보안부장의 공개 사과와 관련자에 대한 신속한 문책 소식이 전해지면서 국내외로 주목을 끌었다. 평양 한복판에서 벌어진 이번 사고에 대한 분석은 대체로 북한의 '속도전'식 건설 관행에 대한 비판과 김정은 정권의 무리한 건설 사업 추진으로 모아졌다. 사실 북한의 아파트 붕괴 사고는 이번만이 아니었다. 최근 알려진 것만 해도 2007년 7월 혜산 아파트 붕괴 사고, 2013년 4월 평성 아파트 붕괴 사고 등 몇 년 사이 굵직한 대형 붕괴 사고들이 있었다.

이번 사고로 아파트 건설 붐도 주춤할 것으로 예상되었으나, 사고 일주일째 되는 날 김정은은 붕괴된 아파트보다 두 배 높은 46층짜리 아파트(김책공대 교육자 아파트) 건설 현장을 방문해 "21세기 공격 속도, 마식령 속도를 창조한 부대는 역시 다르다"며 빠른 진척에 만족을 표했다(연합뉴스, 2014년 5

월 21일 자). 잇단 사고에도 불구하고 지도부가 아파트 건설에 몰두하는 이유가 무엇인지 궁금하지 않을 수 없다. 아파트 붕괴 사고의 직접적 원인은 부실시공이지만, 그 내면을 들여다보면 아파트 건설을 둘러싼 국가권력과 시장 사이의 복잡한 이해관계의 그물망이 자리하고 있다. 역사적으로만 보아도 아파트는 단순한 주거 시설 이상의 상징성과 의미를 가지고 있었다. 체제 우월성과 지도자의 통치력을 과시·전시하는 데 아파트만큼 효과적인 것은 없었다. 2000년대 들어 북한에서 아파트 건설은 통치 전략, 국가권력, 국내외 시장이 결합한 '도시 정치(urban politics)'[1]라는 복잡한 함수관계 속에서 진행되어왔다.

이 글에서는 북한의 아파트 건설 붐 이면에 있는, 아파트 건설을 둘러싼 국가와 시장의 이해관계와 동학을 분석하고자 한다. ① 북한의 아파트 건설 역사 속에 담겨 있는 정치 경제를 알아보고, ② 2000년대 북한의 아파트 건설을 둘러싼 권력과 시장의 관계, 정치적 경쟁, 부실시공 실태를 진단하며, ③ 지방 도시에서 아파트 건설을 둘러싸고 형성된 '아파트건설동맹'을 도시 정치의 차원에서 평성의 사례를 통해 확인하고, ④ 아파트 건설이 어떻게 도시 공간의 계층적 위계와 분화를 가져왔는지 역시 평성의 사례를 통해 살펴본다. 이를 통해 아파트 건설이라는 '창(窓)'으로 지도자의 통치 전략, 국가권력의 생존 방식, 시장의 진화 과정을 고찰하고자 한다.

---

1) 도시 정치는 주택, 교통, 의료 등과 같은 집합적 소비 수단의 공급 문제와 관련하여 발생하는 중앙 혹은 지방정부의 정책과 사회적 갈등, 그리고 정치적 과정을 의미한다. 이는 북한과 같은 사회주의 체제의 경우 주택 같은 집합적 소비 수단을 국가가 전적으로 관장한다는 점에서 도시 정치는 국가가 도시의 집합적 소비 수단과 관련하여 구체적으로 어떤 결정을 하는지, 국가가 공공서비스의 공급에 어떻게 개입하는지, 국가를 둘러싼 여러 사회적 행위자들의 전략적 판단, 정치적 상호작용, 권력관계 등이 어떠한지와 같은 복잡한 내용들을 의미한다(Ward·Imbroscio, 2011: 853~871).

2. 아파트 건설의 역사와 정치 경제

북한에서 아파트는 높은 수직성과 스카이라인을 압도하는 거대 경관을 통해 체제의 우월성을 전시적으로 보여주기에 좋은 인공물이다. 여기에 빠른 건설 '속도'가 결합하여 순식간에 도시의 경관을 전변시키는 '기적'을 만들어내기도 한다. 도시는 새로운 사회의 상징성을 읽는 도상학(iconography)에서 중요한 부분을 차지한다(쇼트, 2001: 110). 아파트는 주택이라는 인공적 건축물 이상의 정치적인 경관(political landscape) 또는 통치 전략과도 관련이 있다.[2] 서구에서 고층 아파트는 도시의 미관을 해치는 흉물스럽거나 저급한 생활환경의 흔적으로 취급되고 있지만(줄레조, 2007: 15), 북한에서 아파트는 오히려 역으로 '도시 미화'의 차원에서 줄곧 강조되어왔다. 또한 아파트 건 설실적은 '발전' 또는 '성장'의 지표이기도 했다.

역사적으로 북한에서 아파트 건설이 대규모로 이루어지기 시작한 것은 1970년대부터이다.[3] 이 시기부터 1960년대에 축적한 조립식 공법의 경험

---

2) '정치적 경관'은 독일 제3제국(나치)의 선전장관인 괴벨스(Paul Joseph Goebbels)가 사용한 말이기도 한데, 경관을 정치적인 차원에서 가공하고 구성하는 것을 뜻한다(바른케, 1997: 13~15).

3) 물론 북한에서 아파트라는 주거 형태는 이미 등장해 있었고 그 형태도 다양했다. 섹찌아식, 외랑식, 중간 복도식, 탑식 및 소층 정원식(뙈족집) 등이다. 섹찌아는 소련어로 '부분'이란 뜻이며, 1개의 현관으로 올라가고 각 층마다 2세대, 혹은 3세대씩 연결되어 있는 형태이다. 따라서 한 아파트에는 이런 현관이 5개 내지 6개가 있게 되며 출입구가 다른 이웃 세대와는 전혀 연결되지 않는다. 현대식 아파트는 대부분 이런 식인데 초기에는 주로 간부용 고급 아파트에 해당했다. 외랑식은 1960년대 건설 초기에 많이 지어진 형태이다. 각 층마다 후면으로 단일 복도가 설치되어 긴 단일 복도를 따라 방이 줄지어 있는 형태이다. 아파트 높이도 1950~1960년대 4~5층에서 1970년대 들어서는 고층 아파트가 등장하기 시작했다(주강현, 1999: 304~305, 317).

〈그림 4.1〉 **도시입구공간의 건축 형성과 시점의 특성: 스카이라인 형성**

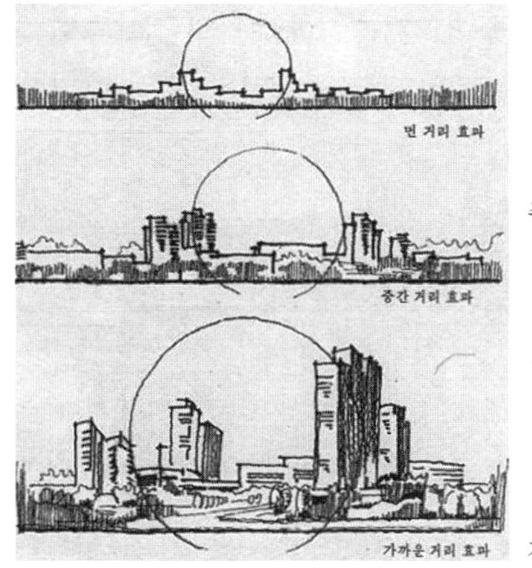

주: 북한은 도시 입구로부터 형성되는 도시의 시각적 이미지에 큰 관심을 가져왔다. 북한은 "도시 입구는 해당 도시의 관문으로서 도시 중심부와 주변을 련결시켜주는 기능을 수행하는 동시에 해당 도시의 첫인상점으로서 도시의 위치와 규모, 도시의 성격과 발전 면모를 집약적으로 보여준다. 그러므로 도시를 새로 건설하거나 개건하는 데서 도시 입구를 잘 형성하는 것이 중요하다"고 설명하고 있다.
자료: 리광·리성철(2006: 40).

〈표 4.1〉 **1970~1990년대 초 평양의 아파트 건설 현황**

건설 사업명	기간	사업 규모	건축 형식 및 기타
천리마/서성거리	1970		5, 8, 10, 12, 15층 아파트
비파거리	1971		탑식, 평천식의 2~3층 연립주택
대통로	1980		20, 30층
창광거리 1단계	1980	약 1,200세대	
문수거리	1981~1983	약 1만 7,000세대	*김일성 70회 생일 기념
창광거리 3단계	1984	약 2,400세대	
버드나무거리	1984	약 1,000세대	
천리마거리 2단계	1984~1987	약 4,000세대	
북새거리	1984~1987	약 4,000세대	
창광거리 2단계	1985	약 2,000세대	
만경대/동성 구역	1988		
순안 구역	1988	약 5,000세대	실리카트벽돌
광복거리	1985~1989	약 2만 세대	12~30층
안상택거리	1985~1989		10~30층
광복거리 2단계	1990~1992	약 3만 세대	
통일거리	1990~1992	약 2만 세대	*전승 40돌(정전 40주년) 기념

자료: 장성수·윤혜정(2000: 84)에서 재인용.

을 토대로 대규모 아파트군이 본격적으로 건설되기 시작했다. 1972년에는 평양을 '혁명의 수도'이자 사회주의의 우월성을 과시하는 선전 도시로 선포하고 본격적인 대형 건축물 축조와 주택 및 신시가지 건설에 돌입했다(주강현, 1999: 314). 평양 시내 천리마거리와 서성거리 등에 5~15층의 고층 아파트가 본격적으로 건설되기 시작했다(장성수·윤혜정, 2000: 83). 그리고 1980년대 초 김일성 70회 생일을 기념해 동평양 지역 문수거리에 약 1만 7,000~2만 5,000가구의 아파트가 완공되었다(≪문화일보≫, 2014년 5월 28일 자).

그렇다면 왜 1970년대부터 1980년대에 걸쳐 국가적인 차원에서 아파트 건설에 몰두했던 것일까? 북한의 경제는 1960년대 중반 이후 국방 부문에 대한 과도한 재정 투여로 침체 국면에 들어가 있었다. 그러나 아파트를 전국적으로, 그리고 대규모로 건설하려면 시멘트, 강재, 목재, 전기, 골재, 기타 부자재 외에 대규모 재정이 필요하다. 1970년대 초반 1차 해외 자본 개방 조치가 실패로 끝났고 북한은 채무불이행국이라는 낙인을 얻었다. 국제적으로는 석유파동과 국제 곡물가 폭등 등 악재가 계속되었고 내부적으로도 인구 증가에 따른 식량 사정의 어려움이 나타나기 시작했다.[4] 경제계획은 파행을 거듭했다. 이런 상황에서 대규모 국가재정이 투여되는 아파트 건설을 추진한 것은 이해하기 힘들다고 할 수 있다. 결국 경제 상황 이외의 다른 데서 아파트 건설 추진의 배경을 찾아볼 필요가 있다.

우선 생각해볼 수 있는 것은 정치적인 차원이다. 1974년 김정일은 제5기 제8차 당중앙위원회 전원회의를 통해 당정치위원회 위원으로 선출되면서 사실상 후계자로 당내에서 공식화된다. 이를 계기로 김정일은 본격적으로 김일성 우상화와 유일 체제 형성에 박차를 가한다. 김정일에게는 후계자로서의 업적 쌓기와 아버지 김일성으로부터의 확실한 인정이 중요했다. 김일

4) 1960~1970년대 북한에서 인구와 식량과의 관계에 대해서는 홍민(2013: 141~204) 참조.

성의 60세 생일(1972년)과 70세 생일(1982년)에 맞춘 대규모 아파트 건설 계획이 경제 상황과 중장기 경제계획이 가져야 할 합리성과는 상관없이 무리하게 수립되고 진행되었다. 그 일환으로 평양시꾸리기운동과 같은 도시미화사업이 전개되었다. 도시 미화는 지도자의 치적을 가장 가시적으로 보여주는 측면이 있다. 평양 광복거리를 중심으로 대대적인 아파트 건설 열풍이 불었다. '기와집에 이밥과 고깃국'으로 표현되는 김일성의 이상적 사회주의 삶의 실현에서 아파트는 '기와집'에 해당했다. 아파트는 인민 생활 향상이란 측면에서 누구도 반대하기 힘든 사업이었다.

그러나 이런 대규모 아파트 건설 사업은 중장기 경제계획과 매해 기본 계획의 큰 조정을 통해서만 가능한 것이었다. 결국 중장기 경제계획은 파행을 거듭하고 매년 수행해야 하는 기본 계획도 뒤로 밀리는 가운데 아파트 건설이 대규모로 이루어졌다. 이 같은 아파트 건설은 당, 근로단체, 군부 등 특권기관들에 의해 국가 자원이 계획 체계와 상관없이 대량으로 전용되고 공식 경제기구가 무력화되는 원인을 제공했다.[5] 또한 건설에 필요한 많은 인력 역시 김정일의 주도에 발기한 '속도전' 아래 각종 '전투'의 이름을 달고 이루어졌다.[6] 여기에 1974년에 시작된 '3대혁명 소조운동'을 통해 건설 현장까

---

5) 자재위원회가 보유한 국가예비물자가 거덜나기 시작했고, 1970년대부터 당원돌격대, 속도전청년돌격대, 건설군부대 등이 건설위원회의 업무를 가로채기 시작했다. 이에 따라 과거 주택으로부터 시작해 공공시설 및 지구 개발에 이르는 건설 업무를 집중 관리했던 건설위원회의 권위가 크게 약화되었다. 특히 도시 주택 건설 업무는 소멸되다시피 했다. 이런 특권 기관들은 1980년대에는 중앙 단위의 대규모 건설을 추진하기보다는 평양 아파트 등을 자체적인 방법으로 건설한다거나 자기 기관의 예산을 자체로 해결하겠다는 내용의 제의서를 제출하여 '와크'를 받아갔다(박형중·최사현, 2013: 66). 이 건설 '와크'가 1990년대 후반 들어 특권 기관이 민간 자본을 끌어들이는 권한이 되었다고 볼 수 있다.

6) '충성의 속도'(1974), '70일 전투'(1974), '100일 전투'(1971, 1978, 1980), '80년대 속도

지 김정일의 직접적인 감시와 관리가 이루어지고 '속도전청년돌격대'(1975)[7]를 통해 무상으로 로력동원이 이루어졌다. 따라서 이 당시 건설된 아파트들은 새로운 후계자의 업적 쌓기의 전시적 효과를 노린 성격이 매우 강했다고 할 수 있다.

북한은 1972년에 제2경제위원회를 조직하고 1974년에는 당 내에 39호실을 설치해 무역성 산하에 있던 대성무역을 편입시켜 주요 무역 부문을 당 산하에 두면서 당의 비자금을 따로 관리하는 '당경제'를 본격적으로 가동시키기 시작했다(박형중·최사현, 2013: 57). 김정일에 의해 주도된 '당경제'는 인민경제와는 분리되어 당사업에 필요한 자금을 독자적으로 마련하고 관리하는 체계였다. 국내외 물자의 많은 부분이 당경제로 직접 들어갔다. 결국 인민경제는 상대적으로 위축될 수밖에 없었다. 한편으로 당경제 아래에서 선심성으로 주민들에게 제공되는 '선물'들은 계획경제의 기본 계획을 제치고 우선적으로 생산되어 계획경제의 파행성을 심화시켰다. 대규모 아파트 건설 역시 핵심 계층에 대한 선물용으로 사용되었고 계획경제 파행의 한 현상이었다.

여기서 주목할 부분은 아파트는 대부분 건설 대상의 투자액이나 경제적 타당성이 아닌 '교시'에 따라 설계·건설되었다는 점이다(김영성, 1993: 59). 따라서 중장기 경제계획이나 기본 계획에 부담을 주면서 경제의 불확실성을 높이는 역할을 했다. 연간 경제계획이 아파트 건설에 들어가는 재정과 인력으로 인해 파행적으로 운영되었고 '계획의 무시'적 성격을 띠었다(진희관·신지호, 2006: 662). 물론 아파트 건설은 국가적인 차원에서 기획되었지만,

---

창조 운동'(1982) 등이 있었다.

7) 속도전청년돌격대는 1970년대 중반 창설된 이래 1990년까지 창광거리, 문수거리, 통일거리, 광복거리 등 수많은 주요 아파트 건설에 동원되었다.

경제적 합리성이란 차원보다는 지도자와 후계자의 치적을 쌓고 유일 체제를 강화하기 위해 정치적·전시적이며 동원적·노동 착취적으로 이루어진 측면이 강하다. 그러나 정작 이렇게 건설된 아파트는 일반 주민들에게 골고루 배정되지 않고 권력을 가진 이들과 성분이 좋은 이들에게 위계적으로 배분되었다. 1970년대의 대규모 아파트 건설은 사회주의 체제의 우월성을 과시하는 전시적 측면, 후계정치구도의 강화라는 측면, 파행적인 계획경제 운영이라는 측면, 특권계급에 대한 특혜적 배분 등이 총체적으로 결합된 산물이었다.

그렇다면 주택 거래 암시장이 형성되고 아파트가 북한 주민들의 욕망의 대상이 된 원인과 배경은 무엇일까? 첫 번째, 인구학적 배경을 생각해볼 수 있다. 전후 '베이비 붐' 세대가 결혼연령기에 도달하는 1980년대에 대형 주택 위기의 출현은 예견된 것이었다. 전후의 폭발적 인구 출생은 1970년까지 가파르게 진행되었다. 1953년 정전 이후, 북한에서는 1950년대 전후반 무렵에 태어난 전후 세대가 인구의 절반 이상을 차지하게 되었다. 그들이 본격적으로 학령기에 들어서는 1960년대 중엽, 식량 위기와 교사 위기(교원 부족 위기)가 북한에 들이닥쳤다. 이에 대비한 국가의 주요 정책은 학교 건설, 주체농법, 다락밭, 애국미, 절미 운동, 곡물 수입, 도시민이 계절별로 농촌을 노력 지원하는 총동원 등이었다. 그러나 1980년대에 예고된 주택 위기에 대해서는 국가적 대책이 미비했다(류경원, 2008: 9).

두 번째, 최고 지도자의 위대성과 사회주의의 우월성을 과시하는 대형 건설과 평양을 중심으로 하는 투자가 쏠리면서 상대적으로 인민의 실질적 주택문제가 도외시된 측면이다. 후계자의 업적 쌓기가 도처에서의 대기념비 건설로 이어졌다. 1974년 왕재산대기념비를 시작으로 전국 각지에 대형 기념비들이 조성되었고 김일성혁명역사연구실, 동상 등이 건립되었다. 1982년 김일성 70세 생일에 맞추어 주체사상탑, 개선문, 김일성경기장, 인민대학습당, 평양산원, 창광원, 빙상관 등의 축조물과 창광거리[8]가 건설되었다.

또한 1980년대 중후반에는 사회주의 진영의 개혁 개방과 한국의 1988년 서울올림픽 등을 의식한 과시적이고 전시적인 평양 중심의 건설과 미화 사업이 줄을 이었다. 아파트 역시 이런 배경 속에서 1980년대 김정일의 지도 아래 대규모로 건설되었다. 1980년대 이래 도시 건설의 방침과 지도는 김정일이 맡은 것으로 알려져 있다. 실제로 1989년부터 김정일의 직접 지도 아래 광복거리[9]와 통일거리[10]에 각각 3만 세대와 2만 세대의 고층 아파트가 3년 만에 완성되기도 했다. 또한 1992년부터는 '전승 40돌(정전 40주년)' 기념일에 맞추어 통일거리에 추가로 1만 6,000세대 등 총 3만 세대를 건설하는 2단계 공사가 시작되었고 원산, 신의주, 함흥 등지의 지방 주요 도시에도 3,000~6,000세대 규모의 주택 공사가 이루어졌다(주강현, 1999: 315). 이런 무리한 아파트 건설 진행은 1980년대 후반부터 몰아치기 시작한 사회주의권의 해체 여파를 내부적으로 소화하는 차원에서 인민 생활의 질을 높이는 명목으로 진행되었다.

이런 건설 사업 재정의 상당 부분이 인민경제나 주민들의 세외 부담에서 나왔고, 건설에 드는 인력은 전적으로 주민들의 무상 노동력 동원 형태로 이루어졌다.[11] 특히 평양에서는 전후에 날림식으로 지은 주택들을 대대적으

---

8) 이 당시 천리마거리 옆으로 15~40층의 고층 아파트 30여 동이 들어섰다.

9) 1986년 이래 건설이 시작되어 도로 양옆으로 30만 명이 살 수 있는 매머드 아파트촌이 건설되었다. 특징은 수백 동이나 되는 아파트를 도시 미관을 고려하여 모두 독특한 외형으로 건설한 점이다.

10) 평양의 남단인 낙랑 지구에 건설된 고층 아파트 거리인 통일거리는 1992년 4월을 전후해 입주가 시작되었다. 토성입체다리부터 낙랑다리까지 10여 리 구간에 들어선 이 단지에는 25층, 30층, 45층 등 다양한 고층 아파트가 들어섰다.

11) 일시에 많은 양의 집을 짓기 위해서는 속도전이 요구되었다. 1980년대 초반에는 '1980년대식 속도전'이 발기되었고, 후반에는 '200일 전투'가 전개되었으며, 1990년

로 허물고 평양의 위용을 자랑하는 도시의 건설을 강행하여 강제철거세대를 대량 발생시키기도 했다. 이로 인해 주민들에게 '동거'[12]와 '뒤그루'[13]의 고통을 안겨주기도 했다. 특히 1988년 서울올림픽에 대응해 개최했던 1989년 제13차 세계청년학생축전을 위해 건설된 선수촌은 무리한 과시용 투자였다. 이 축전 행사에 참가하는 외국인 1,500명을 위해 최고급 내외장재를 사용하여 건설한 평양 만경대 구역 체육촌은 거대 낭비의 한 사례라고 볼 수 있다. 이처럼 1970~1980년대에 전시적·과시적 차원에서 이루어진 평양 중심의 건설 사업들은 전국적으로 주택난에 직면해 있던 대다수 주민들의 주택 문제를 실질적으로 개선하기 위한 조치로는 보기 힘들다.

대에는 '1990년대식 속도'라고 해서 빠른 속도로 5만 세대의 살림집을 건설하도록 촉구했다. 이 시한부 노력 투쟁의 요체는 인민의 힘을 총동원하여 기본 건설 부문에 집중시키는 것이었다. 1990년대식 속도전 역시 아파트 건설에서 뚜렷하게 나타났다. 아파트 공사 현장에는 1989년부터 15만 명의 군인을 비롯해 청년건설단, 당원돌격대, 평양시건설사단 등으로 불리는 각급의 노동력들이 투입되어 병영 생활을 하며 건설을 다그쳤다고 한다. 통일거리 공사의 경우 평균 6.1분에 한 세대씩, 최고 4.9분당 한 세대씩 골조를 조립하여 1990년대식 속도를 창조한 것으로 소개된다(주강현, 1999: 316~317).

12) 살고 있는 자신의 집 일부에 다른 가족을 들여 살도록 하는 것을 말한다.

13) 새로 지은 현대식 집에는 돈과 권력 있는 자들이 들고, 그들이 살던 집에는 그의 친척들이 들고, 친척들이 살던 낡은 집에는 새 집을 지으면서 철거된 세대들이 드는데, 그 집을 '뒤그루'라고 한다. 이런 현상은 존스톤(R. J. Johnston)이 주장한 '상향식 주거여과과정(filtering-up process)'에 해당한다. 소득이 높은 계층의 가구가 신규 주택으로 이동함으로써 생기는 공가(空家)를 소득이 낮은 계층의 가구가 저렴한 비용으로 구매하여 이동하는 현상을 말한다. 주택여과과정으로는 인구 구조와 규모, 주택의 노후화 정도, 가구 소득의 변화, 공공주택기관의 개입 등을 들 수 있으나, 북한의 주택여과과정은 권력의 위계에 따른 정치적 지위가 큰 영향을 미친다고 할 수 있다. 주택여과과정과 주거 이동에 대해서는 Johnston(1972: 98)을 참조.

세 번째, 주택의 음성적 매매를 조장하는 분위기가 1970~1980년대에 싹트기 시작했다. 북한의 1세대라고 할 수 있는 1920년대생들이 정년기에 들어서기 시작한 1970년대에는 주택 배급이 간부들에게 노후 생활 보장책이면서 중요한 개인 재산으로 인식되기 시작했다. 무엇보다 각지에 1호 특각(김일성과 김정일의 별장)들이 건설되는 것과 동시에 간부들에게 하사하는 김일성, 김정일의 기관별 혹은 개인별 주택 배려 및 선물이 시작되었다. 당시 대도시들에는 고급 신축 아파트가, 지방에는 높은 담을 둘러친 고급 단층 주택들이 속속 등장했다. 이런 분위기 속에서 간부들 사이에는 '내 집 마련', '내 집 짓기' 풍조가 일기 시작했다. 여기에 필요한 건설 및 자재는 전국적으로 벌어진 특각, 대기념비 및 국방 건설 분위기로 수월하게 구할 수 있었다고 한다. 각종 건설자재들이 기관, 기업소와 지방에 많이 돌았고 그만큼 빼돌릴 수 있는 기회가 많았기 때문이다(류경원, 2008: 10).

그뿐만 아니라 1970년대 후반~1980년대에 김정일이 주도한 대대적인 상징 조형물 건축은 사회에도 크게 영향을 미쳤다. 우선 각종 명목의 건설이 이루어지는 과정에서 막대한 국가 자재와 자금이 부정 유출되었다. 이런 가운데 농민시장이 발달했고 개인들의 소비 욕구를 자극하기 시작했다. 1980년대에는 외화를 활발하게 소비할 수 있게 된 중국, 러시아, 일본으로부터의 귀국자와 해외 연고자들, '재외 가족'들의 주택 수요 또한 급증했다. 이것이 국가의 주택공급질서를 무너뜨리는 음성적 외화 공급원이었다. 주택 배정과 관련한 행정은 부정부패의 온상이 되었다. 지방의 시·군들에서는 보통 수십여 명의 당 및 행정 간부들이 수년에 한 번 꼴로 주택 배정 부패로 각종 처벌을 받았다. 1980년대부터 생겨나 지속적으로 성장해온 주택 암시장은 국가의 주택배정제도를 유명무실하게 만들었다(류경원, 2008: 11).

1990년대 들어 경제난으로 인해 국가에 의한 아파트 건설은 위축되었다.[14] 아파트 건설은 내각 부처별로 떠맡아 이루어진다. 산하 단위에 건설

인력부터 자재 보장까지 강제로 할당하기 시작했다. 결국 해당 단위에서는 자체로 하지 못하는 부분들을 이 시기부터 민간에 의존했다. 또 아예 돈이 있는 개인들이 국가기관으로부터 명의를 빌리고 건설 자금을 대고 인력을 동원하여 건설하는 방식도 나타났다. 이렇게 어려운 경제난 속에서도 꾸준히 아파트 건설과 수요가 늘어난 데는 인구요인이 자리하고 있다. 1990년대 초반 약 200만 명이던 평양 인구는 현재 약 350만 명까지 늘어났다. 여기에 거주신고 없이 평양에 사는 일명 '미거주자'도 70만 명 이상으로 추정된다(≪동아일보≫, 2014년 5월 27일 자). 평양의 경우 주택난이 심각하며 구매 수요는 충분하다는 추론이 가능하다.

2000년대 들어 1990년대 후반 이후 주춤했던 아파트 건설이 재개되어 김정일 위원장 집권 말기인 2009년 말에는 평양 시내 중심부에 고급 아파트 단지인 만수대거리가 새로 세워졌다. 김정은 체제 들어 고층 아파트 건설은 더욱 활기를 띠기 시작했다. 김정은은 김정일의 유훈을 받아 2012년 6월 만수대 지구에 45층의 초고층 아파트 단지인 창전거리를 13개월 만에 완공한 바 있다.[15] 이어 2013년에는 은하과학자거리와 김일성종합대학 과학자 아파트가 완공되었으며, 2014년 당 창건 기념일(10월 10일)을 목표로 위성과학자거리와 김책공업대학 교육자 아파트를 한창 건설하는 중이다(연합뉴스,

---

14) 소위 '고난의 행군'이 끝나는 1998년 이후, 1999년에 잠시 신규 아파트 건설(약 5만 호 추정)이 있었으나 공식적인 국가 예산 투입의 비중은 낮고 민간 자본의 유입이 본격화되기 시작했다(김근용, 2008: 36).

15) 창전거리 아파트는 원래 있던 외랑식 아파트를 모두 허물고 최고 45층짜리 아파트를 1년 만에 완공한 것이다. 그곳에서 살다 철거했던 주민들과 핵심 계층을 입사시켰다. 김정은의 선물용 아파트라고 할 수 있다. 창전아파트는 엘리베이터가 운전되고 전기가 정상적으로 공급되는 것으로 알려져 있다(자유아시아방송, 2013년 1월 23일 자).

2014년 5월 29일 자). 아파트는 권력 핵심 계층에 대한 시혜 차원에서 통치 수단의 의미를 갖는다.[16] 물론 이렇게 최고 지도자의 직접적인 관심 속에 야기된 아파트 건설은 소위 '힘 있는' 기관 또는 개인들이 기획해 짓는 아파트 건설 '붐'과도 연동되었다.

2000년대 이후 북한에서 아파트는 시장을 통해 새로운 신화와 욕망을 만들어내고 있다. 북한의 시장화 과정은 주택 또는 아파트의 상품화 과정이기도 했다. 1990년대 고난의 행군 시절 굶주린 사람들이 국가에서 배정받았던 아파트를 달러와 바꾸기 시작했다. 2000년대부터 대부분의 아파트는 시장을 통해 형성된 민간 자본을 통해 건설되고 거래되는 상품이 되었다. 돈과 권력이 있는 사람들에게 아파트는 부의 창출과 재생산에서 무엇보다 중요한 수단이었다. 아파트를 둘러싼 이해관계도 다양해졌다. 더 많은 사람들이 아파트를 통한 부의 창출 과정에 관여하기 시작했고, 이 과정에서 국가기관 또는 권력은 아파트 건설 및 거래 시장의 확장을 부추긴 주역이었다. 국가는 민간 자본과 결탁하여 아파트 건설을 통해 계획수행실적과 기관 이익을 챙겨왔다. 북한의 물가 등락에서 아파트 건설 및 거래 시장이 갖는 영향력은 계속 커져왔다. 아파트 거래 가격의 변화는 곡물 값, 환율 등과 민감하게 연동되어 움직이고 있다. 아파트 건설 과정에 소요되는 강재, 시멘트, 인력 등 많은 부분이 시장에 의존해왔으며, 건설 수요가 많을수록 아파트 가격이 상승하고 전반적인 물가에도 영향을 미쳐왔다.

---

16) 평양에는 간부 전용 아파트는 물론 항일 투사, 예술인, 작가, 체육인, 과학자, 교수, 박사, 심지어는 중앙당 소속 노동자에 이르기까지 직업별·개인별로 이루 다 헤아릴 수 없을 만큼 김정일의 선물용 아파트들이 많다.

3. 2000년대 아파트 건설 시장의 실태

2000년대 들어 평양에서는 '집 다음에 계급투쟁'이란 말이 유행할 정도로 부동산 열풍이 지속되어왔다. 최근에는 부동산 투자로 100만 달러 이상 부를 축적한 신흥 부유층이 등장하기도 했다는 말이 전해진다. 이들은 30평대 아파트를 3만~4만 달러에 분양받아 인테리어를 한 뒤 최고 10만 달러에 되팔아 2배 이상의 수익을 올리는 방식으로 부를 축적하고 있다.[17)]

이런 아파트 부동산 시장의 번성은 김정은이 집권한 이후 아파트 건설을 강조하면서 더욱 가열되고 있는 측면이 있다. 특히 2008년 평양 10만 호 건설을 발기하고 2012년까지 완공 목표를 세우면서 건설이 가열되었다. 외무성, 인민무력부 등 각 기관에 아파트 동별로 건설량을 할당하고 자체 완공을 강압하면서, 우후죽순 무분별하게 건설되는 아파트 건설을 단속해야 할 당국이 오히려 투기를 부추기는 등 아파트 부동산 열기는 식지 않고 있다. 또한 평양 시내의 일부 간부와 부유층 사이에서는 아파트를 통해 권세를 과시하는 풍조가 나타나고 있기도 하다. 가령 아파트 실내장식이 유행하면서 각 기관과 공장의 건축 부서가 돈벌이를 위해 실내장식업에 경쟁적으로 나서는 경우도 있으며, 인조 대리석, 원목 마루, 이중 창틀, 고급 커튼, 맞춤형 가구를 설치하며 내부개조공사도 하고 있다고 전해진다. 특히 중앙당 재정경리부 소속 '백두산건축연구원'[18)]은 김일성 가계의 전용 특각, 체제 선전 건

---

17) 가령 국방위원회가 대동강 구역 동안동에 최근 신축한 160m²짜라 아파트는 7만~8만 달러, 중구역 평양의학대학 앞에 2013년 말 완공을 앞두고 있는 160m²짜리 아파트도 7만~8만 달러 거래가 예상되었다. 시내 중심 중구역의 100m²짜리 낡은 아파트도 3만~4만 달러 정도 한다. 10여 년 전 5,000달러 정도 하던 평양의 아파트 가격은 2013년 현재 최고가 16만 달러를 넘어서고 있다(≪동아일보≫, 2013년 10월 22일 자).

18) 백두산건축연구원은 ≪조선건축≫과 같은 전문 잡지를 계간지로 발간하고 있으며,

축물, 당 산하기관 건물을 설계하고 건축해온 북한 최고의 설계사무소로 알려져 있는데, 최근 들어 돈벌이를 위해 아파트 실내장식사업에 뛰어들어 고수익을 올리고 있다고 한다. 한편, 평양 시내 주택의 실내장식공사 수요가 급증하자 중국의 업체들이 평양 진출을 위해 현장 조사와 지사 설립을 추진 중이기도 하다.

2000년대 들어 조성되기 시작한 아파트 건설 붐은 국가권력, 민간 자본, 시장, 도시 관료들이 결합하여 일정한 시장 메커니즘을 형성하게 되었다. 최근 북한의 주요 기관 및 기업소의 전형적인 아파트 건설 과정은 다음과 같다. 우선 평양의 대다수 아파트들은 힘 있는 기관들이 건설 허가를 따서 짓는다. 이들 힘 있는 기관이나 기업소는 허가권을 들고 자금조달능력이 있는 민간사업자를 찾는다. 그리고 이들을 끌어모아 기관, 기업소와 연결해주는 브로커가 따로 있다. 이들 브로커는 국내 민간 자본뿐만 아니라 화교 상인이나 조선족의 자본을 유치한다. 이들 민간사업자는 자금력이 있는 국내외 개인일 수도, 또는 여러 명의 컨소시엄 형태나 단체일 수도 있다. 이들은 건설 자금·자재·장비 등에 필요한 일체의 자금과 현물을 제공한다. 대개 자재들은 중국에서 수입하기 때문에 달러로 거래되고 수입권도 수도건설총국이나 제2경제(군수 부문), 인민보안부 등과 같은 극히 일부 기관이 독점하고 있다(≪동아일보≫, 2014년 5월 27일 자). 각 참여 사업자들이 자재면 자재, 장비

대표적인 건축물만 전문적으로 설계하는 북한 최고의 설계사무소이다. 본래는 도시 설계를 전담하던 소규모 집단이었으나 1962년에 설계연구원으로 확장된 데 이어 1989년 9월 김정일의 지시로 평양 중심부에 새 건물을 마련하고 현재의 이름을 얻게 되었다. 인민 설계가와 공훈 설계가들을 비롯한 수십 명의 박사·준박사급 전문 설계가와 이들을 뒷받침하는 젊은 설계가들이 모여 있다. 이곳에서 설계한 대표적인 건축물로는 1978년에 개관한 묘향산의 국제친선전람관, 평양 창광거리, 1988년에 착공된 평양의 유경호텔 등이 꼽히고 있다(주강현, 1999: 328).

면 장비 등 담당한 부분을 책임지기도 한다. 최근 아파트들은 국가 자금을 통해 건설되는 것이 아니라 국내외 민간자금, 즉 시장 영역에서 형성된 돈에 의존하여 건설된다.[19] 기관, 기업소는 이들 민간사업자와 아파트 건설 계약을 체결한 후 국가건설감독성에 건설 계획을 보고한다. 실제로는 민간자금에 의해 건설되지만 국가건설계획에 들어가고 국가건설조립액에 잡힌다는 점에서 계획 부문과 시장 부문의 구분은 모호하다. 사후적으로 계획 숫자(실적)에 포함될 뿐 실제로 대부분의 건설 비용은 시장 활동에서 형성된 민간자금에 의존한다. 그러나 최고인민회의 결산에는 국가 예산에 의해 건설된 것(국가건설조립액)으로 잡힌다.[20] 현재 신설되는 아파트의 약 80%가 민간에 의해 건설되고 있으며 신축 아파트의 3분의 1 정도가 시장에서 거래되는 것으로 추정된다(KOTRA, 2014).

국가건설감독성 승인이 나면 기관, 기업소는 인민보안부 산하 공병부대인 7총국(시공사), 수도건설총국(평양의 건설공사에 투입된 돌격대, 건설 단체를 통제) 등과 연결하여 건설에 착수한다. 평양의 모든 아파트 건설에 인민보안

---

19) 외화가 많지 않은 북한은 최근 평양의 새로운 주택단지와 호화 아파트를 조성하면서 주택건설자금의 대부분을 조선족과 화교 상인의 투자금으로 충당하는 것으로 전해지고 있다. 지난 2년간 평양 창전거리를 새로 조성할 때 화교 상인들은 대형 아파트 한 동에 약 200만 달러를 투자해 아파트 분양 후 수익금으로 400만 달러를 받았다고 전해진다. 이후 북한이 잇따라 고급 아파트와 주택단지 건설사업을 발주할 때마다 입소문을 듣고 온 화교 상인들이 거액을 투자한 것으로 전해졌다. 2014년 5월 붕괴된 평양 아파트도 화교들이 약 200만 달러를 투자한 것으로 전해진다(NK지식인연대, 2014년 5월 28일 자).

20) 북한의 국영기업 대부분이 액상계획과 사회적 계획을 수행하는 과정에서 시장을 활용한다. 국영기업 이외에도 비경제단위인 특수 권력기관은 아파트 건설과 같이 기관 이익의 많은 부분을 시장에 의존하면서 한편으로 시장을 창출하고 주도하는 역할을 하고 있다(임강택, 2014: 32~33).

부 7총국과 수도건설총국이 들어가는 것은 아니지만 대체로 큰 규모의 아파트 건설에는 이들이 들어간다.21) 이들은 시공 전문성이나 인력 동원 측면에서 가장 조직화되어 있기 때문에 단기간 빠른 속도의 건설에 유리할 수밖에 없다. 그러나 중요한 것은 이들이 시공과 건설을 주도하면 관련 권력기관 앞으로 아파트 물량을 할당받을 수 있고 공사와 관련된 인허가나 진행상의 편의를 얻을 수 있다는 점이다. 이번 평양 아파트 붕괴 사고의 관련 기술자에 대한 처벌 보도가 있었는데, 아파트 건설공사를 실질적으로 지휘한 인민군 7총국장은 해임과 동시에 강제수용소행 처분을 받았고 설계와 시공을 담당한 기술자 4명은 총살된 것으로 알려졌다(연합뉴스, 2014년 5월 25일 자).

최근 평양의 경우 통상 토목공사비가 2,500~3,000달러, 각 층당 건설비가 4세대 기준으로 1,500~2,000달러 소요된다고 한다. 보통 골조공사가 80% 이상 진행되면 입주 예정자가 미장 및 인테리어 공사를 해서 입주하고, 준공검사를 거쳐 전기, 수도 등이 공급되는 방식이다.22) 고정된 것은 아니지만 대체로 물량의 40~50%는 명의를 빌려주거나 시공을 담당했던 국가기관이나 기업소에, 40%는 민간사업자(일반 분양, 통상 선분양해서 자금을 조달)에, 10~20%는 인허가를 담당하는 당국(인민위원회)에 배정된다. 이 비율은 아파트 건설 계획 할당을 맡은 기관 및 기업소의 힘과 규모, 인허가에 개입하는

21) 인민무력부 7총국은 국가적인 산업 시설 건설을 전담하는 인민내무군 소속으로 최근 '평양 10만 호 살림집 건설'을 담당한 것으로 알려져 있다(연합뉴스, 2014년 5월 23일 자).

22) 최고 지도자 업적 과시용 아파트는 인테리어는 물론 가구와 가전제품까지 모두 갖춰놓은 상태에서 입주하는 방식이지만, 개별적으로 건설되는 아파트는 벽면과 출입문, 창문, 전기선과 배수관 등 기본적인 건설만 끝난 상태에서 구매자에게 파는 방식이다. 이번에 사고가 발생한 평양 안산1동 아파트도 '골격'만 세워진 상태에서 입주한 92가구가 한창 인테리어 공사를 진행하던 중에 붕괴한 것으로 알려졌다(연합뉴스, 2014년 5월 29일 자).

권력기관의 힘, 민간자금 투입 정도 등에 따라 달라진다. 자금을 투입한 민간사업자들에게 할당되는 물량은 건설 과정에서 민간 브로커를 통해 일반 주민에게 선분양되는 방식이다. 이렇게 선분양하면서 받은 돈을 투입하는 식으로 건설 자금을 충당하면서 건설을 진행한다. 이 일반분양과정에서 아파트 시장가격이 형성되고 움직인다.[23] 북한에서 아파트 가격은 지금까지 물가와 상관없이 지속적으로 상승해왔다는 게 일반적인 탈북자들의 증언이다. 특히 아파트 거래 시장가격이 북한의 물가 상승에 영향을 미치고 있는 측면에 주목할 필요가 있다.

이처럼 북한에서 아파트 건설은 기관운영자금과 개인 이익을 챙기려는 국가 권력기관들과 관료들 사이의 경쟁, 할당된 계획 실적을 달성하고 이익을 내려는 기관 및 기업소의 생존 논리, 아파트 건설을 통해 가시적 치적을 과시하려는 지도부의 정치적 욕구, 아파트 거래를 통해 부를 축적하려는 민간업자의 경제적 욕구, 그리고 아파트 건설에 들어가는 각종 목재·강재·시멘트·장비·인력 등을 생산하고 거래하는 시장의 유인 등이 결합해 이루어지고 있다.

4. 평양 아파트 건설 이권을 둘러싼 권력기관의 경쟁

현재 평양을 중심으로 한 북한의 주요 아파트 건설은 비경제 기관들이 독점적으로 담당하고 있다. 특히 인민무력부, 인민보안부, 청년동맹 등이 대

---

23) 엄밀히 말해 아파트의 소유권은 국가에 있지만, 입주권이야말로 실상 소유권에 버금가는 것이다. 입주권은 서류상 거주지가 기재되어 있으면 집에서 살 수 있는 권리이다. 따라서 북한에서 집을 사고판다는 의미는 지금 살고 있는 거주자에게 돈을 주고 그 집에 사는 것으로 주민등록상의 주소를 옮기는 것이다.

표적이다. 앞서 언급했듯이 이런 관행은 1980년대에 특권 기관들이 건설 '와크'를 통해 건설 부문의 특수를 기관 이익으로 전용하고 계획경제를 침식하는 과정에서 구조화되었다. 2000년대 들어와서는 당 조직 지도부 행정 부문의 산하기관들이 광범위하게 경제활동을 하면서 아파트 건설에 특수한 이권 영역을 형성했다.[24] 특히 인민보안부가 평양의 주요 아파트 건설을 통해 독점적으로 이익을 챙겨왔다. 인민보안부는 국내 치안을 전담하는 것으로 알려져 있지만, 사실 그 담당 부분은 좀 더 포괄적이다. 인민보안부에는 보안 부문(치안, 교통, 소방 담당) 이외에 도로 건설, 시설 경비를 담당하는 인민내무군이 별도로 배속되어 있다.[25] 그리고 그 아래로 7총국(대피소 등 건설), 8총국(도로, 교량 관리), 9국(특각 경비), 11기동대(소개용 운송 자재 관리), 324경비여단, 평양지하철도운영국, 225지도국(금 채취) 등의 부서가 편제되어 있다. 특히 이 중에 8총국은 건축 전문가와 건설에 동원 가능한 군인이 약 4만 명 정도로 규모에서 단연 압도적이다.

2010년 이후 각 권력기관별로 건설 사업을 통해 기관 이익을 챙기려는 움직임이 만연하기 시작했다. 권력기관들 사이에서 조직적인 최고의 건설 능

---

24) 당 행정부 산하기관으로는 조선국영보험총회사(대외보험총국), 호위총국, 군수동원총국, 국가안전보위부, 인민보안부(재정국, 7총국, 8총국), 1여단, 중앙검찰소, 수도건설총국, 2호지도국, 727지도국, 조선원예총회사 등이 있다(박형중·최사현, 2013: 100). 장성택은 1980년대 1988년 서울올림픽에 대응하여 건설했던 광복거리 건설 지휘부 총사령관이었으며 18만 명의 건설돌격대를 지휘하며 5만 세대 주택을 건설한 경험이 있다. 이때 이미 장성택은 비경제단위 특수건설계획의 권력과 이권을 상당 부분 경험했을 것으로 추측된다.

25) 2014년 5월 18일 북한의 조선중앙통신은 평천 구역 아파트 붕괴 사고 소식을 전하며 최부일 인민보안부장, 선우형철 조선인민군내무군 장령, 차희림 평양시인민위원회 위원장, 리영식 평천구역당위원회 책임비서 등 관계 부문 책임 일꾼들이 피해자 유가족과 평천 구역 주민들에게 위로와 사과를 했다고 전한 바 있다.

력을 갖춘 8총국을 산하에 두기 위한 경쟁과 갈등이 나타난 것이다. 특히 인민보안부와 인민무력부 간의 갈등이 고조되었다. 인민보안부가 8총국 인원을 평양의 아파트 건설공사에 대거 투입하여 엄청난 자금을 확보하는 등 돈벌이에 성공하자 2011년 초 인민무력부가 김정일에게 군 용도의 건설, 보수에 박차를 가하기 위해 필요하다고 건의하면서 8총국을 흡수했다. 이에 인민보안부가 강하게 반발해오다가 김정은 등장 이후 8총국을 인민내무군 소속으로 환원시키는 데 성공한다.

이렇게 인민무력부로부터 인민보안부로 8총국을 환원시킨 배경에는 김정일과 장성택의 관계가 작용한 것으로 보인다. 김정일은 장성택을 통한 당조직 지도부와 군부에 대한 견제, 김정은 후계구도과정에서의 후견 역할이 필요했기 때문에 장성택에게 힘을 실어주고 있었다(박형중, 2014: 2). 장성택 당 행정부장 관할하에 있는 인민보안부가 8총국을 가져온 것은 이런 맥락 아래 진행되었을 가능성이 높다. 2013년 2월에 인민보안부장이 된 최부일은 이미 2012년 11월 장성택이 국가체육지도위원회 위원장으로 있을 때 부위원장으로 임명된 장성택계 인사로 분류된다. 2013년 12월 장성택 숙청 이후 최부일은 인민보안부장직을 유지하고 있으나, 장성택의 측근으로 알려져 있고 2010년부터 평양시 당 책임비서를 맡아왔던 문경덕은 해임·숙청되었다.

그 배경 중 하나는 아파트 건설 이권을 둘러싼 경쟁 구도가 작용했을 가능성이 높다. 그것은 평양 아파트 건설 이권에 장성택 및 장성택계 간부들, 인민보안부 간부들이 깊이 개입해왔었음을 짐작케 한다.[26] 그 증거로 장성택 처형 이후 2014년 8월 김정은은 대동강타일공장을 현지 지도하면서 이

26) 장성택계 인사인 문경덕 평양시 당 책임비서 후임으로 군총정치국 조직부국장이었던 군부 출신 김수길(64)이 임명되었다.

공장의 이름을 천리마타일공장으로 바꿀 것을 지시했으며 공장의 운영권을 군부에 넘겼다는 소식이다. 이 공장은 장성택이 당 행정부장으로 있으면서 2009년 7월에 건설한 것으로 평양을 비롯한 전역에서 건설 붐이 일 적에 고급 건설자재를 생산하는 공장이었다. 장성택의 심복 장수길이 직접 이 공장을 운영했던 것으로 알려져 있고 대부분의 타일이 평양의 아파트에 공급되어 이익이 상당히 컸었다. 이 공장은 장성택 판결문에서 언급되었던 곳으로 장성택이 수장으로 있던 당 행정부가 담당했다(연합뉴스, 2014년 8월 4일 자).

5. 아파트 부실시공 실태

1970년대 말부터 북한에 건설된 외랑식 아파트의 건설공법은 대체로 조립식이다. 철근과 부재를 넣고 벽체와 바닥을 찍어내고 기중기로 들어올려 용접하고 성냥갑 맞추듯이 조립하는 방식이다. 지붕도 여기에 맞추어 올리고 마지막으로 미장을 하면 완성된다. 북한의 조립식 공법은 1950년대 소련의 PC 공법을 수입해 온 것으로, 북한에 조립식 공법 이외에 다른 공법이 소개되거나 발달하지 못한 이유는 이 공법의 장점인 건설의 용이성과 세대당 자재(특히 철근과 시멘트) 소비량의 최소화, 그리고 거푸집으로 사용할 목재 외에 건설 장비의 부족이 주요한 원인이라고 할 수 있다. 또한 건축 공사가 전문 기능공이 아닌 군인 등 동원 인력에 의해 건설되기 때문에 일반 방식에 의한 건설이 불가능하기 때문이다(서우석, 2000: 44).

이런 방식으로 1970~1990년대 초반까지 무리한 건설 계획으로 아파트가 대량 건설되다 보니 아파트 공사장의 산업재해, 부실시공 등이 많았던 것으로 알려져 있다. 공사 중 위험에 처한 동료를 구하려다 희생된 속도전청년돌격대원들, 영하 35~40도의 악천후를 무릅쓰고 물속에서 공사를 감행하는 모습, "평양시건설사단 동대원구역 연대전투원들이 아파트 난방 공사에 필요한 자갈이 공급되지 않자 주변에 널린 돌을 부수어 난방 파이프 밑에 깔았다"(≪로동신문≫, 1993년 3월 28일 자)는 등의 미담이나 영예군인이 늘어간다는 보도는 아파트 건설 현장의 재해와 부실이 이미 상당히 오래되었다는 것을 보여준다.

1990년대 말과 2000년대 지어진 많은 지방 아파트들은 기본 골격에 해당하는 벽채를 강재가 아닌 시멘트로 잡고 각 층 바닥에만 강재를 까는 방식이다. 한마디로 '시멘트 집'이라고 할 수 있는데 강재가 워낙 비싸서 바닥만 강재를 쓰기 때문이다. 즉, 뼈대에는 일체 강재를 넣지 않는다. 최근 지은 아파트들은 기본적으로 도 설계사업소를 통해 설계하지만 중국 아파트 설계를 그대로 본뜨는 경우도 있고, 심지어 한국 방송에서 나오는 집 구조를 모방하는 경우도 있다고 한다. 국내외 민간자본이 투여된 아파트 건설 수요가 많기 때문에 설계사업소는 집만 잘 설계하면 '설계 값'을 많이 벌 수 있다고 한다. 좋은 설계의 조건은 시멘트, 강재, 목재가 적게 들게 하는 것이다.

사고가 나는 주된 이유로는 ① 강재를 적게 넣어서이고, ② 시멘트를 절약하려고 배합 비율을 적게 해서 강도가 떨어진 탓이다. 이는 대체로 공급되는 시멘트가 공장에서 만든 것이 아니라 개인들이 시멘트 공장에서 훔친 것이거나 시장에서 구입·포장해 만든 것이기 때문에 강도가 고르지 못한 것이다. ③ 건설공법을 지키지 않아서이다. 가령 시멘트 양생 기일을 충분히 주어야 하는데 빨리 짓기 위해 겉만 굳으면 그대로 건설을 진행하기 때문이다. ④ 강재의 강도 문제이다. 강재가 워낙 귀해서 개인들이 직접 강재를 뽑는 경우가 많다. 대체로 파고철을 녹여서 뽑는데, 강도가 보장되지 않는 경우가 대부분이다.

이 중 가장 큰 붕괴 이유는 시멘트 배합 비율을 준수하지 않는 것이다. 시멘트 품질이 떨어지는 문제도 있지만, 건설 현장에서 인부들이 시멘트를 빼가기 때문에 계획된 시멘트보다 부족한 상태에서 배합을 하는 것이 가장 큰 원인이다. 건설 현장의 인부들이 도시락(곽밥)에 시멘트를 몰래 넣어 빼돌리는 것이 일상화되어 있다. 시장에서 시멘트 1kg을 상당량의 곡물과 교환할 수 있기 때문이다. 건설에 동원된 노동자들은 월급이나 배급이 제대로 나오지 않기 때문에 시멘트라도 훔치게 된다. 평성의 한 건설사업소 지배인 출신인 탈북자의 증언에 따르면, 현장에서 시멘트가 계속 모자라 퇴근할 때 인부들의 도시락을 검열하면 100% 시멘트가 들어 있었다고 한다. 어림잡아 계산해도 하루에 100kg 정도가 이렇게 빠져나갔다고 한다. 이대로라면 열흘에 약 1톤이 빠지는 것인데 빠져나간 만큼 시멘트 배합 비율을 지키지 못하는 것이다. 여기에 시멘트 양생 기일도 제대로 지키지 않으면 붕괴 위험이 높아질 수밖에 없다.

2013년 7월에 있었던 평성 구월동 7층(42세대) 아파트 붕괴 사고도 이런 이유 때문에 발생한 것으로 볼 수 있다. 2010년 4월에 착공해 2011년 11월에 완공된 500세대 중 한 동이며, 주민들 대부분은 여유 있는 상인으로 알려졌다(데일리NK, 2013년 7월 21일 자). 아파트 500세대를 건설하라고 위로부터 지령이 내려왔고 아파트 건설 부지가 없어 평성 외곽에 있는 상표인쇄공장 부근에 아파트를 짓게 되었다. 그런데 완공한 지 2년 만에 붕괴 사고가 발생했다. 붕괴된 아파트는 1년 만에 완성한 것으로 애초부터 사고가 예상되었을 만큼 건설의 질이 매우 조악했다고 한다.[27] 또 2007년 7월 양강도 혜산 김정숙예술극장 옆 8층 아파트 붕괴 사고는 구조를 변경하다 중간 벽

27) 아파트 건설이 하도 날림이어서 시공을 담당했던 평성설계사업소는 담보 수표(사인)를 하지 않고 버텨왔으며, 시공자가 담보 수표를 하지 않으면 건물이 완공되어도 입주를 못하는 것이 원칙이다. 하지만 담보 수표가 없었음에도 평성 당과 인민위원회 간부들이 불법으로 주민들을 입주시켜 어린이 9명 등 16명이 숨지고 수십 명이 중상을 입었다(자유아시아방송, 2013년 7월 19일 자).

체를 잘못 건드려서 무너진 경우이다(CBS노컷뉴스, 2014년 5월 29일 자). 이 사고도 시멘트 양생 기일을 제대로 지키지 않아 벽체의 강도가 약했기 때문에 발생한 것으로 추정된다. 가령 한 층을 짓고 기다렸다 어느 정도 굳은 후에 층을 올려야 하는데 그렇게 하지 않은 것이다. 물론 건설주(시공사)는 도시건설사업소였지만 건설에 필요한 자재는 개인들에게 맡겼기 때문에 시멘트 품질을 통제할 수 없었다.

1992년 평양 통일거리 26층 아파트 붕괴 사고[28]나 2014년 5월 12일 평양 평천 구역 아파트 붕괴 사고도 마찬가지이다. 철근, 콘크리트 타설(콘크리트를 형틀에 부어 다지는 것) 등 골조 공사 시 부실시공이 직접적인 원인이었을 가능성이 높다. 아파트 건설이 우후죽순 이루어지면서 대부분 건설 현장에서 규격 미달의 철근을 규정의 2분의 1만 투입하는가 하면, 대동강 골재장에서 흙이 섞인 모래와 자갈을 채취해 세척과 파쇄 과정은 생략한 채 그대로 사용하기도 한다. 또한 콘크리트 레미콘을 사용하지 않고 인부들이 대충 비율을 맞추어 혼합하고 콘크리트 타설 작업 시 다짐 공사도 대부분 생략한다. 관할관청의 준공검사도 뇌물을 주고 적당히 무마해 통과시킨다. 물론 준공검사 때 보고 너무 심하게 공법을 어긴 경우는 승인하지 않는다. 나중에 무너지면 준공검사를 한 사람이 법정에 서야 하기 때문이다. 그러나 대부분의 아파트 준공검사는 힘 있는 기관을 끼고 할 경우 그대로 통과한다고 한다.

---

28) 1992년 통일거리 건설장에서 고층 아파트가 붕괴되어 내부 미장을 하던 군인 1개 대대 500여 명이 사망한 것으로 알려져 있다(≪동아일보≫, 2014년 5월 27일 자).

6. 지방 도시의 아파트건설동맹

평양 이외 다른 도시들의 아파트 건설은 어떻게 이루어질까? 도(道)나 시(市) 차원의 아파트 건설은 다음과 같다. 예를 들어 평성에 500세대를 지으라는 중앙당의 지령이 내려오는 경우를 보자. 최고 지도자의 직접 지시인 경우 중앙당을 통해 도당위원회 책임비서에게 직접 지령이 내려간다. 도당위원회 책임비서는 도인민위원장에게 500세대 건설을 도내 공장 및 기업소에 할당하는 작전 계획을 명령한다. 건설할당계획(작전 계획)이 수립되면 도당 책임비서는 도내에 있는 모든 기관 및 기업소의 지배인과 당비서를 평성(평안남도 도 소재지)으로 소집한다. 도당 책임비서는 아파트 건설 계획의 취지를 설명한다. "장군님께서 주택문제 해결을 위한 150일 전투 과업을 지시하셨으니 무조건 해야 한다"는 식이다. 각 공장 및 기업소의 등급에 따라 해당 지배인과 당비서를 하나하나 일으켜 세워 아파트 건설 계획을 할당 지시한다. 50명 미만의 7급 기업소는 제외시키지만 3급 이하 지방 공장에게도 할당량이 다 돌아간다. 북한에서 제일 많은 것이 3~4급 기업소이기 때문에 당연히 부담을 질 수밖에 없다. 평성의 1급 기업소에 해당하는 시계공장, 가죽공장, 갱생공장들은 공장이 거의 돌아가지 않지만 건설 계획은 모두 할당받는다. 이런 회의에 참석했던 한 탈북자는 회의장 분위기를 재판장에 비유한다.

꼭 재판장 같아요. 그렇게 해서 목이 날아간 사람도 있어요. '못 하겠다' 하면, 조직부 간부가 저 새끼 뒤져봐라. 그 자리에서. 목 떨어져요. 다. 그렇기 때문에 그 타격 받기 싫어서 그 자리에서는 다 알았다고 하고 앉아요. 할당 수행률은 앞에서는 '네' 해놓고 실제로는 30~40%밖에 안 되요. 그러면 또 불러들여요. 진척 안 된 사람은 목 떼는 거지. '너 하겠다고 해놓고 못했지. 재 바꿔라.'

지배인 목 날아가는 것은 이것이 기본이죠. 공장 생산하는 게 없는데(평성 출신 건설 지배인 강○○, 2013년 10월 5일).

아파트 건설 계획 할당을 받은 각 기관 및 기업소들은 자체 건설 자금과 자재가 없기 때문에 돈 많은 개인들을 끌어모은다. 시멘트, 강재, 목재 등 건설에 필요한 필수 부문을 댈 만한 능력을 가진 각 개인을 동원한다. 이들에게 완공 이후 아파트 몇 채를 주는 것으로 계약한다. 각 기관과 기업소는 명의만 빌려주고 사실상 건설은 개인들이 하는 방식이다. 이렇게 준공검사를 승인받으면 자금과 자재를 투자했던 개인들은 할당받은 아파트를 브로커를 통해 입사증(아파트 입주 허가증)을 구매자에게 주고 판다. 대부분 내부 인테리어 없이 뼈대만 지으면 판다. 국가에서 아파트 건설 지시를 내렸을 때 얼마를 지으라고 할 뿐 누가 살라고 지정을 한 것이 아니므로 민간자본에 의해 지어져도 양적으로 계획량을 달성하면 기관과 기업소의 계획 실적이 되고 국가건설계획 실적이 된다.

한편, 국가 지시에 의한 건설 이외에 개인들이 기획해서 짓는 아파트가 최근 많아졌는데 건설 과정은 다음과 같다. 일단 도시건설사업소 명의를 빌린다. 돈과 자재가 있는 개인들이 모여 아파트 건설 기획을 하고 해당 건설 부지 인근 공장이나 기업소에 찾아가 이야기한다. 공장이나 기업소는 자신들의 종업원 주택 건설 실적을 높이는 차원에서 이 기획을 대부분 받아들인다. 해당 공장은 인민위원회에 찾아가 종업원 주택이 모자라니 인민위원회가 주택문제를 해결해달라고 요구한다. 그러면 인민위원회에서는 자체적으로 해결하라고 한다. 이것이 곧 승인이다. 이제 해당 공장은 개인 투자자들과 함께 예산서를 작성한다. 작성된 예산서를 들고 도시설계사업소에 가서 건설종합허가문건을 달라고 요청한다. 거기에 토지 승인서, 설계 예산서, 시공 도면까지 알아서 해준다. 도시설계사업소에는 건설감독원이 있는데 여기에서 검토하고 7명이 승인 서명을 한다. 이렇게 승인을 받고 시공 과정에 들어간다. 이 과정에서는 개인들이 시멘트, 강재, 목재, 노력 등을 댄다. 인력은 역전이나 시장 인근 인력시장에서 구해온다. 벽돌을 지어 나르는 사람부터 미장공, 전기 수리공, 철근 조립을 할 줄 아는 사람 등 기술자들을 끌어온다. 일에 따라 임금도 다르다. 아파트 건설과 관련한 노동력 시장이 형성되어 있는 것이다.[29]

다 지으면 준공검사 관련 기관 사람들이 나오는데 이때 뇌물을 주고 합격 도장을 받는다. 그렇게 모든 것이 끝나면 해당 명의를 빌려준 공장에는 형식상 몇 세대 분만 주고 나머지는 투자했던 개인들에게 돌아간다. 명의를 빌려준 공장은 실적만 갖게 되는 방식이다. 개인 투자자들은 투자 액수에 따라 서로 아파트를 나눠 갖는다. 그리고 아파트를 파는 것은 전문 거간, 브로커에게 맡긴다. 사겠다는 사람이 있으면 브로커들은 인민위원회 주택부에 가서 주택 지도원에게 1,000달러를 주고 입사증을 떼어 와서 구매자에게 준다. 가령 구매자에게 1만 달러로 팔면 결국 9,000달러를 벌게 되는 것인데 이 중 일부를 브로커에게 준다.[30]

이와 같은 아파트 건설 과정을 통해 아파트건설동맹의 단면을 엿볼 수 있다. 국가의 대리인으로서 도시 관료들은 위로부터의 계획 지령과 자신의 실적을 쌓기 위해 지역 자본들을 동원한다. 이 도시 내 자본가들은 시장에 기반을 둔 사람들로서, 초기 시장화 과정에서 돈을 벌고 그것을 굴려 자본을 형성한 사람들이다. 이들은 당·정·군 산하 무역 회사에 이름을 걸고 무역을 통해 이윤을 챙기거나 주택 거래를 통해 부를 축적한다. 특히 이들은 주택 건설에도 직접 투자하고 참여하는데, 그중 아파트는 가장 큰 규모의 투자에

29) 탈북자 인터뷰 내용(평성 출신 속도전돌격대 경험자 조○○, 2013년 4월 11일).
30) 탈북자 인터뷰 내용(평성 출신 1급 운전사 최○○, 2013년 10월 7일).

해당한다. 이들의 아파트 건설은 국가기관의 승인과 명의로 이루어지고 국가기관의 계획 수행을 대체 달성해준다는 측면에서 국가의 이해와 배치되지 않는다. 시장을 통해 형성된 민간자본이 국가계획을 대행해줌으로써 민간자본은 이윤을, 국가는 계획수행실적을 챙긴다는 점에서 이중적인 목적을 갖는다.

따라서 아파트 건설은 기본적으로 지역 기반 경제를 통해 이윤을 찾는 사람들과 관료들의 결합을 통해 이루어진다. 계획수행실적을 대행해주는 대가로 각종 시장 활동이 묵인되거나 오히려 조장·확산된다. 사실상 아파트 건설은 국가와 민간자본이 결합한 시장화의 전형적인 모습을 보여준다. 여기에서 계획과 시장의 구분은 모호하다. 다만, 결과는 다중적으로 나타난다. ① 국가가 얻는 계획수행실적이라는 공식적인 수치(건설 조립액), ② 건설에 투자한 자본가들의 아파트의 거래에서 발생하는 이윤, ③ 아파트 건설에 동원된 각종 인력들에 대한 임금 지급을 통해 발생한 분배, ④ 건설에 동원된 시멘트, 강재, 목재 등 시장 거래에서 발생한 이익 등이다. 아파트 건설 및 거래 시장은 국가계획, 각종 참여자들, 각 자재 시장 등과 연동되어 북한 경제를 작동시키는 하나의 축이라고 할 수 있다. 이렇게 다양한 이해관계자들이 얽히고설킨 아파트 시장은 시장의 사회-기술적 네트워크와 관료들의 위계적 구조가 결합된 형태이며, 이런 결합은 곧 '아파트건설동맹'을 형성하고 있는 것이다.

7. 평성의 사례를 통해 본 아파트 건설 입지

1960년대 말 초기 평성이 시(市)로서 위상을 갖게 되었을 때, 초기 평성의 아파트들은 2~4층 정도로 아파트라기보다는 우리가 알고 있는 연립주택 형태를 띠고 있었다.[31] 그러나 이후 평안남도의 도 소재지가 되면서 평성역 앞과 평안남도당위원회 주변에 아파트가 많이 들어서기 시작했다. 도 소재지로서 도급·시급 기관 간부들이 대거 거주하게 되면서 이들을 위한 살림집이 많이 필요했기 때문이다.

첫 번째로 1970년대에 주로 도당위원회 주변 광장을 중심으로 녹지구, 김일성 동상, 김일성혁명역사연구실 등이 들어서면서 간부들의 사택이 도당위원회 주변 큰길과 뒷길에 자리 잡기 시작했다. 이후에 도안전부, 도보위부, 도인민위원회 등이 줄지어 있는 도로변으로 이들 기관에 종사하는 사람들을 위한 간부 아파트가 들어섰다. 1990년대 말 도당아파트가 크게 들어서면서 평성 시내에서 가장 정치적 지위가 높은 사람들이 밀집한 지역이 되었다. 공간적으로 제한되어 있어서 이후 더 확장하는 데는 한계가 있었지만 평성에서 가장 정치적 지위(정치 자본)가 높은 사람들이 거주하는 지역이자 아파트 값이 세 번째로 비싼 지역이라고 할 수 있다.

두 번째로 1970년대 평성역 앞과 평성석탄대학 주변으로 들어선 4~5층 아파트들이 있다. 이 지역이 평성에서 가장 집값이 비싸다. 아파트로 둘러싸여 있는 블록에는 1년 내내 역전시장(驛前市場)이 형성되고, 평성역을 통해 들어오는 장사꾼들의 발길이 끊이지 않으며, 이곳 아파트에 사는 사람들은 장사꾼들이 맡기는 짐을 보관하는 것으로 "앉아서 돈을 버는" 사람들이다. 또한 인민군대 초모소가 아파트들과 붙어 있어 1년에 1~2회 이루어지는

---

31) 농촌 지역이나 지방 소도시의 경우 아파트들은 보통 이런 형태로 지어졌다. 6세대 정도가 들어가는 3층 연립식 아파트가 많이 건설되었다. 연립 아파트는 실리카라는 벽돌로 지어졌다. 그러나 개량 설계 및 시공에 의해 무철근이거나 대용자재인 싸리나무로 강화된 궁륭식 5층 아파트는 그 후 지속적인 보수 비용이 들었고 붕락 사고를 일으켰다. 콘크리트 대신 삼화토가 사용되었고, 얄팍한 다공판 층막에서는 층간 소음과 누수가 그치지 않았다(박형중·최사현, 2013: 49).

평안남도 내 인민군 초모(징집) 병사들이 여기에 집결하고, 따라온 가족들과 마지막 시간을 보내는 숙박 시설로 이곳의 아파트를 사용하기도 한다. 이늘 역전의 초기 아파트는 이후 노후화되어 1990년대 말과 2000년대 초 개인들의 자본으로 증축·개축이 이루어졌다. 또한 이 역전에 있는 아파트들은 평성의과대학병원과 가까워 입지 면에서 가장 탁월하다고 할 수 있다.

세 번째로 평성역과 도당위원회 사이에 있는 경기장 앞 중덕동에 자리한 아파트들이 있다. 이들 아파트가 자리 잡은 지역은 평성에서 가장 번화한 거리라고 할 수 있고 평성에서 두 번째로 아파트 값이 비싸다. 평성의 주요 상점들과 외화 상점이 위치해 있고, 특히 1990년대 이후 환전꾼(달러상)들이 살면서 활동하는 장소라 평성의 '월스트리트', 금융의 중심이라고 할 수 있다. 아파트는 1970년대 이후 오래전에 지어졌지만 역 앞은 물론 주요 도급·시급 기관과도 가깝고, 평성의 주요 돈의 흐름이 만들어지는 위치라는 점 때문에 값이 비싸다. 하지만 더 이상 건설할 자리가 없어 개발이 제한되어 있다는 한계가 있다.

네 번째로 1985년 무렵부터 1990년대 초까지 국가과학원 종사자들을 위해 꾸려진 과학원아파트 단지가 있다. 이 아파트는 12~15층 규모로 건설 당시에도 그랬고, 지금도 평성에서 가장 잘 꾸려진 아파트로 꼽힌다. 평성 주민들이 동경하는 아파트에 해당한다. 과학자들을 우대하는 차원에서 국가적으로 잘 짓기도 했지만 평양의 광복거리 꾸리기 운동을 본받아 심혈을 기울인 측면도 있다. 세대당 평수나 내외장재가 기존의 아파트들과는 차원이 다르다. 그러나 15층에 가까운 고층 건물인데, 식수가 제대로 공급되지 않고 엘리베이터가 작동하지 않아 걸어 올라 다녀야 하는 부담 때문에 시세에서는 다른 곳에 밀린다. 지금은 국가과학원이 평양으로 편입되어 있지만 아직도 평성 주민들은 이 아파트를 평성에서 가장 좋은 현대식 아파트로 보는 경향이 있다. 그만큼 완공 당시 평성 주민들에게 깊은 인상을 남긴 것이다.

다섯 번째로 2000년대 초반부터 100% 개인들에 의해 본격적으로 지어진 양지동 아파트들이 있다. 특히 '김정숙 제1고등중학교'가 위치한 양지동에서 주례동으로 넘어가는 고개 지역에 아파트가 들어서기 시작했다. 이곳은 상대적으로 높은 구릉 지역으로 경치가 뛰어나고 주요 도급·시급 기관과 가까워 개인들에게 각광받는 곳이다. 평성 자체에 주택이 들어설 자리가 거의 없어, 도당인민위원회 차원에서 개인 투자라도 좋으니 집을 지으라고 이곳에 자리를 내주었다고 한다. 이곳에 지은 아파트들은 시설 면에서 가장 뛰어나고 최신식이라 할 수 있다. 여기 아파트들은 별도의 식수 공급 물탱크를 가지고 있을 정도이다. 주로 3~4층 빌라형 아파트인데, 평성의 모든 아파트들이 엘리베이터를 설치하지 않아 고층 아파트 건설을 선호하지 않기 때문에 저층으로 건설되었다. 이곳은 지금 현재 냉천동과 함께 시세가 가장 가파르게 오르고 있는 지역이다.

여섯 번째로 현재 대규모 시장이 들어선 냉천동 쪽 아파트들이 있다. 냉천시장 주위에는 2000년대 후반부터 5층 내외의 아파트들이 새롭게 들어서고 있다. 냉천시장은 북한 내 최대 도매시장이었던 시당위원회 앞의 평성종합시장이 폐쇄되면서 만들어졌다. 과거와 같은 위상은 아니지만 평성을 경유하는 거의 모든 소비재 물자와 각종 공업품이 이곳을 경유한다고 할 수 있다. 이것이 바로 냉천시장 근처에, 개인들에 의해 새로운 아파트들이, 가장 활발하게 지어지고 있는 이유이다.

일곱 번째로 1990년대 이후 북한 최대의 도매시장이었던 평성종합시장 자리의 아파트들이 있다. 평성종합시장 자리는 중덕동과 은덕동 사이 대로변 아파트 뒤쪽이다. 평성종합시장은 2008년 이후 시장통제정책으로 폐쇄되었고 지금은 냉천동으로 옮겨 갔다. 평성시장이 있던 자리에 2000년대 후반부터 3~5층의 빌라형 현대식 아파트들이 개인 투자로 들어서면서 현재 각광을 받고 있다.

여덟 번째로 1970년대 중후반부터 전국적으로, 그리고 김정일 주도로 살림집 건설 열풍이 불면서 중덕동 부근 도로에서부터 모란봉시계공장까지 대로변 양쪽으로 줄지어 들어섰던 3~5층 아파트들이 있다. 그 당시 대로변에 들어선 아파트들은 평성의 도시 미화 차원에서 건설되었으며, 이것은 그때 전국적으로 아파트를 도시 발전이나 미화 차원에서 바라보던 것과 궤를 같이한다. 이들 아파트는 일부를 제외하면 1970년대 이후 개보수가 이루어지지 않아 지금도 노후한 상태로 남아 있다. 그러나 향후 증개축, 신축 등을 통한 개발 가능성이 높은 지역이라고 할 수 있다. 평성역에서 멀어질수록 아파트 값이 떨어진다고 할 수 있다.

마지막으로 모란봉시계공장을 지나서 있는 문화동 쪽은 과거부터 역전에서 멀고 주로 하층민들이 사는 곳으로 거의 단층집들이 입지해 있다. 도(道) 공산대학교, 도(道) 민방위대학교 주변으로 1985년 새로 지은 아파트들이 조금 있기는 하지만 문화동 자체가 평성에서는 소외된 지역이라고 할 수 있다. 이곳은 단층집들이 밀집한 북쪽의 주례동과 함께 평성에서 가장 낙후한 지역으로, 계층적으로도 최하위 계층이 많다. 보통 탈북자들은 주례동을 '밀주촌'이라고 부른다. 술을 몰래 만들어 팔거나 물엿을 만드는 사람이 많기 때문이다. '9·19자동차수리공장'이 있긴 하지만 공장 가동을 멈춘 지 오래되었다. 그래서 대부분의 사람들이 술을 만들어 판다고 한다. 중심부에 있는 사람들에게 이들은 '변두리' 사람들로 취급된다. 인지적 심상 지리(mental map) 차원과 실제 중심 경제권과의 물리적 이격이란 차원에서 이곳들은 사실상 평성에서 '게토(ghetto)'로 고립된 측면을 갖는다.

이상과 같이 평성 아파트 건설은 ① 건설 주체의 측면에서 1970년대 이후 국가적 차원에서 건설된 아파트들과 1990년대 이후 국가기관 명의와 민간 자본이 결합해 건설한 아파트들로 구분할 수 있다. ② 건설 방식에서 초기 작은 평수에 외랑식이었던 아파트들과 이후 개인 자본이 투입된 평수가 크고 두 집이 한 층에 따로 현관을 두는 아파트들로 구분할 수 있다. ③ 입지 측면에서 평성역 앞과 도당위원회가 과거부터 큰 축을 이루고 있고 이후 시장과 인접한 지역으로 아파트 공간이 확장되어 가는 형태이다.

8. 아파트를 통한 공간의 계층적 분화

평성 출신 탈북자들의 인터뷰 내용을 종합하면, 평성의 아파트 시세는 크게 다음 조건의 영향을 받는다고 볼 수 있다. ① 평성역과의 인접성이다. 평양과 전국의 도시를 연결하는 지점이 평성역이란 점에서 모든 물류의 중심 역할을 하고 있기 때문이다. ② 각종 도급·시급 국가기관과의 거리이다. 각종 시장 활동을 하는 사람들은 이들 기관과 가급적 가까운 곳에 살려고 하는데, 그 이유는 각종 시장 활동과 관련한 인허가 문제가 생겼을 때, 또는 압수

〈그림 4.2〉 **평성의 아파트 입지 삼각축(도당위원회-역 앞-시장)**

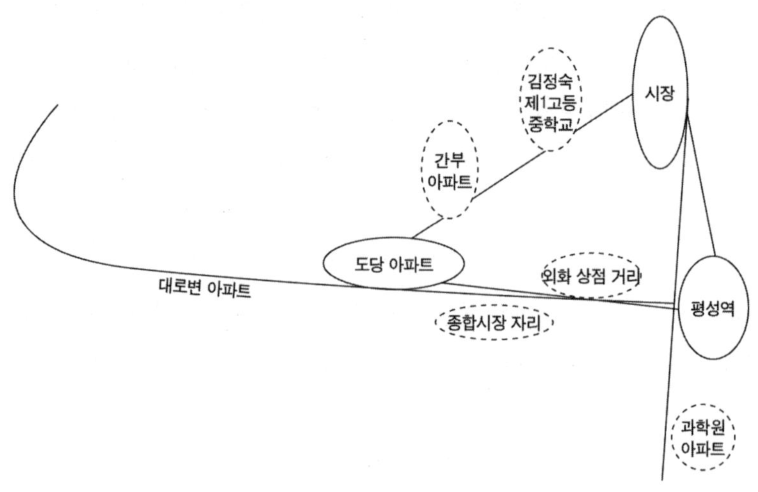

당한 물건을 찾아야 할 때 방문하기가 편해야 하기 때문이다. ③ 시장의 위치이다. 시장은 일상생활에 필요한 소비재부터 장사를 위한 물자 이동에까지 영향을 미치므로 시장에 가까울수록 생활상 편리성을 누릴 수 있다. 또한 역 광장에 밤이면 연중 서는 '야시장(夜市場)'도 주변 아파트 시세에 크게 영향을 주는 요인이다.

이상을 종합했을 때, ① 도당위원회, ② 역전, ③ 시장을 각각 꼭짓점으로 하는 삼각축을 중심으로 아파트의 입지와 시세가 결정된다고 할 수 있다. 이 삼각축 내에 있는 아파트 한 채 값은 다른 곳의 주택 열 채가량을 살 수 있는 돈이라 하겠다. 또한 이 삼각축은 상호 기능적으로 맞물려 있다. 시장 중심의 생활 방식은 각종 국가기관의 인허가와 관련된 활동을 요구하고, 한편으로는 물자 이동의 용이성을 요구하기 때문이다. 따라서 이 삼각축을 중심으로 도시 공간의 계층적 위계가 형성되어 있고, 계층적으로 공간이 분화되어 있다고 할 수 있다.

공간 지배는 지배력 행사의 가장 특권화된 형식 중 하나이다. 공간 전유의 가능성을 정하는 것은 어떤 자본을 소유하느냐에 달려 있다. 지리적(물리적) 공간에 대한 처분권(이용권, 점유권)은 사회적 공간에서 차지하고 있는 자리에 영향을 주며, 마찬가지로 사회적 공간에서의 각 입장이 지리적 공간에 영향을 미친다.

도당위원회-역 앞-시장의 삼각축을 거주 모자이크(residential mosaic) 차원에서 보면, 북한 평성의 물리적 공간은 정치적·경제적·사회적 지위라는 세 가지 차원으로 구조화되어 있다고 할 수 있다. 다시 말해 물리적 공간이 사회적 공간과 상호 구성적 관계에 있는 것이다. 부르디외(Pierre Bourdieu)의 '자본'을 통한 사회적 공간의 분화 논의를 적용하면 다음과 같다.[32]

---

32) 부르디외의 자본들과 관련해서는 보네위츠(2000: 64~65) 참조.

첫 번째로 정치적 지위 차원의 공간은 '정치 자본(political capital)'을 많이 소유한 사람들의 거주 공간으로 볼 수 있다. 정치 자본은 정치적 지위를 통해 물질적인 것을 점유·활용·이용할 수 있는 능력과 자원을 의미한다.[33] 정치 자본의 우위는 도시의 물리적 공간에도 그대로 반영된다. 정치적 지위가 높은 개인이나 기관이 밀집된 지역은 곧 '좋은 곳', '잘사는 곳', '힘 있는 사람들이 사는 곳'으로 인식된다. 평성에서는 도당위원회, 도인민위원회, 도안전부, 도보위부 등과 같은 도급·시급 기관이 몰려 있는 곳, 그 주변 낮은 산등성이에 있는 간부 아파트가 여기에 해당한다. 다시 말해 정치 자본의 소유

〈그림 4.3〉 **도시 구조의 공간적 차원: 거주 모자이크**

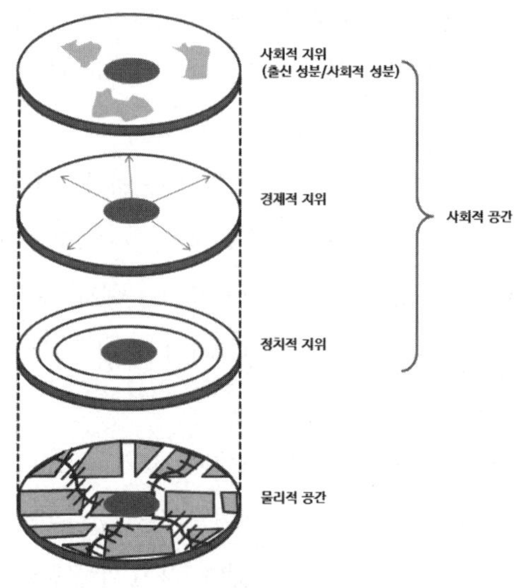

주: R. A. 머디(R. A. Murdie)는 도시가 경제적 지위, 가족적 지위, 인종적 지위라는 세 가지 변수에 따라 분화된 특징적인 거주 지역을 형성한다는 가설을 검증하기 위해 캐나다 토론토를 대상으로 분석한 거주 모자이크 모델을 제시했다. 여기서는 이 모델을 북한 현실에 맞게 재구성했다.
자료: Murdie(1969), 정은진(2006: 211).

---

33) 사회주의 체제의 '정치 자본' 개념에 대해서는 Bourdies(1998: 1~18) 참조.

정도에 따라 물리적 공간상의 구분과 위계가 일차적으로 형성되는 것이다. 이 위계의 정점(core)은 정치 자본이 밀집된 지역이다. 이곳은 평성에서 계층적 위계를 형성하는 가장 중심적인 공간이라고 할 수 있다. 이 정치 자본의 소유 수준에 따른 공간적 구분과 위계는 1990년대 전부터 강하게 작동해 왔고 1990년대 이후에도 큰 변화를 보이고 있지 않다. 그것은 경제적 자본이나 여타 자본이 아직도 이 정치 자본에 의존하고 있기 때문이다.

두 번째로 경제적 지위 차원의 공간 분화는 '경제 자본(economic capital)'의 소유 수준에 따른 공간적 분화에 해당한다. 경제 자본이 평성의 공간적 분화에서 차지하는 위상은 크게 1980년대 중반을 기준으로 구분해볼 수 있다. 물론 1980년대 이전에 경제 자본이 공간적 분화에 미치는 영향에 대한 정밀한 분석이 수행되어야 하지만, 가설적인 차원에서 1980년대 이전에 경제 자본은 주민들 사이의 계층을 구분하는 데 크게 영향을 미치지 않았다고 볼 수 있다. 반면, 1990년대 이후 시장화가 본격화되면서 경제 자본이 주택의 구매와 주거 형태에 미치는 영향은 매우 커졌다.

주목할 지점은 1990년대 이후 시장 활동을 통해 경제 자본을 획득한 사람들이 평성의 중심 공간으로 틈입해 들어오기 시작했다는 점이다. 일명 '돈주(錢主)'라고 호칭되는 사람들이다. 이들은 경제적 능력으로 '정치 자본을 가진 사람들'을 중심으로 형성된 구역의 거주권을 획득하기 시작했다. 도당아파트 일부를 비롯해 도급·시급 간부 아파트들이 몰려 있는 곳에 자신의 돈을 투자하여 아파트를 짓고 들어왔다. 또한 역전 아파트와 종합시장 자리, 김정숙 제1고등중학교 부근, 냉천시장 주위 등에 새롭게 아파트를 건설했다. 물리적 공간 점유의 측면에서 본다면 북한 사회 내 계급의 사다리에서 '정치 자본을 가진 사람'들과 비슷하거나 동일한 위치에 서게 되었다고 할 수 있다. 경제 자본이 기존 정치 자본 중심의 공간 위계로 올라갈 수 있는 수단이 된 것이다. 그러나 경제 자본이 기존의 공간 구분과 위계를 재설정하거나 재편하는 것으로 보기는 아직까지 힘든 부분이 있다. 오히려 기존의 공간 구분과 위계를 강화하는 측면이 있다고 보아야 할 것이다.

세 번째로 사회적 지위 차원의 공간 분화가 있다. 사회적 지위는 부르디외의 자본 논의에서 '사회자본(social capital)'과 '문화 자본(cultural capital)'을 포괄한다고 할 수 있다. 사회자본은 사회적 연줄의 동원 능력이나 자원을 의미하고, 문화 자본은 학력 자본이나 교양 자본을 의미한다. 그런데 이 두 자본의 소유 수준은 사실상 북한에서 출신 성분과 사회적 성분에 의해 결정되는 측면이 있다. 이 출신 성분과 사회적 성분에 따라 사회적 연줄의 범위와 동원 능력, 그리고 직업과 직위 이동이 제약받기도 한다. 따라서 출신 성분과 사회적 성분이 좋지 않은 사람들은 대체로 계층 이동에 심각한 제약을 받게 되는 것이 일반적이다. 이들은 주로 도시 공간 내 주변부에 집단적으로 고립되는 경향이 강하다. 평성의 경우, 주례동과 문화동 등이 여기에 해당한다고 할 수 있다. 이들은 대체로 평성 중심부의 경제활동으로부터도 고립되어 있는 측면이 있다.

9. 기득권과 아웃사이더: 구별 짓기와 공간 분화

대부분의 북한 주민들에게 아파트는 욕망의 대상이었다. 딱딱한 질감을 지녔으며, 직사각으로 규칙화된 패턴으로 도로에 늘어서서 위용을 자랑하는 아파트는 농촌과 구분되는 도시성(urbanity)을 드러내는 대표적 인공물(artifact)이라고 할 수 있다. 토피(흙벽돌)로 마감한 단층 초가의 지평선에 익숙했던 주민들에게 직각으로 우뚝 선 아파트의 스카이라인은 경이로움에 가까운 것이었다. 그런 측면에서 아파트는 농촌 사람들에게는 농촌과 도시를 가르는 심리적·물리적 경계선이기도 했다. 또한 아파트는 줄곧 '영웅적'

인민에게 주어지는 가장 큰 물질적 포상의 형태로서 그 직각의 수직성만큼 신분적 상승을 의미했고, 세련되고 현대적인 도시적 삶을 표현하는 상징이었다. 북한에서 주택은 성분(출신 성분·사회적 성분) 중심의 사회적 위계에 따라 배정되고, 아파트에 산다는 것은 그런 위계의 상층에 있음을 보여주는 것이기도 하다.[34] 한편으로는 생활상의 편리성도 아파트에 대한 욕망을 자극하는 요인 중 하나이다. 1970~1980년대 아파트가 본격적으로 지어지면서 주민들 사이에서는 "오르자 아파트!"라는 이야기가 돌았다. 이 말은 아파트가 그들의 삶과 생활에 주는 편리성과 신분 상승 욕구를 압축적으로 표현하는 것이었다.

1990년대 후반 이후 아파트 거래 가격은 그 상승 속도만큼 북한 사회의 인플레이션과 빈부 차를 넓혀놓은 측면이 있다. 현재 빈부의 차이, 지위의 차이, 권력의 차이는 주거 형태의 차이로 좀 더 극명하게 나타나고 있다. 아파트는 경제적 부와 정치적 지위를 가진 자가 자신을 표현하는 신분적 경제재(經濟財)가 되었다. 그런 측면에서 아파트는 계층 사다리의 위 칸으로 올라서고자 하는 신분 상승 욕망의 '상징적 공간'이자 북한 사회의 가파른 계층적 위계를 물리적으로 보여주는 도시적 리얼리티(reality)라고 할 수 있다. 최근 들어 조성된 아파트 건설 '붐'은 통치 전략, 정치권력, 시장 사이에 형성된 사회적 결합(social configuration)의 차원에서 이해될 필요가 있다.

도시 내부는 정치적 구획선, 문화의 경계선, 계급의 구분선을 만들어내는 '도시 정치'가 펼쳐지는 사회적·물리적 공간이다. 다시 말해 도시는 고정된 물리적 공간이라기보다는 그 안에 살고 있는 사람들의 부단한 구별 짓기, 경

---

34) 국가주택이 주민에게 배정될 때 인민위원회 도시경영국 주택배정과에서 '국가살림집리용허용증(입사증)'을 발급하는데, 입사증 발급은 주택 이용자의 자격으로서 출신 성분, 거주 등록 자격, 직업, 혼인 관계, 가정혁명화 정도, 정치 조직 책벌관계 및 전과 등의 심사를 통과해야만 이루어지게 되어 있다(류경원, 2008: 13).

계 짓기 전략에 의해 만들어지는 사회적 공간이기도 한 것이다. 시기를 달리하며 이들 '선'의 윤곽과 이들 선이 만들어내는 공간적 장벽의 높이도 달라진다.

1990년대 이후 북한의 도시들에서는 이들의 정치적 구획선, 계급 구분선, 문화 경계선이 좀 더 뚜렷해지는 현상이 나타나고 있는 듯하다. 계획경제가 멈추고 시장 활동이 활발해지면서 경제 자본의 위상이 높아졌다. 이 경제 자본으로 행정적·관료적 편의와 인허가권을 살 수 있게 된 것이다. '주택 시장'이 활발하게 작동하면서 경제 자본을 통해 공간을 점유하거나 소유하는 것이 가능해진 것이다. 이런 상황은 경제적 부와 정치적 힘이 결합된 계층적·계급적 경계선이 좀 더 강하게 그어지고 있음을 뜻한다.

경제력이나 개인들이 동원할 수 있는 정치 자본, 사회적 자본의 크기에 따라 도시 내 물리적 공간을, 주택 시장을 통해 소유 또는 점유할 수 있게 된 상황은 공간적 구분선을 다양하게 분화시키고 있는 것으로 보인다. 그러나 이 '분화'는 기존의 '정치 자본' 밀집 지역을 중심으로 형성된 공간의 경계를 허물거나 재편하는 방식이 아니라 그것을 더욱 강화하고 있다. 다만, 지역을 계층적·계급적으로 다양하게 분화시키는 형태로 나타나고 있는 듯하다. 어딘가에 거주한다는 것이 곧 계급의 징표가 되고 있는 것이다. 이 속에서는 정치적 힘, 경제적 능력, 문화적 구별 짓기의 욕망 등이 교차하고 있다. 물론 과거에도 주민들 내면에는 심상적 경계선이 그어져 있었고, 그것이 일상 실천이나 행동반경에 영향을 미쳐왔다. 그러나 이런 심상적 경계선들이 좀 더 분화되고 또한 뚜렷해지고 있다고 볼 수 있다. 어디에 거주하느냐 하는 것이 자신의 계급적 위치를 드러내고 확인하는 것이기도 한 것이다.

한편, 기존의 '정치 자본'을 소유한 사람들이 밀집한 지역에 경제 자본을 가진 사람들이 틈입해 들어오면서 이들 공간 내부에서도 구별 짓기가 작동하기 시작했다. 정치 자본(또는 상징 자본, 문화 자본)을 가진 사람들은 근본

없는 장사치와 함께 산다고 불평하기 시작했다. 장사로 성공한 돈주들에 대한 구별 짓기가 작동하고 있는 것이다. 실제로 이들 '장사치'는 정치 자본을 소유한 사람들의 힘을 등에 업거나 그들과의 협력을 통해 성장해온 사람들이기도 하다. 이들의 일부는 더 큰 정치 자본(시급을 넘어 도급, 중앙급)과 연줄을 맺고 움직일 수 있는 세력으로 성장했다. 그럼에도 불구하고 오히려 이런 이들의 '성장'은 언제든 '정치 자본'을 가진 세력에 또한 쉽게 무너질 수 있다. 결국 '정치 자본'을 중심으로 움직이는 계급의 경계선을 넘기 힘든 것이다.

참고문헌

국내 자료

김근용. 2008.「북한의 주거실태와 주택투자 소요 추정」. ≪건설경제≫, 가을호.

김영성. 1993.7.「북한의 건축양식들」. 월남 건축인 김영성 씨 대한건축학회 특별강연회.

류경원. 2008.8.「주택거래와 그 부정부패의 내막」. ≪림진강≫, 제3호.

바른케, 마르틴(Martin Warnke). 1997.『정치적 풍경』. 노성두 옮김. 서울: 일빛.

박형중. 2014.5.14.「최용해 좌천의 배경과 의미」. 온라인 시리즈. 통일연구원.

박형중·최사현. 2013.『북한에서 국가재정의 분열과 조세 및 재정체계』. 통일연구원.

보네위츠, 파트리스(P. Bonnewitz). 2000.『부르디외 사회학 입문』. 문경자 옮김. 동문선.

서우석. 2000.「북한의 주거실태와 주택정책에 대한 평가」. ≪월간 복지동향≫, 9월호.

쇼트, 존 레니에(John Rennie Short). 2001.『문화와 권력으로 본 도시탐구』. 이현욱 외 옮김. 서울: 한울아카데미.

임강택. 2014.「북한 시장 활성화의 숨은 그림, 국영기업의 역할」. ≪KDI 북한경제리뷰≫, 6월호.

장성수·윤혜정. 2000.「북한의 주택정책과 건설실적에 관한 연구」. ≪주택포럼≫, 제2호.

정은진. 2006.「도시와 주거」.『도시해석』. 김인·박수진 엮음. 서울: 푸른길.

주강현. 1999.『북한의 민족생활풍습 50년사』. 민속원.

줄레조, 발레리(Valerie Gelezeau). 2007.『아파트공화국: 프랑스 지리학자 본 한국의 아파트』. 길혜연 옮김. 서울: 후마니타스.

진희관·신지호. 2006.「북한의 경제관리 방식과 김정일체제의 경제정책 변화」. 고유환 엮음.『로동신문을 통해 본 북한변화』. 선인.

홍민. 2013.「북한의 인구정치와 식량체제: 인구학적 변화 속의 주민 일상」. 홍민·박순성 엮음.『북한의 권력과 일상생활: 지배와 저항 사이에서』. 한울아카데미.

데일리NK. 2013.7.21. “강성대국 선전물 북한 평성시 7층 아파트 붕괴 사고”.

동아일보. 2013.10.22. "'혁명의 도시'에서 '욕망의 도시'로".
_____. 2014.5.27. "평양아파트를 붕괴시킨 건 '부패'다".
≪로동신문≫. 1993.3.28. "〈당의 호소 따라 더욱 분발해 나선 통일거리 건설자들〉 모든 것은 제 힘으로 풀어나가며(동대원구역련대 전투원들)".
≪문화일보≫. 2014.5.28. "평양 아파트 붕괴는 간부災".
CBS 노컷뉴스. 2014.5.29. "북, 평양아파트 붕괴 후, '전국 규모 안전점검 실시 중'".
NK지식인연대. 2014.5.28. "평양주재 중국대사관에 화교상인들 민원 몰려".
연합뉴스. 2014.5.21. "북 김정은, 김책공대 교육자 아파트 건설현장 시찰".
_____. 2014.5.25. "북한 아파트 붕괴 관련 기술자 4명 총살"(원 기사 ≪도쿄신문≫. 2014.5.25).
_____. 2014.5.29. "'평양 아파트', 어떻게 지었고 누가 어디 사나".
_____. 2014.8.4. "북 김정은, '장성택 연루 공장' 이름부터 다 바꿔".
자유아시아방송. 2013.1.23. "'창전 아파트' 매매가격이 없는 이유".
_____. 2013.7.19. "북 평성시 7층 아파트 붕괴 수십 명 사상".
KOTRA. 2014.2.25. 「북한의 음성적 매매에 따른 부동산 시장 활성화와 최근 동향」. ≪북한경제정보≫.

국외 자료

Bourdies, Pierre. 1998. *Practical Reason*. California: Stanford Press.
Johnston, R. J. 1972. *Urban Residential Patterns: An Introductory Review*. New York: Praeger.
Murdie, R. A. 1969. "Factorial ecology of metropolitan Toronto, 1951-1961." Research paper 116, Dept. of Geography. University of Chicago.
Ward, Kevin and Imbroscio, David. 2011. "Urban Politics: An Interdisciplinary Dialogue." *International Journal of Urban and Regional Research*, Vol.35, No.4, July 2011.

제5장

북한 평성의 공간적 변화와 도시성 탐구

'하차시장' 생활 경험을 중심으로

박희진 | 동국대학교

1. 서론

평성은 북한의 1990년대 경제난 이전에는 우리에게 잘 알려지지 않았던 중소 규모의 도시이다. 2000년대 이후에서야 시장(하차시장)의 존재를 통해 평성이 알려지기 시작했으며, 도매시장이 소재하는 가장 활성화된 '유통·중개 도시'로서 연구자들의 주목을 받았다. 일반적으로 평성은 평양 옆에 위치하여 중국과 신의주로 직접적 연계가 가능한 내륙철도교통의 요충지로 파악된다. 그리하여 평성의 지리적 요건은 시장이 활성화될 수 있었던 주요한 원인으로 간주되며, 평성시장의 활성화가 곧 타 지역 시장과의 연계를 통해 북한 시장화를 진전시켰던 중요 고리로 분석되곤 했다. 이처럼 기존 연구에 등장하는 평성은 도시(지역)의 규모와 거리, 소재와 위치를 나타내는 물리적 환경이자 지리적 조건으로만 간주되고 있다. 북한 시장화의 거시 분석을 증명하는 구체 사례의 범주일 뿐, 그 자체가 도시(지역) 연구의 주체적 연구 대상이 되고 있지 못하다.

이 글은 도시(지역) 연구로서 평성 연구를 시도할 뿐 아니라, 평성 안에서 이루어지고 있는 도시 주민들의 시장경제활동 경험을 바탕으로 도시 공간의 역동적 변화와 그 함의를 재구성하는 것이 목적이다. 이것은 평성의 공간 전략과 도시 주민들의 경제활동과의 상호성을 고찰하고, 도시 주민들의 경제활동이 평성 도시 공간을 재구성하고 도시 분화를 촉진하면서 스스로의 생활양식을 변형시켜나갔던 평성만의 경험과 특징에 관한 연구로 진행된다. 따라서 북한의 모든 도시에 적용될 수 있는 공통 요소를 식별하여 그에 대한 일반적 정의를 내리는 방식이 아니라 모든 도시가 각각의 독특한 경험과 의미를 갖고 있음을 강조하며, 평성과 같이 북한 개별 도시들 사이에서 나타나는 변화가 향후 북한 전 지역 도시들 간의 새로운 위계를 형성하게 될 것이란 가정하에 평성의 변화 가능성과 잠재력을 고찰해보려 한다.

글을 이끌어가는 주요한 이론은 자본주의 도시 이론인 소자(Edward W. Soja)의 사회공간론(1989)과 사회와 공간의 변증법적 관계를 통해 공간 생산을 논증하고자 했던 르페브르(Henri Lefebvre)의 공간 이론(1976)을 배경으로 하면서,[1] 워스(Louis Wirth)와 레드필드(R. Redfield)의 생활양식으로서의 도시성 개념(Wirth, 1938; Redfield, 1947)을 광의적으로 차용한다.[2] 사회공간론이나 도시 내 다양한 소공간 속에서 만들어지는 생활양식으로서의 도시성 개념은 도시(지역)와 도시 안의 모든 상호작용 자체를 주체적 대상으로 한다. 즉, 이론적 틀에 입각한다면 고난의 행군 시기 이후 평성의 변화는 자연지리적 조건과 교통 여건만이 아니라 다양하고 복잡한 도시사적 요인들이 내포되어 있다는 것을 의미하며, 평성 도시 공간의 역동적 변주는 그곳의

---

1) 사회 공간의 다양성과 다차원성에 대해서는 조명래(2013: 22~26) 참조.

2) 워스의 도시성(Urbanism) 개념과 이에 대한 비판적 입장에 대하서는 새비지·와드(1996: 129~142) 참조.

정치, 경제, 일상의 제 접근과 탐구를 필요로 한다는 점이다. 따라서 이 글은 평성을 하나의 사회 공간으로 간주하고 평성의 공간적 변화와 이와 연계되는 도시적 생활 경험, 특히 하차시장의 경제활동 경험을 중심으로 평성의 도시성을 고찰하고자 한다.

방법론적으로는 평성 도시 공간의 이해와 도시민의 생활 자료를 취득하기 위하여 심층 면접을 진행했다. 인터뷰 대상자는 평성 출신이거나 반드시 평성 거주 경험이 있는 사람을 중심으로 총 20명을 인터뷰했으며, 2012년 5월부터 2014년 5월까지 총 22회 진행했다. 평성 출신자를 섭외하기가 쉽지 않았기 때문에 대상자의 나이, 직업, 성별 등을 균형 있게 다루지 못하고 오로지 평성 출신 여부와 거주 경험 여부를 1차적 선정 조건으로 삼았다. 평성을 방문한 경험이 있거나 장사 활동을 이유로 서너 차례 다녀온 경험이 있는 사람들도 있었지만 이들의 구술은 '도시 공간의 주체로서의 경험'이라고 볼 수 없기 때문에 배제했다.

인터뷰는 구글어스(Google Earth)의 평성 지도를 확대한 후 구술자가 도시 거리와 건물 명칭, 그리고 주요 기관의 소재지를 짚어가면서 자신들의 삶과 생활의 경험을 자연스럽게 이야기하는 방식으로 전개했다. 또한 지도를 읽어내기 어려워하거나, 좀 더 자세한 마을 정보를 제공하고자 하는 사람들에 대해서는 종이 그림(심상맵)을 그리도록 하여 그들만의 도시 경험을 '그들 식의 지도'로 나타내도록 했다. 구술자들의 경험을 생동감 있게 전달하고 싶지만, 평성이 작을 뿐 아니라 북한 이탈 주민들의 신상이 쉽게 노출될 수 있는 민감성이 존재하기 때문에 관련 구술자들에 대해서는 〈별첨 1〉 구술자 코딩 번호와 인적 사항(184쪽)에서 최소한의 정보만 밝힌다.

2. 공간 전략과 도시 구성

1) 평양의 위성 신도시

평성은 평안남도 도 소재지로서 2009년 기준 면적 약 381km², 인구 28만 4,386명, 28개 북한 도시 중 열두 번째에 해당하는 중간 규모의 도시이다(Central Bureau of Statistics, DPRK, 2009: 20). 이 도시는 1964년 순천군 사인리였는데, 김일성이 '평양을 보위하는 성새가 되라'고 명명한 후 1965년 1월 '평성구'를 형성했다가 1969년 12월 '평성시'로 승격되었다.[3] 당시 북한은 1961년 3월 '제1차 5개년 계획'을 성공리에 수행한 이후 국민경제의 급속한 발전과 공장·기업소의 증가라는 현실적 요구에 따라 큰 도시 주변에 위성도시 건설 과제를 제출했다. 이에 따라 평양, 함흥, 청진 같은 큰 도시 주변에 소도시 형태의 위성도시를 건설하기 시작했는데, 평성은 평양의 위성도시로서 수도(首都)의 혁명성을 견결히 지켜내고 평안남도 안의 농업지대를 도시와 같이 발전시키기 위한 목적으로 건설되었다.[4]

위성도시는 도시의 자립성을 자기 완결적으로 갖춘 도시가 아니기 때문에 모체 도시와의 관계가 중요한 자리를 차지한다. 북한의 위성도시는 모체

---

3) 2009년 시의 행정구역은 21개 동과 13개 리로 구성되어 있다. 행정구역은 〈별첨 2〉 평성 지도(185쪽)를 참조(백과사전출판사, 2009).

4) 소도시 형태의 도시들을 건설하는 것은 도시가 지나치게 팽창하면서 상하수도를 놓기 힘들고 도시공급사업도 어려워지며 교통이 번잡해지는 것과 같은 불편과 결함을 극복하게 한다. 또한 소도시 형태의 도시를 여러 곳에 건설하는 것은 전국을 골고루 발전시키고 지역적 차이, 도시와 농촌의 차이를 없애게 할 뿐 아니라 지방의 모든 경제적 잠재력을 합리적으로 동원 리용할 수 있게 한다. 그러므로 소도시 형태의 도시를 여러 곳에 건설하는 것은 우리나라 국토 건설의 중요 원칙이다(라인원, 1994: 41~42).

〈표 5.1〉 **위성도시들의 기능상 형태 분류**

	주민 지점 및 위성도시 구분	모체 도시와 봉사 반경 (km)	도시인구 중 통근·통학자 비중과 교통 조건	생산 소비적 연계 조건	모체 도시의 문화후생시설 이용 정도	정치 행정적 종속 관계
1	교외 농촌 부락	5~10	가정 부인, 농업 세대주는 모체 도시 통근		모체 도시의 이용 비중이 큼	모체 도시
2	농촌형 주민지	10 이상	전체 주민이 농업에 종사	모체 도시와 직접적 연계는 거의 없음	모체 도시에 의거하지 않고 기본적으로 구역 중심지에 의거	모체 도시
3	위성도시 1	5~10		모체 도시에 기본적으로 복무	자체 내에서 일부는 해결하고 대부분은 모체 도시에서 공급	모체 도시
	위성도시 2	20~30	통근 렬차 이용	생산에서 협동적 연계가 많음	자체 시설로서 50% 이상 해결	모체도시및 인접 도시
	위성도시 3	40~50		생산에서 협동적 연계가 많음	기본적으로 자체 시설에 의거해 수요를 충족	인접 도시

자료: 라인원(1994: 41).

도시와의 관계가 중요하다. 북한의 위성도시는 모체 도시와의 거리(통근 조건), 자립성 정도(생산 소비적 연계, 문화 봉사적 연계 등)에 따라 기능상의 형태 분류를 〈표 5.1〉처럼 구분할 수 있다.

평성은 평양을 모체 도시로 하는 관문 위성도시로서, 대부분은 자체 해결하는 위성도시 3에 해당한다. 위성도시 치고는 인구 규모가 큰 편이다. 이것은 평양 주변의 숙천군, 순천군, 강동군 등 주변의 13개 리(협동농장)를 시 영역에 포함시켰기 때문이다. 그리고 기존 평양에 있던 도 소재지의 기능을 평성으로 이전함에 따라 위성도시이지만 평양과의 관계는 비교적 독립적인 도시로 발전되었다. 또한 평성이 중심이 되어 주변 농업지대의 도시적 발전과 변모를 추동하는 기능과 역할을 담당하도록 했다.

2) 직업별·계층별 인구 유입과 공간 구성

평양이 수행했던 도 소재지 기능을 평성으로 옮기는 일은 단번에 이루어지지 않았다. 1969년 12월 평성이 '시'로 승격한 이후에도 시 경계는 계속 확대되었고[5] 1980년대 이후에는 평안남도 인구 증가와 산업 발달로 도 내의 다른 군급 도시가 '시'로 승격되자 그 영향으로 평성의 시 경계 또한 조정되었다.[6] 평성의 시 경계 조정 과정은 주변 농촌 지대로 평성을 확대하는 과정이었고, 평성 도심 안은 도 소재지로서의 기능과 도시 면모를 갖추기 위한 건설의 과정으로 진행되었다. 이에 따라 1970년대 이후 평성 시내에는 도급 단위와 시급 기관들이 연속해서 들어섰고 주요 공장, 기업소들도 계속 신설되었다.[7] 주요 대학들도 1970년대 내내 평성으로 이전되거나 신설되었다.[8]

---

5) 1965년 1월 평성구 범위에서부터 1967년 10월, 1969년 12월, 1972년 7월, 1974년 5월 시기에 순안군의 율화리·어중리를 포함했고, 순천군의 화포리·지산리·백송리·고천리·운홍리 등지를 흡수했다(과학백과사전출판사, 1984: 407~408). 1989년 7월, 1995년 5월, 1999년 12월 시기에 중덕동 일부를 역전동으로 신설하고 덕산동, 배산동, 지경동, 송령동 일부 지역을 합쳐 평양 은정 구역으로, 경신리가 평양 강동군으로 넘어갔다(백과사전출판사, 2001: 643).

6) 평안남도 내 '시' 승격 상황은 1979년 남포시·순천시 승격, 1987년 덕천시·안주시 승격, 1991년 개천시 승격, 2005년 남포특급시 지정이 이루어졌다. 이 중 순천군이 시로 승격될 때 평성의 시 경계가 조정되었으며, 1995년 평양 은정 구역과 강동군이 재편재될 때 평성의 시 경계가 재조정되었다(백과사전출판사, 2009: 377).

7) 평성시계공장(1972), 평성식료품공장(1973), 평성제약공장(1978), 평성고무줄공장(1978), 평성합성가죽공장(1979), 평성애국가방공장(1986). 1990년에는 평성 안에 총 276개 기관과 기업소가 존재했다(평화문제연구소, 2004: 52; ≪로동신문≫, 1990년 12월 5일 자).

8) 1967년 리과대학이 설립된 이래 석탄공업대학(1968), 평성의학대학(1972), 평성교원대학(1972), 평성공업대학(1998)이 신설되었고, 1955년에 창립한 수의축산대학은 강

평성의 형성 과정은 도시 건설과 함께 인구 유입도 병행되었다. 특히 평성이 자체의 도시 면모를 갖춰나가면서 계층별·직업별 주민 구성이 뚜렷해졌다. 시 안과 시 밖의 경계를 따라 협동농장의 거주자와 시내 거주자가 계층별로 명료하게 구분되었고, 시 안에는 간부와 학생 그리고 노동자라는 직업별 구성이 뚜렷했다. 특히 시 안에는 간부 지도원, 행정사무원, 여성 중심의 노동자군, 대학생 그리고 일부 선진 기술자 계층으로서 과학원 연구사 및 귀국자 집단을 배치하고 평안남도 및 타 지역에서 고급 인력들만이 들어올 수 있도록 함으로써 평안남도를 대표하는 과학문화 도시로 구성했다.[9] 따라서 평성은 위성 신도시이자 과학문화 도시로서 다음과 같은 도시 공간의 구성적 특성을 나타냈다.

첫 번째, 평성은 평안남도의 정치, 경제, 문화의 중심지로서 평성동 일대에 도급 기관 및 시급 기관이 나란히 배열되었다. 사회주의 도시 건설의 기본 계획[10]에 따라 도 청사 앞에 광장을 조성하고 수령의 동상을 통해 도시의 중심을 표상했다. 그리고 이 거리를 따라 도당을 비롯한 도급 기관과 시당, 시인민위원회 등의 정치행정기관을 배치했다(≪조선건축≫, 1994: 2~4). 평

계에 있다가 평성수의축산대학으로 옮겨왔고, 1946년에 발족한 공산대학은 1972년에 남포에서 평성으로 옮겼다. 평성방송이 1970년에 방송을 개시하고, 김일성동지혁명사적관도 1972년에 개관했다(평화문제연구소, 2004: 54~55).

9) 평성 건설 30년을 총화하는 기사 보도에 의하면, 평성이 이름 없는 농촌에서 도의 정치, 경제, 문화의 중심지로 전변 확대되었으며 앞으로도 과학문화 도시로의 지향을 계속해 나가겠다고 했다(≪로동신문≫, 1994년 10월 10일 자).

10) 주요 방법 네 가지는 ① 주거 환경 보호를 위해 공업과 주거를 나누는 상이한 토지 이용 간의 분리, ② 자족적인 주거 단위이자 사회주의적 공동생활의 기초 단위로 소구역(micro-district) 설정, ③ 직주근접의 원칙과 공간적 형평성 제고를 위한 서비스 시설의 균등 배치, ④ 도심부는 이념적 학습의 장소로서 상업·업무 시설 대신 공공시설과 기념 광장을 건설하는 것이다(French, 1979: 73~74).

안남도의 모든 단위들이 행정적으로 처리해야 하는 서류의 최종 승인 기관은 전부 이곳에 있었다. 그리고 인근의 아파트 단지는 모두 간부 사택이다. 평성동과 덕성동 중심의 이 공간은 도시 형성 시점부터 현재까지 평성의 정치 중심을 형성하고 있을 뿐 아니라 너른 광장과 높고 큰 건물, 청년공원과 편의봉사시설인 은정원 등 도시가 형성된 이후 정치와 문화가 이 중심 거리에서 일체화되는 공간성을 읽을 수 있다.

두 번째, 평성은 모체 도시가 평양이고, 평안남도의 도 소재지이기 때문에 주요 타격 대상이 되는 군수공장 및 큰 공장, 기업소가 시 안에 존재하지 않는다. 대부분의 공장, 기업소는 지방 산업의 공장 규모이며, 경공업 중에서도 일용품 공업이 중심이다. 이에 따라 평성은 시내 공간과 시외 공간으로 분리 가능하다. 행정구역에서 '동'으로 편재된 시내 공간은 대부분 지방 산업의 공장 단위들이 존재하는 공간이고, '리'로 편재된 시외 공간은 농업에 종사하는 농장원의 공간이다. 시내는 주요 도로를 따라 조밀하게 구성되어 있고 시외의 협동농장은 모두 평성역을 중심으로 15km 반경에 소재한다(평화문제연구소, 2004: 69~72). 이들은 농촌에서 도시로의 생활을 지향하며, 도시와 농촌의 관계를 형성하고 있다.

세 번째, 도 소재지인 평성은 도시 안에 여러 교육기관을 인입했다. 석탄공업대학, 의학대학, 수의축산대학, 사범대학, 교원대학, 예술대학 등 여러 대학들과 경공업전문학교, 경제전문학교, 고등기계전문학교, 외국어학원 등 다수의 전문학교와 간부양성기관이 시내 곳곳에 배치되었다. 특히 평성에 리과대학을 설립함에 따라 1952년 창립한 과학원(후신 국가과학원)을 1970년부터 이곳으로 옮겨와 리과대학과 함께 평성 '과학지구'를 조성하게 된다.[11] 또한 평성역 앞의 역전동과 역전 거리를 중심으로 의과대학, 예술

11) 평성 과학지구는 과학원 안에 전자공학·열공학·공업미생물학 연구소 등을 비롯한

대학, 교원대학이 있고, 역 뒤편으로 석탄공업대학, 수의축산대학 등이 위치하여 역전동을 중심으로 한 이 공간은 대학촌을 방불케 했다. 좁은 도시 공간에 많은 대학이 분포하고 있고, 도시인구에 비해 다수의 학생이 밀집하면서 이들 교육기관의 존재는 평성이 교육문화공간으로 기능하도록 했다. 그 결과 계층별·직업별 도시 구성원들은 도시 안에 소공간을 형성하며 그들만

〈그림 5.1〉 **경제난 이전 시기의 평성 도시 구성**

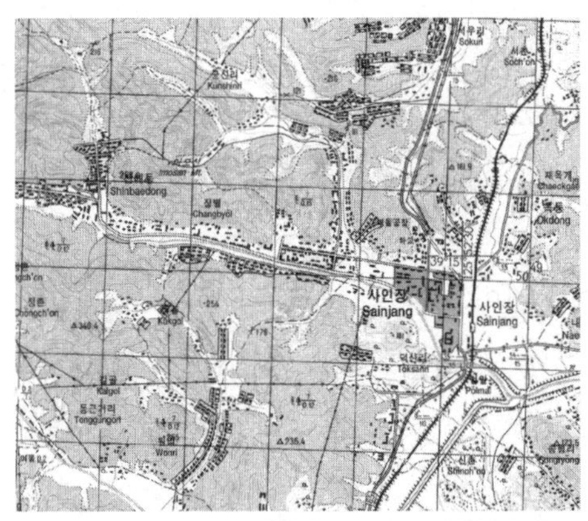

왼편의 지형도는 일본 육지측량부가 1937~1942년에 실측한 자료를 토대로 구소련이 항공촬영해서 수정·제작한 1981년판 원색 지도이다[『북한 오만분지일지형도 상권』(1997)]. 이 지도를 보면 1970년대 이전의 평성은 사인장(Sainjang)이라고 불리는 작은 마을에 지나지 않았다. 작은 역삼각형 지역만이 오늘날 평성의 형태를 나타낸다.

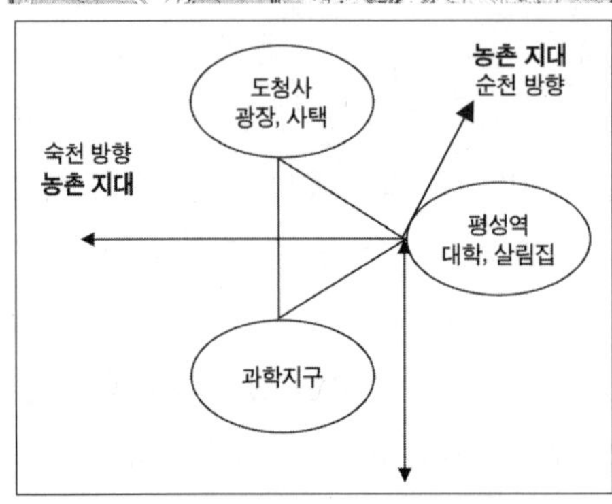

위의 지도에 나타난 작은 역삼각형 범위의 평성은 1970년 이후 왼쪽 그림과 같이 시 밖의 농촌 지대와 시 안의 세 축의 소공간을 형성·발달시키면서 유입되는 도시 주민들을 전략적으로 배치하고 도시 공간 안의 분화된 생활 흐름을 형성했다. 이때 평성의 주민 구성은 명료한 반면, 도시 공간의 물적 토대는 매우 취약했다.

수십 개의 연구소와 중간시험공장, 과학도서관, 리과대학, 그리고 과학자들의 살림집들이 집합체를 이루어 명실상부한 과학 도시로서의 위상을 수립하게 한다(≪조국≫, 1992년 9월, 79~83쪽).

의 생활 흐름을 만들어냈다.

〈그림 5.1〉의 하단 그림에 나타나듯이 정치적·경제적 공간으로서 도시의 중심을 형성하는 곳은 '도당위원회와 광장'이었고, 상업적·소비적 공간으로서 도시 안팎을 연결하는 곳은 '평성역 앞의 대학거리'였다. 과학적·문화적 공간으로서 도시의 문화를 대표하는 곳은 '리과대학과 과학원'이었다.

1980년대를 기억하는 구술자들은 당시 평성의 대표적 이미지를 리과대학과 과학원이 있는 도시로서 "좁은 공간에 교육기관이 너무 많이 밀집되어 있으니까 교육 수준이 좀 높다"(PF661)거나, "주민 구성이 깨끗한 도시"(PM792)로 구술했다. 반면 산골짜기에 들어앉아 평지가 적고 주택난이 심각하며 강이나 하천을 끼고 있지 않아 물이 부족한 도시로서, 입지 조건으로만 보면 평안남도의 "도 소재지로 적합한 도시는 아니"(PM633)라고도 했다. 무엇보다 평성은 경제적 토대가 매우 취약한 도시로서 생산물이 나지 않는 도시였다. 그리고 많은 구술자들은 자신이 평성에 거주하는 이유에 대해, 평양을 지향했지만 평양에 들어갈 수 없는 토대 및 신분적 제약 조건들 때문에 평양과 가까운 평성에 들어오게 되었다고 했다.

> 북한의 경제 상황으로 볼 때 도 소재지 하나 옮기면 거의 하나 완성되게 옮기는 거 20년으로 보거든요. 그 사람들 자체가. 그 20년은 되어야, 시작해서 10년 되어야 체모를 갖추고 안정되는 데까지 또 20년…… 그러니까 이제 평안도 기관들이 평양에 있다가 평성으로 나오면서 꼭 그렇게 걸렸거든요. 먼저 큰 기관부터 나오고 그다음에 병원, 학교 이런 것들이 설립되고 그 가족들까지 주택을 지어서 가족들까지 안착시켜서 그 사람들의 직업까지 이제 해결을 하는 이런 상황이었는데…… 그거 거의 20년도 더 걸렸어요…… (중략) 도급 기관 이런 게 있으면서 그 생산 중심의 도시가 아니고 소비하는 소비형 도시, 뭐 일명 북한식으로 표현하면 과학 도시라고 이제 그 표현을 했는데, 그러니까 공업

이 많이 이제 밀집되지 못하고 일부 지방 공업만 이제 존재하는 상황이었고, 그래서 이제 평성이 살기가 많이 힘든 걸로. 농업도 이제 산골이다나니까 그 자급자족은 못하는 도시고요(PM633).

이처럼 경제난 이전 시기까지 평성은 북한 당국이 부여한 과학문화 도시의 면모를 점차적으로 갖춰나가면서 새로운 단장을 거듭해가고 있는 위성 신도시에 지나지 않았다. 도시 면모는 매우 불완전하고 어수선했으나 그래도 도 소재지이기 때문에 평안남도를 지휘하는 중심적 기능을 수행하고 있었고, 1980년대 중반에 이르러서야 평성 시내는 주변 농촌에 비해 조금 발전한 시내다운 요소[12)]들을 갖추기 시작했다.

3. 하차시장의 형성과 도시 공간의 분화

대부분의 평성 시내 거주자들은 1970년대 말~1980년대 초부터 토착 세력을 형성하면서 자신들만의 거주 경험을 갖기 시작한다. 그리고 얼마 지나지 않아 1990년대 경제 위기 속에서 시장 활동에 뛰어든다. 인터뷰에 응한 20명의 평성 구술자들 역시 모두 시장 활동을 경험했다.[13)] 그런데 1990년대

---

12) 예를 들어 수령의 동상을 모신 광장거리, 18층 높이의 주체아파트, 과학원과 과학자아파트, 혁명사적관, 식물원, 외화 상점, 의과대학병원 등은 평성 시내에만 있는 상징적 요소로 구술했다.

13) 구술자들의 평성 도시 경험 구술은 그들의 연령과 직접적인 관계가 없었다. 평성에 대한 가장 오래된 기억을 갖고 있는 사람은 1979년생 평성 토박이이지만 유소년 시기를 1980년대에 지냈기 때문에 그의 기억과 경험은 매우 제한적이다. 오히려 타 지역 출신이지만 1980년대 평성에서 대학생활을 한 성인의 기억과 경험 구술이 훨씬 유의미하다. 또 평성 구술자들의 본래 직업은 큰 의미가 없다. 가장 빨리 평성 생활

이후 시장 활동을 경험한 구술자들은 앞서 밝힌 평성 공간 전략 및 도시 구성에 대해 "껍데기 흐름"이라고 지적했다(PM591). 그렇게 도시가 형성되고 구성되었지만 실제 생활의 흐름은 다르다는 것이다. 평성 도시 공간을 하나의 사회적 공간이라고 했을 때, 경제난 이전 시기의 평성 공간 전략은 행정구역, 산업 배치, 중앙과 지방의 권력 배분, 공간 정책, 법 등에 의해 공간이 생산되고 작동하는 '체제의 공간(space of system)'이었을 뿐, 행위자(도시 구성원)의 의지가 관철되고 자기다움이 발현되는 '주체의 공간(space of subject)'이 아니었던 것이다.[14] 구술자들에 의하면 도시 구성원들이 새로운 생활 흐름을 통해 기존과 다른 공간을 형성한 시점은 1994년 전후이며, 시장(장마당)의 등장과 번창이 직접적 계기라고 했다. 이에 하차시장을 중심으로 평성 토박이들의 시장경제활동과 공간분화과정을 재구성해본다.

을 시작한 이들은 1980년대 중반에 대학을 다닌 이들인데 이들이 대학 시절을 보내고 난 후는 이미 1990년대이다. 이들이 졸업 후 공장, 기업소에 다녔다고 해도, 또 도급·시급 간부 생활을 했다고 해도 대부분은 '적'을 걸어놓고 장사 활동을 해야 하는 시기를 곧바로 맞았다. 대학 졸업 이후 인근 평안남도 타 지역에 배치를 받았던 구술자들도 1990년대 초에 시장 활동을 위해 다시 평성으로 들어왔다. 또 다른 측면에서 구술자 중 다수가 귀국자 출신인데 이들은 이미 1980년대 중반부터 집에서 소리 없이 물건 장사, 외화 장사를 했던 경험이 있다. 이 같은 경험은 1990년대 장사 활동과 자연스레 연결되었다. 결과적으로 20명의 구술자들은 평성으로의 이주 시점과 탈북 시점 모두를 포함해 1990년대 중반부터 2000년대 중반 사이에 평성에 공통적으로 거주했고 연령, 직업, 신분에 관계없이 장사활동경험에 대한 구술 비중이 매우 컸다.

14) 사회적 공간, 공간의 역학 관계, 체제의 공간, 주체의 공간에 대해서는 이무용(2005: 49~51), 조명래(2013: 48~50)를 참조.

1) 토박이들의 자본축적과 신주거지 형성

앞서 보았듯이 평성은 산업 시설이 취약하고 도시 구성원 대부분이 간부, 학생, 여성 노동자로 구성되어 있기 때문에, 구술자들의 표현에 따르면 '뜯어먹고 살 것이 없는 도시'이다. 접경 도시처럼 중국 상품을 들여와 팔 수도 없고, 큰 공업 도시처럼 공장의 시설 및 부산물을 내다 팔 수 있는 도시가 아닌 것이다. 이런 조건에서 배급이 줄고 경제생활이 어려워지자 평성 도시 구성원들이 제일 먼저 발전시킨 장마당은 평성 하차동에 소재한 하차시장[15]이다. 평성의 하차시장은 과학원 뒤편에서 평성 시내 도당 앞 큰길로 연결된 고개 넘는 길에 형성되었으며 평양 은정 구역 배산동과도 연결되어 있다. 지도로 보면 하차시장의 위치는 평성역과도 떨어져 있고, 주변 농촌과의 거리 면에서도 시장이 형성될 만한 위치에 있지 않다. 즉, 초기 하차시장은 평양과 과학원의 존재가 남다른 역할을 했기 때문에 형성된 것이다.

구술자들 중 평성에서 가장 빨리 시장 활동을 전개한 사람도 과학원 종사자였고, 귀국자 출신이었다. 배급이 중단되자 과학원 안의 귀국자 1, 2세대는 일본 친척들이 보내준 현금을 4만~5만 달러씩 모아 남포 등지에서 물건을 구입한 후 하차시장에 공급하기 시작했다. 또 과학원 각 연구실별로 다

---

15) 1994년 즈음 평성 시내 곳곳에는 다양한 시장이 형성되어 있었다. 그러나 주변 골목(소매) 시장을 선도하며, 전국 지역시장과 연계를 맺고 있는 대표적 시장은 평성 하차동에 위치한 시장이다. 북한에서는 시장이 공식화(2003년)되기 전이기 때문에 평성 구술자들은 평성 장마당, 하차장마당, 하차장 등의 이름으로 구술하기도 했고, 또 후에 입국한 구술자들은 평성에 있는 큰 시장, 도매시장, 평성시장이라고도 구술했다. 본문에서는 시장이 연구주제가 아니기 때문에 공간과 시간의 개념을 통일하여 '하차시장'으로 서술한다. 그리고 하차시장이 형성되어 폐쇄되는 1994년부터 2007년까지의 시기를 서술한다.

당제 개발, 술균 개발, PVC 수지 일용품 생산 등 사적 생산 물품을 만들어 하차시장에 판매하고는 했다. 과학원의 상업 활동은 자체의 연구 사업을 위한 경제활동으로 취급되어 평양의 대외경제위원회 증명서를 떼기가 쉬웠기 때문에 과학원 내 운송 수단을 이용하여 남포, 나진·선봉 지역에서 쌀, 밀가루, 설탕 등을 대량 구입한 후 하차시장 중계꾼들에게 넘겨주는 방식으로 초기 시장 형성에 불을 지폈다.

그러나 귀국자들은 일반 주민들에 비해 높은 생활수준을 유지하고 있었으며 정치적으로는 위축감이 높았기 때문에 지역과 지역을 넘나들며 평성과 타 지역 시장과의 공급·판매 네트워크를 맺는 일에 적극적으로 나서지 못했다. 그래서 "권력도 끼고 경찰도 끼고, 이런저런 도급 기관도 끼고 무역도 하면서 장사 활동에 적극적으로 뛰어드는 토박이"(PF663)들에게 점차 경제적 주도권을 내어주게 된다. 그리하여 1998년 이후부터는 평성 토박이들이 하차시장을 장악하면서 전국에서 상거래를 목적으로 오는 사람들을 맞이하게 된다.

> 이제 평성시장이 문을 열잖아요. 하차시장이. 하차시장이 문을 열어서 이제 사람들이 장 보러 들어갑니다. 쭉. 그러니까 장꾼, 이미 장사하는 사람은 들어가서 앉아 있는 상태고 장 보러 들어오고 나가고 하는데 일렬…… 이렇게 사람과 사람 사이가 발이 밟힐 정도로 이제 쫙 들어가거든요. 그렇게 들어가는데 한 줄에 보통 이 끝에서 끝에까지 오고 가고 하는 게, 내려오는 사람은 없고. 이제 시작할 땐 다 들어가기만 하잖아요. 내려오는 사람은 불과 한두 명이고. 다 들어가는 사람인데 보통 20명 내지 30명이 한 줄로 서서 들어갑니다(PM633).

평성 하차시장의 활성화는 북한의 상업유통체계와 밀접한 연관이 있다. 북한의 모든 재화의 생산·분배는 중앙집권적 계획 범위 내에서 상점망의 형태를 띠고 있는 상업망을 통해 이루어진다. 도매상업망은 중앙에서, 소매상업망은 지방에서 관리하고 있다. 따라서 일차적으로 모든 도매 물품은 평양에 모였다가 각 지방으로 분배되는 계획 시스템을 형성하고 있다. 이 때문에 북한 전역의 물품 생산의 흐름을 장악하고 있는 평양 옆에 소재한 평성은 평양으로부터 나오는 은밀한 생산 소비품들이 집결되고 거래되기에 유리한 위치에 있었다. 북한의 계획 시스템이 정상 가동해 상업망이 정상적으로 운영될 때는 부각되지 않았던 평양의 존재였다. 그러나 경제난으로 계획 시스템이 붕괴하자 평양 옆에 위치한 평성의 지리적 여건은 시장 활성화의 중요 원인이 되었다.

> 예를 들어서 평성이 이제 북한이 크게 물자라는 게 없지만 천이나 식품, 이게 이제 중앙에 집결되면 이제 얘들이 거기서 이제 자기네가 평양에서 팔기 힘드니까 평성에 나와서 팔아요. 파는데 평성에 나와서 자기네가 이제 팔기가 그러니까 일부 믿을 수 있거나 이런 사람들한테 의뢰를 하면 그 사람들이 이제 뭐 팔아서 일정한 정도…… 이 사람들이 얼마만 자기네한테 달라. 대주고 나머지는 자기가 가지는. 그러다나니까 이 사람이 이제 부자가 되는 게 아닙니까(PF633).

구술자들은 당시의 하차시장을 "가락시장"(PF942)과 흡사하다고도 했고, "홈플러스에 진열되어 있는 상품의 가짓수와 종류가 모두 있다"(PF842)고도 했다. 그만큼 평성 주민들의 삶은 매우 바빴다. 2000년대 초에 들어서면서는 뭐든 만들어만 내면 팔리는 시기를 맞았다. 더욱 효과적으로 장사 활동을 하기 위해 역할 분담에 의한 분업 체계를 구축해 들어갔다. 소위 주례동의 신발촌, 구월동·하차동에 껌촌, 양지·역전동 일대에 피복촌 등을 형성할 정도였다.

그때는 아침에 있잖아요. 우리 엄마랑 막 4시부터 일어나. 우리 엄마 이 천자를 때는요. 막 밤에 잠도 안 자. 너무 잘나가가지고요. 잠도 안 자고요. 전기나 있어요? 뭐 북한에. 그럼 밧데리…… 아버지가 운전수니까 그냥 밧데리 연결해가지고 막 그걸로 그거 해가지고요. 낮에는 한 2시간씩 불이 와요. 전기가 오면 그거 충전해가지고 또 밤에 쓰고 해가지고. 아침에도요. 그런…… 농촌동원 그런 때는 뭐라 그러나. 장을 못 보게 해요. 하면 또 평성 사람들 투지가 있어요. 그래가지고 아침에 또 장을 봐요. 자기네들끼리는 막. 자기네들끼리 막 봐가지고 아침에, 막 5시에 일어나가지고 장마당에 다 짐을 꾸리고나가요. 그러면 그것도 뭐, 그 사람들은 또 어떻게 아는지. 그 장을 보는 거. 타 시·군에서 새벽에 와요. 또 상품 실으러. 그러면 어쨌든 그거는 장마당은 그대로 그냥 돌아가더라고요. 그렇게. 그래가지고 야 진짜……(PF843).

하차시장의 활성화를 통해 평성 토박이들이 돈을 많이 벌었다는 사실은 구술자 20명 모두 동일하게 구술했다. 같은 소학교 친구가 자신이 군대나 갔다 오는 동안 장사를 잘해서 크게 돈을 번 후 시집을 잘 갔다고 구술한 구술자(PF843)는 "당이고 군대고 다 소용없다"는 것을 너무 늦게 알았다고 후회할 정도로, 토박이들은 고난의 행군 시기에 장사 활동을 통해 일정한 부를 축척했다.

시장 세력이 토착화되면서 평성의 공간 변화는 점차 표면으로 드러났다. 1994년 이후 과학원이 평양 은정 구역으로 재편되고, 귀국자들이 시장 활동에서 실패를 거듭하자 과거 평성의 한축을 형성했던 과학지구는 평성 도시 공간의 중심축으로서 기능을 상실했다. 그리고 1998년부터 하차시장을 장악해 들어간 토박이 주민들은 초창기 장사를 통해 돈을 번 후 거주 이동을 시작한다. 그 반증으로 평성 시내 곳곳에 아파트가 건설되었다.

원래 거기 옥전동이라는 데가요. 전문, 이런 피복 있잖아요. 옷 가공품. 그런 가공품 만드는 옷 동네였어요. 원래는. 네, 그래가지고 그 옥전동에서 사는 사람들이 그 일을 해가지고 돈을 벌어서 다 시내로 나와서 이런 양지동이나. 그래서 그 다 나온 사람들이 또 번식을 해가지고 또 양지동이 그 옷 동네가 되었어요. 우리 엄마도 그런 거 몰라요. 원래는. 그런데 우리 옆집에 사는 여자가 그거를 하면서 돈 버는 거 보고, 엄마도 그거를 따라 하더라고요. 따라 해가지고 다음에 집 사고 또 나와가지고 같이 또, 모를 거 있으면 물어보고 이렇게 해가지고…… 고난의 행군 시기 끝난 다음에 우리가 양지동으로 이사했어요. 이사할 때, 새집으로 새 아파트로 이사 오면서 그 집을 샀는데, 그랬어요. 그때가…… 300만인가. 그러니까 기초만 300만에 사가지고 꾸리는데 또 돈이 들어갔어요. 어쨌든. 우리 엄마가 그런 고집이라는 게 있어가지고요. '그래도 시내에 나가서 살아야 된다.' 뭐 이래가지고(PF843).

평성역 앞 역전동은 유동 인구가 많고, 외지에서 들어오는 장사꾼들에 의해 상업 시설이 발달했기 때문에 역전동 일대의 아파트와 살림집들은 집집마다 장사를 하면서 집값을 올렸다. 거주 공간 안의 시설은 낙후하고 환경은 열악했지만, 위치가 주는 프리미엄을 집값에 붙였다. 중덕동의 경우는 토박이들이 가장 선호한 신 주택 지구이다. 시내 중심이면서도 역전동보다 깨끗하고 조용했을 뿐 아니라 외화 상점, 은정원, 음식거리 등 상업편의시설이 가까워 중덕동 일대가 평성의 신 중심을 형성하게 된다. 또한 기존 사회주의식 살림집 형태가 아닌 아파트를 선호하는 현상이 두드러지면서 중덕동과 양지동 일대에는 2002년 이후 새 아파트들이 길 따라 건설되기 시작했다. 기존의 평성이 시내(도심)와 시외(협동농장)로 거칠게 구분되었다면, 하차시장의 활성화로 돈을 번 토박이들에 의해 평성 시내의 각 동별 차이는 좀 더 선명하게 드러나기 시작했다. 즉, 주거 조건은 물론이고 교통과 시장과의 거리가 집값 형성에 매우 중요한 요인으로 작용했고, 공간별 빈부 차이를 서서히 드러내기 시작한 것이다.

2) 전문 장사꾼의 유입과 상업편의공간의 발달

평성의 하차시장이 평양과 직접적인 관계를 맺고 신의주, 혜산 등의 접경 지역과 연계되면서 물품이 안정적으로 공급되자 평성 안으로 들어오는 인구가 계속 증가하게 된다. 평성 토박이들은 경제생활이 나아지자 타 지역에 거주하는 직계가족들을 불러들였고, 평성에 거주하는 친인척 방문을 이유로 타 지역의 장사꾼들이 유입되기 시작했다. 아예 평성 거주를 목적으로 뇌물을 주고 식량정지증[16)]을 떼서 들어오는 타 지역의 전문 장사꾼들도 상당수에 달했다.

> 평성은 개방 도시…… 장사 하느라고 거기에는 전국 각지에서 안 오는 사람이 없어요. 평성에. 그리고 거기 돈 벌겠다고 와서 남의 집 세내고 와 있는 사람들로 해서 뭐 역전이나 시장 주변이나 사람이 막 부글부글해요. 여기 평성 거주하기 힘들어요. 1,000달러 뭐, 그렇게 고여야 거주가 되지 웬만한 사람은 거주 못 해요. 그러니깐 돈 벌어가지고들 지방에서 들어와서 사는 사람, 들어

---

16) 북한은 공민등록과에서 출생증과 공민증을 발급받는다. 매 시마다 군보안서와 리보안소에서 공민등록원이 상주하며 유동 인구를 집계하고 보름에 한 번씩 상부 보고를 한다. 타 지방으로의 이동은 여행증명서를 발급받고, 타 지방으로 완전한 거주 이동을 할 경우 식량정지증을 떼어 거주하는 지방 보안서에 제출해야 한다. 최근 북한은 리보안소를 분주소로 명칭을 바꾸고, 각 보안서 초소(임시 초소)를 통해 사회 질서와 농촌 시기 유동자 단속을 시행하고 있다. 단속강화시기에는 기관, 기업소에서 일정 기간 노동력을 빼내 규찰대를 조직하고 보안소 임무를 맡긴다(PM721).

오는 사람이 있고, 그 사람들은 본래 지방에서 금이랑 뭐 그런 거 해서 돈 벌어 가지고 들어온 사람들이 아파트에 거주하고 있었고, 회령 쪽이나 그런데서 이주해 온 사람…… 평성이 이거, 장사 도시니깐 여기로 다 모여……(PF651).

전문 장사꾼은 신의주, 혜산, 회령, 라진·선봉 등 접경 도시에서 평양으로 장사를 다니면서 평성 하차시장과 외화 상점을 중간 지점으로 활용했다. 접경에서 물건을 사서 평성 하차시장에서 판 뒤 평양에 들어가 이 돈을 저환율의 외화로 바꾼 후, 외화를 다시 접경 지역에 가지고 가서 고환율의 북한 돈으로 바꾼 다음 다시 중국 물건을 구입해 평성으로 들어오는 형식이었다. 이러한 과정을 통해서 대체로 3~4배의 이익을 창출했다(PF633). 아니면 접경 지역에서 중국 위안화, 미국 달러를 가지고 직접 평양으로 들어가 북한 돈으로 바꾼 후 평성 하차시장에서 물건을 구입해 다시 접경 지역으로 올라가기도 했다. 즉, 평성은 평양의 길목에 위치하여 공업품과 외화의 자유로운 구매·판매·환매가 가능한 곳이었고, 하차시장은 그 어떤 수요자의 요구도 충족시켜주는 그런 장소가 되었다. 특히 2003년 시장이 공식화되고, 평성의 하차시장이 자리를 잡으면서 전문 장사꾼이 평양-평성을 자유롭게 드나들고, 평양의 구매자들이 평성을 자주 이용하면서 평성의 상업 공간은 크게 활성화되기 시작한다. 외지인들이 평성에 체류하는 동안 필요한 숙박, 교통, 음식, 편의 시설 등이 번창하기 시작한 것이다. 또 다른 측면에서는 평성 시내에 상업편의시설이 발달하자 구매력이 있는 평양의 시민들이 쇼핑과 외식을 위해 평성에 자주 드나드는 소비 메커니즘이 구축되었다.

평양과 평성을 왔다 갔다 하는 사람들이 대단히 많죠. 뭐. 대단히 많습니다. 평양 사람들 생활에 직접적으로 연관되어 있는 도시니까. 여기 뭐 이제 말하지 않습니까. 물건 값이 비싸니까 평성에 나오게 되면 자유자재로, 량에 관계없이. 수요에 따라서, 완전 자본주의죠(PM751).

평성은 식당이 많습니다. 그러니까 서비스업체가 다른 도시들에 비해서 많이 발달되어 있습니다. 음식 맛도 역시 평성이 좋습니다. 요리도, 음식도, 네 평성에 따라오지 못하게. 제일 평양보다도 낫다고. 서민 음식이라고 그러나……평양에 있는 사람들이 가끔 여기에 나가…… 평양보다는 평성이 조금 쌉니다. 음식 값들이. 평양에 놀거리에 가서 노는 것보다 평성의 놀거리에 가서 놀게 되면 돈 많이 좀 절약되고(PM792).

이렇듯 평성의 하차시장이 전국의 장사꾼을 불러들이고 평양 및 주변의 유흥 인구들을 끌어들이면서 평성 도시 공간은 좀 더 세분화되고 계층화되었다. 우선 역전 공간을 상업 공간으로 변모시켰다. 여관 및 숙박, 음식 업소는 물론이며 특히 대기집이 성행하기 시작했다. 본래 대기집은 메뚜기 장사꾼들이 하루 얼마의 방세를 내고 임시 거처하는 곳을 가리키는 말이다. 그러나 실제로 대기집은 언제 올지 모르는 기차를 기다리는 사람들의 임시 거처이기도 하고, 기차에 싣는 짐을 보관하는 보관처로도 이용된다. 또 평성에 잠깐씩 들러 장사하고 가는 외지인들의 숙박집이기도 하고, 하룻밤을 사고파는 사창가 역할도 한다. 매년 4월과 8월이면 평안남도 전역에서 군대에 나가는 '초모'자들과 그의 가족들이 평성역에 모이는데, 이 대기집은 거대한 동원자 숙소의 역할을 하기도 한다. 그런가 하면 대기집의 방세조차 낼 수 없는 사람들은 1991년부터 2006년까지 전체 골조만 형성한 상태로 방치되어 있었던 평성경기장 골조 층층의 공간들에서 묵었다. 이곳은 평성에 유입된, 일명 꽃제비들의 숙식처가 되었다.

대기집이라고…… 남의 집에 이렇게 세 빌려서, 그저 남의 집에 돈 얼마씩

들여놓고 남의 집에서 자면서리…… 지방에서 올라와가지고 농촌들에서는 그 장사 유통이 안 되니까, 다 여기 평성에 올라와서 그런…… 음식 장사하는 게 제일 천한, 그저 그날 그시그시 벌어먹기 위해서 하는 장사니까…… 한 달에…… 우리 올 때까지만 해도 한 달에 15,000원 했어요. 하루에 2,000원, 3,000원(PF651).

이처럼 평성의 하차시장은 1994년부터 본격적으로 형성·발전하기 시작해 1998년에는 평성 토박이들이 시장을 장악하고 2004년에는 외지의 전문 장사꾼들이 결합하여 2007년 폐쇄[17]되기 전까지 평성 시민들의 역동적인 시장경제활동의 경험 장소로 기능했으며 이런 경험을 통해 축적된 부와 도시 구성원들의 물질생활은 평성 공간을 〈그림 5.2〉처럼 분화시켰다.

〈그림 5.1〉과 〈그림 5.2〉의 비교를 통해 알 수 있듯이, 하차시장의 존재

〈그림 5.2〉 **위성 지도(구글 어스)와 구술로 보는 평성 공간 분화**

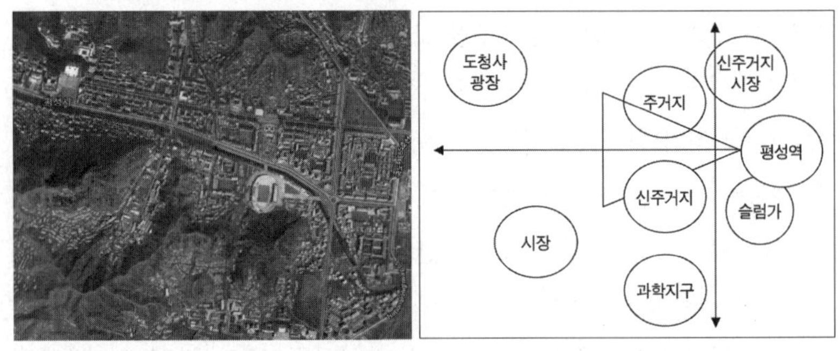

17) 2007년 10월 북한 당국은 "시장에 대한 인식을 바로 가지고 인민의 리익을 침해하는 비사회주의적 행위를 저지하자"라는 지시문을 배포한 후 평성 하차시장을 폐쇄 조치하고, 옥전동으로 이전을 감행한다(류경원, 2008: 83~85).

〈표 5.2〉 **평성의 변화된 표상과 이미지**

준거	과학문화 도시로서의 표상	시장 도시로서의 표상
정체성	과학지구	하차시장
도시 중심	도당~평성광장	역전~공원
도시 상징	주체아파트	만 달러 아파트
도시 문화	평성경기장	버스 터미널

는 인구를 밀집시키고 도시 공간을 분화시키면서 평성을 탈사회주의 도시화의 방향으로 변모시켰다. 그리고 도시 구성원들의 시장경제활동은 과학문화 도시로서 평성이 기존에 추구했던 상징적 표상까지도 변화시켰다. 사회주의 도시의 상징이었던 도당위원회와 동상, 광장거리는 더 이상 도시의 중심이 되지 못했고, 평양에서 평성으로 진입하는 순간 멀리 보였던 18층 높이의, 사회주의 미감을 자랑했던 주체아파트는 전기와 수도 공급이 되지 않는 쓸모없는 거주지가 되어 이를 대체하는 만 달러 아파트[18]들이 등장하기 시작했다. 1991년에 건설을 시작했던 평성경기장은 2007년에야 완공되었지만, 긴 시간 동안 평성경기장은 사회주의 문화가 아닌 슬럼가의 공간으로 이용되었다. 그리고 이 경기장이 완공될 무렵 경기장 옆에는 기존에 존재하지 않았던 시외버스 터미널(사설)이 들어섰다. 평성에서 평양은 물론 전국으로 움직이는 사설버스 터미널이 들어서면서 이제 평성 사람들은 언제 올지 모르는 기차보다는 현금을 주면 바로 움직이는 버스를 주요 교통수단으로 이용하게 된 것이다(〈표 5.2〉 참조).

---

18) 만 달러 아파트란 아파트 분양가가 만 달러에 이른다고 해서 붙여진 이름이다. 실제 가격이 만 달러인지는 확인되지 않는다. 10만 달러라고 하는 구술자도 있고, 만 달러라고 하는 구술자도 있기 때문이다.

4. 생활양식과 도시성의 변화

평성은 탈사회주의로의 도시화가 진행될수록 작은 도시 안에 다양한 기능과 역할을 부여하며 도시의 밀집도를 높여갔다. 이것은 마치 작은 편의점 공간 안에 일상 잡화부터 인스턴트 식료품에 이르기까지 수많은 종류의 물품을 비치함으로써 어떠한 요구를 가진 손님도 고객으로 만들겠다는, 대도시의 불특정 다수를 향한 상업적 공간 전략과 유사했다(짐멜, 2006). 이를 도식화하면 〈그림 5.3〉의 사다리꼴 원통형 구조가 도심을 형성하고 각 가로 공간의 층위를 통해 기능과 역할을 집약화해 온 과정이다. 그러나 하차시장이 번창하면서 도시가 포괄하는 범위는 시 안의 경계를 넘어서게 된다.

일례로 평성 구술자 20명 모두 〈그림 5.3〉의 사다리꼴 원통형 하부구조에 해당하는 계층별·직업별 구성원이었고 그 범주 속에서 거주하고 생활했으나, 시장경제활동이 자신의 주요한 삶의 무대가 되면서 이들의 도시 경험은 도시 경계를 넘어선 범위로 확장되었다. 특히 1990년대 경제난 이후 개인이 도시 안에서 일정한 자율성을 획득하면서 공공의 범위를 사적 영역으로 점유(개척)해나가기 시작하자 평성 밖의 다양한 도시 경험을 평성의 도시

〈그림 5.3〉 **평성 도시 경험의 다양성**

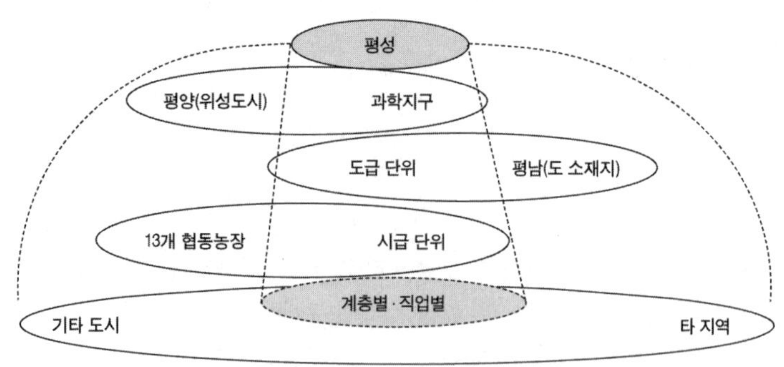

성으로 재창조해나갔다. 이에 시장경제활동이 도시 구성원들의 생활양식에 어떤 영향을 미쳤으며, 이들은 평성 도시 공간을 어떻게 인식하며 해석하고 있는지 그 상호 인과성을 살펴보면 다음과 같다.

첫 번째, 평성 구술자 20명은 1990년대 중반 고난의 행군이라 불리던 경제난에 대해 잘 알고 있었지만, 이 당시 먹는 문제로 큰 어려움을 겪지는 않았다. 역 앞의 꽃제비들을 보았고, 먹지 못해 학교나 직장에 나오지 못한 사람들이 있다는 이야기는 들었지만 직접 생활의 고통을 겪은 이는 없었다. 이들 대부분의 구술에 따르면, 평성은 그 무엇을 하든 '하루 벌어 하루 먹는 문제' 정도는 움직이기만 하면 누구나 해결할 수 있는 도시였다. 심지어 물 한 컵을 떠서 역 앞에 나가 서 있기만 해도 돈을 벌 수 있었다고 했다. 또한 하차시장이 폐쇄되기 이전, 북한 당국의 강력한 시장 활동 제재는 없었다. 농촌동원기간 때 일시적인 시장 단속이 있었지만, 이런 제제와 단속 때문에 시장 활동 자체에 제약을 받지는 않았다. 따라서 구술자들은 타 도시(지역)와 비교하면서 평성을 "개방 도시"(PF651), "자유 도시"(PF843), "북한에서 홍콩처럼 될 수 있는 도시"(PM633)로 정의했다.

이들이 구술한 자유 도시란 그야말로 지역과 지역의 이동이 보장되고 시장경제활동에 대한 자유가 보장되었던 도시의 특성을 반영한 구술이다. 예를 들어 평성에서 옷 장사를 하고 싶다면 자신의 자본 규모에 따라 어떤 과정에도 참여할 수 있다. 자신이 갖고 있는 자본과 기술에 따라 하청 생산, 시장 판매, 상업 유통, 교통 운수 등 해당 단계의 일을 뚫으면 된다. 그만큼 평성 안에는 일감이 많았고, 기술자와 노동력이 요구되었다. 또 평양은 아무나 들어갈 수 없는 곳이지만, 평성은 예외였다. 사람들은 간단한 증명서만으로 평양을 오갈 수 있었으며, 도 소재지인 평성 시내에서는 타 지역으로의 이동에 필요한 모든 서류 증명이 간단한 절차로도 가능했다. 따라서 가장 일반적인 도시 구성원들이 느끼는 평성은 경제적으로 자유 도시이다. 반면 개방 도시는 북한 전역의 모든 정보가 평성에 다 모이는 도시의 특성을 반영한 구술이다. 김정일, 김정은의 동향과 뒷이야기는 물론이고 고위층의 누가 무엇을 어떻게 했다는 소식들이 가장 빨리 전해지는 도시로서, '평양보다 더' 많은 소식들을 접할 수 있는 도시라는 의미로 이해 가능하다. 마지막으로 평성이 홍콩과 비교되는 것은 평성에 돈주(자본가)가 상당수 있다는 것을 반영한 구술이다. 구술자들에 따르면 2009년 화폐 개혁 당시 돈주들은 도심 주변 13개 협동농장에 나가 자신들이 갖고 있던 북한 돈을 농장원들을 통해 신권으로 교환한 후 일정한 몫을 농장원들에게 배분하는 방식으로 자산을 지켰다고 한다. 또 아파트 건설이 활발해지면서 실내 인테리어 공사업체들이 돈을 상당히 많이 번다거나, 환차(달러, 위안화)를 이용한 외화 상점 및 상업화된 편의 상점의 소유자 등 도시 내 돈주들이 많다고 구술했다. 따라서 당국의 제약만 없었다면 북한에서 자본주의를 구현하는 유일한 내륙 도시가 되었을 것이라고 전했다.

평성 도시 공간에 대한 구술자들의 구술은 도시 구성원들이 경제적으로 상당한 만족감을 느끼고 있으며, 자신들의 시장경제활동과 그 성과에 대해 자부심과 긍지가 있음을 보여준다. 위성 신도시로서 낙후하고 보잘것없는 도시가 아니라 평양에 버금가는 중요한 경제도시가 되었다는 성취감이 묻어나는 표현인 것이다.

두 번째, 경제활동을 통해 생활의 안정을 취득한 도시 구성원들은 소비의 질을 높이고 유행을 좇는 반면, 이웃과의 거리는 멀어진 양상을 보인다. 특히 탈사회주의 국가의 경험을 보면 사회주의 시기 동안 수입 제한으로 장기간 억제되어온 소비 욕구가 시장경제활동에 따른 가계 수입의 증가로 주민들의 각종 생활 소비를 신속히 확대시킨다. 사람들은 가장 먼저 거주 조건을 개선하기 위해 주택 구매를 늘이고, 수입 증가가 지속될 것이라 판단하는 경우에는 생활환경이 더 좋은 곳으로 이주한다. 각종 편의 시설이 갖추어져 있는 곳으로 몰리는 것이다.[19] 평성 또한 도시로 흘러드는 자본의 증가와 가구별 소득 증가로 소비 능력이 확대되면서 도시 안에는 서비스업이 활성화되었고 이는 다시 소비 욕구의 강화와 소비지출의 확대로 나타났다.

> 평성 사람들은…… 어떻게 하면 쉽게 이해를 할까. 우리는 너무 잘살면 꼭 조사가 들어가고 집을 수색하고 그 사람을 고이지 않으면 살아 나오지 못하게 하는 나라거든요. 그런데 이제 이런 집을 다 가지고 살잖아요. 다 가지고 살면 공통이에요. 만약 선생님이 분홍 샤츠를 입었으면 너 입었니, 나도 입어야지 하고 단체복이 싹 되고 마는 거예요. 너 사 입었니, 나도 사 입어야지 하고 사 입으며 그냥 막 이렇게…… 나도 입었어 하면, 어 너도 입었네 하며. 그래서 못 사 입으면 아주 그냥 부러워했어요(PF891).

평성은 여러 도시의 경험이 유입되는 곳으로서 다양한 도시 경험을 자신의 문화로 재창조해갔다. 나진, 혜산, 청진 등 접경 지역에서 유행하는 중국식 '꽃바지'가 들어오면 바로 이를 평성의 단체복인 것처럼 유행시켰고, 신의주 등지에서 유입되는 중국식 패션과 한국 제품 중심의 소비문화에 민감하게 반응했다. 그러면서 평성 소비문화의 기준은 평양이 되었다. 다른 도시와 비교해볼 때 평성이 제일 낫다는 구술자들은 유일하게 평성보다 좋은 곳이 평양이라고 했다. 아무리 평성이 자유롭고 좋아도 평양만은 못하다는 것이 중론이었다. 따라서 젊은 세대를 중심으로 평양에서 유행하는 오코노미(오코노미야키)집, 한국 영화, 한국 옷, 한국 화장품, 매직파마와 염색, 매니큐어, 컴퓨터 게임, MP3 등은 그들이 지향하는 도시의 문화생활양식이 되

19) 갑작스러운 외부유입자금(송금)이 미치는 영향을 중국 재중동포 거주지역인 연변지역 사례를 토대로 북한 이탈주민 송금과 비교하여 연구한 박희진(2012)을 참조.

었다. 심지어 MP3 단속 당시 이어폰은 있는데 MP3는 없더라는 구술은(PF721) 이전 시기에 사회주의 문화생활은커녕 농촌 문화생활에서조차 벗어나지 못했던 평성 구성원들의 욕구와 지향이 얼마만큼 증가했으며, 무엇을 지향하고 있는지 보여준다.

반면 평성 구성원들의 소비 욕구가 강해질수록 이웃 간의 친밀성과 거리감은 멀어져갔다. 구술자들 중에는 부모님의 장사 활동으로 사교육을 받은 사람들이 다수 있었다. 과학원 연구사로부터 학업 교육을 받은 이도 있었고, 예술대학의 교원으로부터 피아노 과외 교습을 받은 이도 있었다. 대학에 입학하기 위해 북한 돈 30만 원 정도의 비용을 지불했다고 전했으며(PF921), 평양으로 쌍꺼풀 성형수술을 다니는 부모님의 경제활동경험(PF 943)을 전하기도 했다. 또 어떤 이들은 밤이면 커튼을 드리우고 자가 발전기를 이용하여 소니 텔레비전 속 또 다른 세상을 꿈꾸었다(PF661). 이들이 남다른 소비생활을 추구하고 실현할수록 이웃과는 거리를 두어야 했다. 이전 시기에는 "생활의 테두리가 비슷해서…… 심지어 무슨 우리 이 노친네하고는 뭐 섹스 무슨 해서 어느 시점에 가서 즐겁고 안 즐겁고 이런 자기 부부 간에 섹스 이야기까지도 다 할 정도"(PF651)로 상호 소통이 긴밀한 관계였다. 그러나 이제는 생활의 테두리가 달라지고 공간이 세분화되면서 같은 거주 지역에 살고 있다고 해도 서로 다른 배경을 갖게 되었다. 평성 안에는 '겉으로만 거주하는 사람들'이 증가하게 된 것이다. 특히 외부 유입 인구가 증가하면서 이들은 평성 경제활동을 통해 돈은 벌지만, 자신들만의 은밀한 개인 공간을 형성하면서 또 다른 이상을 추구했다. 평성 구술자들은 이 같은 자신들의 특성을 '약았다(intelligent)'라고 했다. 사회주의 도덕과 질서가 요구되는 도시 안의 공식적 세계와는 충돌을 피하고 이웃과는 적당한 거리감을 유지하며, 다른 한편으로는 가족 중심의 개인 공간을 적극 형성하면서 물질문화생활을 영위하는 모습을 지칭했다.

지금은 평양에서 그 김정일이가 이제 뭐 자본주의 날라리풍이다 해서 그냥 지방으로 추방시킨 게 부지기수였어요. 네, 그런 사람들이 자기 그 추방된 그 고장으로 가지 않고 다시 글루. 네, 들어간 거고 그다음에 경제적인 과오를 범해서 이제 혁명화를 내려갔던 사람들이 평양에 다시 들어가지 못하니까 거기 들어오고, 들어오면 평성 사람들 대부분이 다 머리가 비상한 사람들이 많대요. 머리가 다 좋은 사람들이, 이렇게 시장이라든가 장마당에 다니는 거 보면, 다 키들이 늘씬하고 인물도 잘생기고, 남자고 여자고, 옷도 잘 입고, 이게 때깔이 좀 환해요. 네, 이 셈이 빨라요. 계산. 그렇죠. 겉으로 막 드러내지 않으면서……(PF673).

세 번째, 이때 '약다'라는 것은 여러 측면으로 해석이 가능한데, 이상의 구술처럼 이 도시의 주민 구성이 간부 및 지식인이 많고 귀국자 등 선진 문화를 소유한 사람들이 많아서 이런 해석이 가능하기도 하고, 또 장사 도시이기 때문에 장사꾼적 기질이 강하다는 것을 표현하는 말이기도 하다. 그러나 본질적인 것은 신분 문제이다. 과학자 신분, 귀국자 신분, 지방산업공장의 노동자, 협동농장의 농장원 등 평성 구성원의 계급적 토대는 북한의 신분적 기준에서 볼 때 높은 편이 아니다. 그래서 이들은 도시 생활에서 신분적 제약을 받고 있었고, 이는 내면 깊이 위축감을 형성했다. 이들은 내륙 도시 평성에서 한국의 소식을 듣고, 전국 시장의 물자 흐름과 가격을 알 정도로 트여 있었으나, 항상 눈치를 보고 주변을 살폈으며 알면서도 모른 체하거나 무관심한 척하는 모습을 보였다. 특히 평성 구술자들은 자신을 함경도 북쪽 지방 사람들과 달리 설명했으며, '말투', '성격' 등에서 더 고급하다고 여겼다. 겉으로 드러내며 목소리 큰 함경도 북쪽 지방 사람들은 실속 없고 저급하며 괜히 무리지어 다닌다는 것이었다. 이들이 윗지방 사람들과의 차별성을 강조하는 배경에는 소리 내어 이야기할수록 실속이 떨어지며, 신분적으로 취약한 사람이 괜히 잘못 발언하면 잘될 수 있는 일들도 망칠 수 있다는 경계와 내면적 위축감이 자리 잡고 있었다. 또 다음 구술자의 구술처럼 '양반과 상놈' 개념이 여전히 지배적이어서, 약지 않으면 살아남을 수 없는 신분적 한계를 깊이 인식하고 있었다.

> 뭐 평양 하면…… 예를 들어서 평양 하면 우 하고 부러워하고. 지금은 안 그래요. 그때는 막 이렇게 쳐다봤어요. 그래도 평양 사람이라고. 왜, 옷을 우리보다 잘 입었고, 배급을 딱딱 주니까 다 잘 먹어서…… 뭐 우유까지 합해서 준단 말도 있고 그랬어요. 대우가 엄청 좋은 거예요. 우린 상놈이고 평양 사람들은 양반이고. 그런 게 차이가 있고. 평성 하면 야박하다. 네, 야박하다. 평성 깍쟁이(PF702).

이처럼 평성 구성원들은 시장 활동을 통해 생활이 풍족해지고, 좀 더 나은 물질문화생활을 영유하면서 사고 감정과 생활문화 등에서 커다란 변화를 경험했다. 평성이라는 작은 도시였지만, 전국의 소식과 정보를 꿰어 차고 드러나지 않는 적절한 소비생활을 통해 공적 생활과 사적 생활의 이중적 줄타기를 하고 있었다.

다만, 탈북 구술자들은 깊은 상실감을 가지고 있다. 한때는 귀국자여서 좋은 시절이 있었고 돈도 벌고 달러도 만졌다. 또 다른 시기에는 토박이여서 움직이기만 하면 돈을 벌 수 있는 프리미엄을 누렸다. 한때였지만, 구술자들은 평양 부럽지 않은 생활을 하면서, 평양이 주는 신분적 억압을 돈으로 누르는 자유를 맛보기도 했다. 하나같이 경제적으로 어렵지 않은 삶을 살았다고 구술했으나 생활에서의 좌절을 곳곳에서 느낀 것이다. 귀국자들은 신분의 장벽을 가장 많이 토로했으며 일정 직위 이상으로 진급되지 않는 것에 대해 좌절했다. 이방인처럼 관계와 인맥이 없어서 투자는 많이 했으나 성공을 거두지 못했던 장사 활동의 실패를 토로하기도 했다. 젊은 여성은 좋은 남자를 만나 결혼하고 번듯한 가정을 꾸리는 것이 힘들다고 했다. 평성에서 신붓감을 찾고 있는 대부분의 평양 남성은 향후 간부가 되고자 하는 사람들로서 자신의 뒷바라지를 전적으로 담당할 여성을 찾는다. 대학 생활 일체는 물론이고 어느 정도 간부가 될 초석을 다지는 시기까지 그 경제적 뒷받침을 여성(신붓감)에게 요구하는 풍토가 도시 안에 가득 차 있다는 것이다. 그만그만한 장사로는 어림없다는 평성의 젊은 여성은 농촌으로는 시집가기 싫고, 시집가지 않으면 피복 공장에 출근해야만 하는 현실을 벗어나고자 했다. 또 주목받을 정도로 사치스러운 생활을 했거나, 비법적 활동으로 두어 차례 교양을 받은 후에는 탈북을 도모했으며 중국과 한국 등에 사전 연결 고리가 있었던 사람들은 주저 없이 이 도시를 떠나왔다. 함경도 북쪽 지방의 탈북자들이 경제적 이유로 중국에 들어간 후 어쩌다 보니 한국까지 오게 된 배경을 갖고 있는 것과는 전혀 다르다.

5. 결론

결과적으로 평성은 북한 당국의 도시계획 의도대로 구현되지 못한 도시이다. 북한 당국이 평양 옆에 위성도시를 건설함으로써 수도 평양의 혁명성과 사회주의성을 유지하고 도시와 농촌의 균형적 발전을 도모하고자 했지만, 평성은 제 기능을 수행하기도 전에 경제난이라는 새로운 역경을 맞아 온전히 새롭게 재구성되었다.

공간적으로 가장 큰 변화는 사회주의 도시에 스며들어 있는 혁명성과 광장 중심의 정치 영역이 도시 주민의 생활 영역으로 변모한 것이다. 기존의 자립적이고 폐쇄적인 도시 공간은 도시의 자연지리 형태에 따라 기본 도로

인 평성역에서부터 숙천군 방향으로 가로축의 도심을 형성하고 발전시켜왔지만, 경제난 이후에는 인구 이동과 물류 통행의 다변화를 통해 도시 공간이 재형성되면서 평양에서 순천시 방향으로 세로축의 도심이 발전하고 있다. 이에 평성 도시 공간이 가로축과 세로축의 열십자 방향으로 공간을 확장해 나가는 모습을 보이고 있으며 단일한 도시 공간이 아니라 평양과 타 지역과의 연계형 도시 공간으로 변모하고 있다.

또 기존 평성의 중심 사업은 평안남도 내의 주요 농촌, 탄광, 기업소와의 사업이었다. 그러나 경제난 이후 평성과의 공식 사업 관계는 모두 단절되거나 변형되었다. 오히려 평양과의 관계가 매우 밀접해졌으며 평양 옆이라는 평성의 위치는 도시를 유지·작동할 수 있는 근본 원인이 되었다. 경제난 이후 평양 구성원은 혁명성과 사회주의성 이면에 움츠린 사적 욕망의 배출구를 필요로 했으며 평성은 이를 기꺼이 감당하면서 그 사적 이익을 나누었고 도시를 변화시켰다. 평양 구성원들은 평양에서 구할 수 없었던 공적 물자, 공적 자본 및 불법 취득 물건을 평성에서 세탁해 개인의 것으로 만들었다. 그리고 이 과정에서 평성 주민들은 시장을 활성화시켰다. 여기에 도급·시급 기관이 밀집해 있는 도 소재지로서의 평성은 이 같은 사적화 경로를 공모했다. 모든 행정적 승인 절차를 압축해 수행할 수 있었던 평성 간부들은 '공민등록', '여행증명', '인허가', '단속과 제재' 등에 개입하면서 부를 축적했다. 평성시장이 명성을 얻으며 전국의 장사꾼들이 드나들기 시작하자 평성 주민들은 그야말로 앉아서 돈을 벌었으며, 전국을 대상으로 정보를 취득했다. 내륙의 개방 도시가 된 것이다. 도시 공간은 유입 인구의 증가로 밀집도가 높아졌고, 빈틈이 많았던 도시 곳곳은 상업 시설들이 들어서고 중층 규모의 새 아파트들이 건설되었다. 물가는 높았으나 소비 욕구를 충족시킬 수 있는 전문화된 시장들이 동네마다 성행했고, 미용성형과 불고기촌 같은 외식 문화도 등장했다. 결국 평성은 경제난을 거치면서 도시 자체의 성질이 변화되었다. 정치적 권력을 갖지는 못해도 경제적 부는 평양 부럽지 않을 정도로 축적했고, 공식적인 도시 생활 이면에서는 가족과 개인들만의 공간에서 중국과 한국의 소비문화생활을 자유롭게 향유했다. 도시는 밀집되고 다양해졌지만, 개인 공간과 사적 생활이 증가함에 따라 이웃과의 거리감은 커졌고 개개인의 익명성은 더욱 확장되었다.

반면 평성의 구성원들은 경제적 자유만큼 정치적 한계도 체감하고 있었다. 즉, 평양 옆이라는 평성의 지리적 위치는 정치적 영향을 가장 직접적으로 받는 곳이라는 의미도 포함했기 때문이다. 평양의 정책이 가장 빠르게 전달되는 곳이 평성이며, 평양으로부터 정책 성과와 파급효과를 검열받는 곳도 평성이다. 따라서 평성은 평양에서 파견되는 도급·시급 간부가 자주 교체되며 이에 따라 평성 도시 정책이 변화한다. 도시 구성원 중 많은 수를 차지하는 대학생들은 졸업 후 타 지역으로 배치되어 이주하며, 도시를 혁명화시키기 위해 제대군인들을 계속 도심으로 순환 배치하는 등 평양의 정치적 파급력 앞에서 평성의 변화는 한계를 갖는다. 따라서 구술자들은 평성에 제대로 뿌리박고 살기 위해서는 간부가 되어야 한다는 인식을 가졌다. 그러나 개개인의 노력만으로는 평양과 동급의 권력과 신분을 가질 수 없기 때문에 구술자들은 평성이 성장한다 하더라도 자신들의 불안정한 삶은 계속될 것이라고 판단했다. 이는 평성이 평양과의 관계에서 지리적으로는 동력을 부여받고 있지만, 그만큼 평양의 영향을 가장 직접적으로 받는 도시라는 점과 평양의 영향력 범위 안에서만 변화가 이루어지는 한계를 지적한 것이다.

2011년 이후 평성에는 새 여성 인민위원장이 등용되었고, 새로운 도시 정책이 추진 중이다. 무질서하고 혼돈스러웠던 도시 질서를 재정비하고, 도시 환경 미화 사업을 진행하고 있다. 과거와 달리 도시의 상업편의시설을 확충하고, 변화한 도시의 이미지를 새로운 평성의 이미지로 재정립하고자 한다. 기존의 평성 도시 정책은 또 한 차례 변화를 맞고 있는 것이다. 향후 평성이 경제난 시기에 폭발적으로 보여주었던 유통중계 도시로서의 잠재성을 나타내 보이며 발전할지, 아니면 평양 옆 위성도시로서 도시 질서를 재정비하는 수준에서 그 변화와 성장을 멈출 것인지의 문제는 향후 북한 체제의 정책 변화를 읽어내는 또 하나의 바로미터가 될 것이다.

〈별첨 1〉 **구술자 코딩 번호와 인적 사항**

코딩 번호		거주 기간	직업	코딩 번호		거주 기간	직업
1	PM591	20년 (1987~)	과학원	11	PF633	이동 거주	달러 장사
2	PM592	20년 (1987~)	과학원	12	PF661	12년 (1987~1999)	과학원
3	PM633	23년 (1986~)	협동농장 경영위원회 간부	13	PF663	12년 (1987~1999)	과학원
4	PM651	13년 (1990~)	근로단체 간부	14	PF651	10년 (2000~2010)	가금 실험실
5	PM721	주 방문자	보안국 간부	15	PF671	주변 거주	장사 활동
6	PM732	13년 (1990~2003)	근로단체 돌격대	16	PF673	20년 (1983~2002)	교원
7	PM751	8년 (2002~2010)	교원	17	PF702	25년 (1986~2011)	편의 시설 종사자
8	PM792	토착	대학 연구원	18	PF733	주변거주	농장원
9	PM921	토착	중학생	19	PF842	토착	과학원
10	PM942	토착	중학생	20	PF891	4년 (2002~2006)	과학원 학생

〈별첨 2〉 **평성 지도**

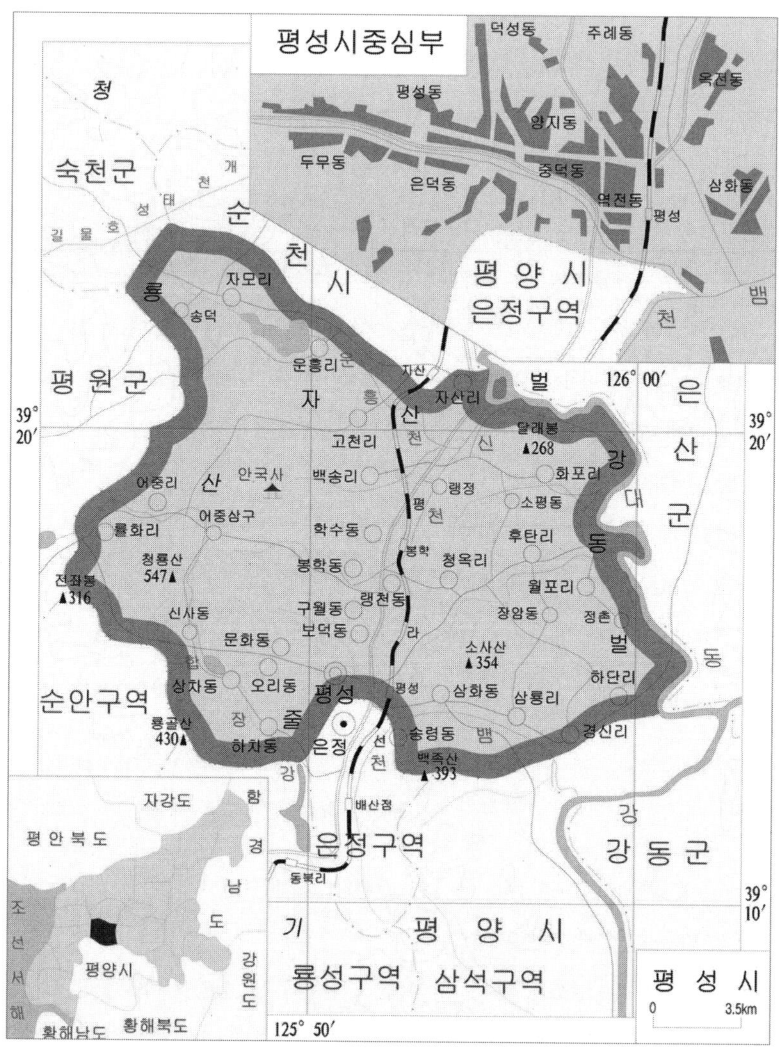

자료: 평화문제연구소(http://www.ipa.re.kr).

참고문헌

국내 자료

류경원. 2008.「장사군들 남조선 상품을 리용하여 적들에 대한 환상 류포」. ≪임진강 2≫ (3월호).

민관식. 1990.『재일본한국인』. 서울: 아태정책연구원.

박희진. 2012.「중국 접경지역내 북한 노동자들의 유입과 정착에 관한 연구: 모국과의 경제적 관계 중심」.『조선족 사회와 접경지역을 통해 보는 한반도 평화의 길: 연변 조선족자치주 창립 60주년 기념』. 만해축전 중국학술심포지엄 미공개 발표문.

새비지, 마이크(Mike Savage)·와드, 알랜(Allen Warde). 1996.『자본주의도시와 근대성』. 김왕배·박세훈 옮김. 서울: 한울.

이무용. 2005.『공간의 문화정치학』. 서울: 논형.

조명래. 2013.『공간으로 사회읽기: 개념. 쟁점과 대안』. 파주: 한울아카데미.

짐멜, 게오르그(Georg Simmel). 2006.『짐멜의 모더니티 읽기』. 김덕영 옮김. 서울: 한울.

평화문제연구소. 2004.『조선향토대백과 (3). 평안남도 I』. 서울: 평화문제연구소.

북한 자료

과학백과사전출판사. 1984.『백과전서 (5)』. 평양: 과학백과사전출판사.

김강혁. 2001.4.「리과대학을 찾아서」. ≪조국≫.

김일성. 1970.「평안남도는 사회주의건설의 모든 전선에서 앞장에 서야 한다(조선로동당 평안남도대표회에서 한 결론 1969.2.15)」.『사회주의경제관리문제에 대하여 3』. 평양: 조선로동당출판사.

김일성. 미상.「지방 공업을 발전시켜 인민소비품 생산에서 새로운 전환을 일으키자 (전국지방산업일군대회에서 한 연설 1970.2.27)」.『사회주의경제관리문제에 대하여 4-1』. 평양: 조선로동당출판사.

라인원. 1994.「위성도시형성계획에 대하여」. ≪조선건축≫, 제2호, 41~42쪽.

백과사전출판사. 2001.『조선대백과사전 (22)』. 평양: 백과사전출판사.

_____. 2009.『광명백과사전 (8)』. 평양: 백과사전출판사.

≪로동신문≫. 1990.12.5.

_____. 1992.8.3.

_____. 1994.10.10.

_____. 2011.9.22., 11.1.

≪민주조선≫. 1974.3.20.

_____. 1977.9.28.

_____. 1991.11.20.

≪조국≫. 1981.6.「그 사랑, 그 은덕에 꼭 보답하겠습니다」, 81쪽.

_____. 1981.7.「우리는 마음껏 배웠습니다」, 93~94쪽.

_____. 1982.10.「어머니가 기뻐할 때마다」, 96쪽.

_____. 1992.9.「리과대학 로상균학장에게서 듣다」, 80쪽.

≪조선건축≫. 1994.「주체건축의 빛나는 모습」, 제1호, 2~4쪽.

국외 자료

Central Bureau of Statistics, DPRK. 2009. DPRKorea 2008 Population Census National Report. Central Bureau of Statistics Pyongyang, DPR Korea

French, R. A. 1979. "The Individuality of the Soviet City." French, R. A. and Hamilton, F. E. Ian(eds.). *The Socialist City: Spatial Structure and Urban Policy*. John Wiley & Sons.

Lefebvre, H. 1976. "Reflections on the Politics of Space." Translated by Enders, M.

Antipode, 8.

Redfield, R. 1947. "The Folk Society." *American Journal of Sociology*, Vol.52.

Soja, E. W. 1989. *Postmodern Geographies: The Reassertion of Space in Critical Social Theory*. UK: verso.

White, P. 1980.4 "Urban Planning in Britain and the Soviet Union." *Town Planning Review*, Vol.51 No.2.

Wirth, Louis. 1938. "Urbanism as a Way of Life." *American Journal of Sociology*, XLIV(1).

| 제3부 소비에트 도시들의 경험 |

제6장

1920년대 소비에트 러시아의 사회주의 건축 실험

구성주의 건축가 모이세이 긴즈부르크와 '코뮌의 집'

기계형 | 한양대학교

1. 유토피아적 상상과 코뮌의 집

도시는 종종 국가를 나타내기도 하며, 이상적인 의미의 어떤 문명과 세계의 중심이 되고는 한다. 도시의 건축물들, 도시의 의식(rituals), 도시의 거리 이름 등 수많은 과거의 잔재들은 끊임없이 과거 역사의 텍스트를 새롭게 만들어주는 "기호학적 프로그램"으로 해석될 수 있다(로트만 외, 1993, 1996: 44~111). 그런가 하면 도시의 건축물은 국가와 민족뿐만 아니라 특정한 개인 및 집단의 정체성을 반영하기도 한다. 이때 국가는 단지 권력의 이미지를 투영하기 위한 것만이 아니라 그 권력을 정의하고 그것에 정통성을 부여하기 위해 도시의 건축물을 이용하기도 한다(Cracraft·Rowland, 2003: 16~17). 르코르뷔지에(Le Corbusier)는 건축을 통해 도시 공간을 지배하고자 하는 국가의 권력적 본질을 다음과 같이 지적한 바 있다. 즉, "도시는 삶과 집약된 노동의 중심이다. 느슨한 [……] 민족과 사회, 무기력한 도시는 행동하고 자제하는 민족과 사회에 의해 순식간에 사라지고 정복되며 흡수된다. 그렇게 해서 도시는 죽고 주도권은 이양된다"(르코르뷔지에, 2003: 19).

도시가 지니는 이러한 복합적인 성격을 염두에 두면, 1917년 10월 혁명 이후 소비에트 러시아의 도시들만큼 국가권력과 밀접한 상관관계를 드러내는 역사적 공간도 없을 것이다. 그러한 관계는 볼셰비키의 당 강령이나 구체적인 주택 정책 관련 법령에서뿐만 아니라, 소비에트 러시아의 도시 공간에서 새로운 실험을 모색했던 구성주의(конструктивизм) 건축가들의 다양한 전시회, 프로젝트, 저서에도 반영되었다. 1917년 혁명과 함께 등장한 신생 소비에트 체제에서 가장 중요한 것은 새롭게 구축된 사회주의에 적합하게끔 일상생활을 변화시키는 문제였으며, 특히 인간의 사적 삶의 공간인 주택을 사회주의적 이념에 맞게 개조하는 문제가 볼셰비키 당 지도자들뿐만 아니라 구성주의 건축가들의 주요한 담론을 구성한 것은 이상한 일이 아니었다(기계형, 2008: 255~281).

그 과정에서 신생 소비에트 사회주의 국가의 권력을 새롭게 정의하고 정통성을 부여하기 위해 산업적 효율, 기하학, 탈장식성에 기초하는 새로운 건축 어휘들이 봇물을 이루었으며, "산업화", "기계화", "공동생활"은 소비에트적 삶과 가치의 주요 메타포였다. 1917년 혁명 이후 다양한 사회주의적 실험들 가운데 특히 1920년대에 도시 공간을 둘러싸고 구성주의 건축가들이 수행한 실험은 독특한 의미를 지닌다. 그들은 건축에 새로운 의미를 부여했는데, 삶의 방식을 새롭게 구축하는 도구로서 건축은 사회주의적 인간을 만들어내기 위해 "일상생활(быт)"을 개조할 수 있으며, 긴즈부르크(М. Я. Гинзбург)의 표현을 빌려 말하자면, 새로운 시대를 위한 "사회적 응축기(социальный конденсатор)"로서 기능할 수 있다고 보았다. 사회주의적 삶과 가치에 대한 그들의 신념은 단지 공동주택이나 노동자 클럽 등과 같은 거주 공간뿐만 아니라, 공장, 산업 시설, 도시계획, 신도시 건설 등으로 확대되어 표현되었다.

1920년대에 확고한 목소리를 냈던 건축가들의 구성주의 운동은 스탈린 체제의 확고한 수립과 함께 "부르주아적·추상적 건축"이라는 평가를 받으며 오랫동안 소비에트 건축사에서 잊혀졌다가 흐루쇼프(Никита Хрущёв) 시대에 다시 조명되기 시작했다. 서방에서의 상황도 비슷했는데, 1960년대 중반에 '소비에트 모더니즘 건축'이 조명되는 가운데 유럽의 여러 건축학파들 사이에서는 1920년대 소비에트 건축과 도시계획을 '참조'한 '구성주의적'·'합리주의적' 계획안들이 유행처럼 나타났다. 아울러 1926~1930년에 모스크바에서 출간된 구성주의 건축가들의 잡지 ≪현대건축(Современная Архитектура)≫은 르코르뷔지에나 바우하우스(Bauhaus)의 작품들을 대신해 근대적 건축 양식의 원천으로서 선호되기 시작했다(Бархина и др. 1975: 1~2; Bowlt, 1976).

그렇지만 구성주의에 대한 학문적 연구는 1980년대에 들어서야 비로소 이루어졌다고 말할 수 있을 것이다. 구성주의를 단순히 소비에트 건축의 한 양식으로서가 아니라 역사적 맥락 속에서 부각시켰던 코프(Anatole Kopp)의 탁월하고 독보적인 연구에 의해, 구성주의 건축은 비로소 역사성을 얻었다고 할 수 있다. 코프는 1917년 10월 혁명이 건설하려는 사회와 일치하는 생활환경을 만들었던 구성주의자들의 시도 가운데 특히 건축 정책과 사회 정책의 상호관계를 잘 드러냈다. 그와 달리 그레그 카스티요(Greg Castillo)는 '스탈린 체제'의 수립에서 구성주의 건축가들이 철저히 공모했던 부정적 측면을 부각시키는 입장이다. 다시 말해, 카스티요는 구성주의가 1932년 이후 스탈린 체제에 의해 거세되었던 점보다는 오히려 다양한 규모의 사회주의 타운 건설 계획이나 대규모 건축에 적극적으로 참여한, 스탈린 체제 건설의 공모자였다는 주장이다. 한편, 한-마고메도프(С. О. Хан-Магомедов)는 구성주의 건축가들을 스탈린 체제와 분리시킬 뿐만 아니라, 오히려 스탈린주의 건축의 '안티테제'였음을 강조하는 시각이다. 이러한 일련의 연구들을 수용하면서, 부흘리(Victor Buchli)는 일상생활을 변화시키고자 했던 구성주의 건축가들의 시도와 그 구체적 공간 안에 나타난 '근대성'에 무게를 두면서, 구체적으로 '코뮌의 집'이라는 '공간'이 지니는 다중적이고 복합적인 의미를 부각시키고 있다(Kopp, 1986; Buchli, 1998: 160~181, 1999; Castillo, 2003: 135~149; Хан-Магомедов, 2007a, 2007b).

한국에서도 서양 건축 연구자들 사이에서 특히 1920년대와 1930년대 초반의 소비에트 건축은 매우 활발하게 소개되었다(봉일범, 2001). 아방가르드 예술가 타틀린(Вла-димир Татлин), 리시츠키(Лазарь Лисицкий), 체르니호프(Яков Чернихов) 등을 다룬 연구서들이 번역된 것은 고무적이며 1920년대 구성주의 연구의 대가인 코프의 책이 번역된 것은 중요한 성과라고 할 수 있다(밀너, 1996; 체르니호프, 1993; 리시츠키, 1993; 코프, 1993). 그런데 건축가들의 연구에서 구성주의는 대부분 건축 양식으로서 부각되며, 건축물이 당대의 역사적 상황과 맺는 상호관계의 맥락이나 역사성에 대해서는 설명이 충분하지 않다는 점이 아쉬움으로 남는다(손봉균·이희봉, 2004: 861~864; 장지연 외, 2005: 267~270). 한편, 소비에트사 연구자 노경덕은 1920년대 가스테프(Алексей К. Гастев)의 테일러주의를 설명하는 가운데 노동자의 환경과 존재의 '조직'을 통한 사회주의의 완성에 대해 흥미로운 논거를 제공하고 중요한 이론적 근간이 되었던 러시아 구성주의를 언급한 바 있다(노경덕, 2001: 51~92).

그런데 대부분의 사회주의자들이 희망해왔던 공동생활의 공간은 콤무날카(коммуналка)가 아니라 '코뮌의 집(дом коммуна)'이었다.[1] 특히 러시아에서 유토피아적 상상을 미래의 건축에 적용해보려는 생각이 단순한 현

1) 이 용어는 푸리에의 '팔랑스테르'에서부터 소비에트 체제 초기의 약 15년간 모스크바와 레닌그라드 등에 등장한 신축 공동 거주지를 지칭하는 일반명사이다.

상에 그치지 않았다는 것을 염두에 두면, '코뮌의 집'의 의미는 분명해진다. 블리즈나코프(Milka Bliznakov)는 사회주의적 이상과 '코뮌의 집'이 매우 긴밀하게 연결되어 있으며, 유토피아 소설들이나 저작들이 미래에 출현할 공간에 대한 참조의 역할을 했다는 점을 잘 지적했다. 그의 설명에 따르면 새로운 이념적 기초 위에서 새로운 사회를 구성하고자 하는 열망, 인간 사회를 둘러싼 환경을 총체적으로 바꾸고자 하는 열망, 그리고 인간의 일상적 공간을 변형시킴으로써 그것이 가능할 수 있다는 희망이 이미 19세기 중엽에 나타난 바 있다(코프, 1993: 51).[2] 프랑스의 공상적 사회주의자 푸리에(François Fourier)의 자유로운 생산자들의 공간 팔랑스테르(phalanstery)에서뿐만 아니라, 체르니셉스키의 소설 『무엇을 할 것인가』의 여주인공 베라 파블로브나의 꿈을 통해서도 사회주의적 삶의 미래가 표현된 바 있다. 그녀의 꿈속에 전개되었던 것은 무엇보다도 공동체 생활, 공동 식사, 공동 취사, 노동 분업의 폐지, 인간의 변혁, 전통 도시의 소멸 등이었다(체르니셉스키, 2003). 1917년 10월 혁명 이후 소비에트 러시아는 이러한 유토피아적 상상을 현실에서 구현할 수 있도록 해주었던 가능성의 공간이었다.

그렇지만, 스탈린 체제의 구축과 함께 도시의 지배적인 주택 양식으로 자리 잡았던 것은 '코뮌의 집'이 아니라 콤무날카였다. 콤무날카는 혁명 이후 구체제하의 귀족이나 부르주아의 맨션을 시유(市有)화 또는 국유화한 거주 공간으로서, 아무 관련이 없는 다수의 가족이 거주하고 현관, 복도, 부엌, 화장실을 공동으로 사용하면서 서로를 감시하는 일종의 통제 시스템이었다. 흐루쇼프 시대의 대단위 집단주택 건설 직전까지 콤무날카가 소비에트 체

2) 블리즈나코프는 19세기 중엽 러시아의 유토피아 소설 『무엇을 할 것인가』 이외에 솔로구프(Владимир Соллогуб)의 소설 『타란타스(Тарантас)』와 1830년대에 쓰여졌으나 1926년 이후에야 출간된 오도옙스키의(Владимир Одоевский)의 판타지 소설 『4338년』을 제시한다(Bliznakov, 1990: 146).

제의 지배적인 주택 형식으로 자리 잡았던 요인으로는 제1차 세계대전, 혁명, 내전 과정에서의 심각한 주택 훼손, 급속한 인구 증가, 주택부족문제를 해결해야 할 필요성, 주택 건설에 대한 투자 부진, 콤무날카에 대한 시민들의 신속한 적응을 지적할 수 있다. 스탈린은 콤무날카에 대한 운영(위생, 등록) 및 재조정(이사, 이주) 규칙을 제정함으로써 그것을 사회제도로 정착시켰다. 흐루쇼프가 스탈린 체제의 종식을 외치며 소비에트 시민들에게 제공하고자 했던 중대한 조치가 무엇보다도 '거주 공간의 개별성'이 보장되는 대규모 주택 건설이었던 것은 바로 위계적 권력 시스템에 개인적 삶이 노출되는 콤무날카의 공간적 성격을 실감했기 때문이었다(Лебина·Чистиков, 2003: 171).

'코뮌의 집'이 주요한 주택 양식으로 자리 잡지 못한 또 다른 이유는 없을까? 이 글에서는 '코뮌의 집'에 대한 소비에트 정부의 지지 철회, 더 정확히 말하자면 구성주의 건축 원칙에 대한 정부의 지지 철회가 중요한 요인 중 하나였다고 주장한다. 스탈린(Иосиф Сталин)은 사회주의 프로젝트였던 '코뮌의 집'에 대한 지원을 과감히 정리한 후에, 콤무날카를 확고한 주택 정책으로 제도화했다. 그렇다면 무엇 때문에 구성주의자들의 원칙에 대한 지지 철회가 이루어졌을까? 새로운 건축 실험들의 내용은 어떠한 것이었을까? 사회주의 혁명 이후 소비에트 체제의 구축과 사회주의적 이상은 어떻게 조응할 수 있었는가? 이 글은 이러한 질문에 대한 대답을 1920년대 소비에트 러시아에서 사회주의적 공간을 만들고자 했던 구성주의 건축가들의 실험에서 찾고자 한다. 20세기 초에는 예술 분야에서 매우 다양한 사조들이 태동하고 있었고, 예술가들의 국제주의적 연대 속에서 많은 예술적 사조들이 자유롭게 넘나들고 있었다. 마치 위기를 알리는 "잠수함의 토끼"처럼 그 누구보다도 새로운 시대와 변화의 전조에 숨을 헐떡이며 경종을 울리던 사람들은 바로 러시아 혁명 전후의 예술가들이었다. 구성주의는 스펙트럼이 매우 다양하기 때문에 그에 대한 구체적 언급은 필자의 능력을 벗어나는 일이며, 논문에서는 구성주의 건축이라는 주제, 그중에서도 자신의 저서의 제목처럼 건축의 '양식'을 '시대' 속에 위치 지으려 했던 건축가 긴즈부르크를 중심으로 살펴보려 한다.

특히 긴즈부르크가 '사회적 응축기(콘덴서)'의 기치를 들고 사회주의의 건설을 위한 환경을 구축했던 배경과 활동(제2절), 그리고 '코뮌의 집'을 둘러싼 논쟁들과 구성주의 건축 실험이 거부되었던 과정(제3절)을 해명하는 가운데 그 성과와 한계의 역사적 함의를 살펴볼 것이다. 긴즈부르크의 '코뮌의 집'에 대한 조명은 비교적 최근에 시도되고 있는데, 그 이유는 무엇보다도 그 건설계획이 실패로 끝났기 때문이기도 했으며, 소련 해체 이전에는 자료가 부족해 건축물 자체를 총체적으로 이해할 가능성이 없었기 때문이다. 그리하여 어떤 경우에는 단지 절묘한 구성주의적 건물로서 묘사되었으며, 어떤 경우(С. О. Хан-Магомедов)에는 스탈린주의와의 상관관계를 언급하지 않는가 하면, 어떤 경우(Jean-Louis Cohen)에는 유럽 모더니즘에 준 영향과 '코뮌의 집'의 통일적이고 완결된 모습이 부각되는 경향이 있다(Buchli, 1998: 160~161). 저명한 건축사가 브럼필드(William Brumfield)가 지적했듯이, 건축이란 과거의 정치, 경제, 사회, 문화의 측면을 확인하게 해주는 인공적 산물이며, 건축물이란 인간에 의해 구성된 개념적·물질적 세계 전체라는 점을 고려하면, '코뮌의 집'을 사회적·물질적 맥락으로부터 고립시키는 것은 바람직하지 않다.

이 글에서는 주로 긴즈부르크의 초기 저작 『건축의 리듬(Ритм в архитектуре)』(1923), 『양식과 시대(Стиль и эпоха)』(1924)(Гинзбург, 1922, 1924)에서부터 '코뮌의 집'을 둘러싼 복잡하고 모순적이고 지극히 논쟁적인 역사의 한 단면을 추적함으로써, 구성주의 건축가 긴즈부르크의 실험이 사회주의의 이상과 약속을 실현하려는 하나의 시도였으며 사회주의 체제 수립 시기에 다양한 측면이 함께 작용한 역사적 구성물이었음을 부각시키려 한다.

2. 구성주의와 긴즈부르크

1) 구성주의와 구성주의 건축

그동안 코프, 루블(Blair Ruble), 쿠크(Catherine Cooke), 볼트(John Bowlt), 부출리, 그리고 한-마고메도프 등의 연구에서 해명되었듯이, 구성주의가 하나의 운동으로서 모습을 드러낸 것은 1921년 '모스크바예술문화원(ИНХУК)'이 창설되었을 때였다.

물론 구성주의의 기치는 타틀린의 유명한 〈제3인터내셔널〉 기념탑(1919)에서 가시화된 바 있으며, 1920년 이미 가보(Н. Габо) 등이 말레비치(К. Малевич)의 영향을 받아 모스크바에서 출판한 『사실주의 선언』에서 나타난 바 있다(Cooke·Ageros, 1991: 9~11; Cooke, 1983: 15~18). 특히, 타틀린의 작업은 소비에트 정권의 출현을 제3인터내셔널 기념탑과 연결시키면서 한편으로 기계에 대한 동경을 보여주는 동시에, 다른 한편으로는 새로운 사회주의 체제의 메타포를 기념탑으로 가시화함으로써 신생 소비에트 체제의 근대적 이미지를 제공하고 있다.

이런 일련의 작업들은 계몽인민위원부(Народный комиссариат просвещения: наркомпрос) 산하의 시각예술분과의 지원과 무관하지 않다. 볼셰비키는 신생 소비에트 국가에 적합한 일련의 새로운 행정 기구들을 발족시킴으로써, 신속하게 권력 기반을 다져나갔다. 1929년까지 루나차르스키(А. Луначарский)가 교육, 행정 및 예술 분야의 총책임을 맡아 이끈 계몽인민위원부는 그러한 기구들 가운데 하나였다. 1917년 11월 9일에 기구 설립에 관한 법령에 의해 발족되어 1918년 6월에 구체적 형태가 만들어진 계몽인민위원부는 산하에 문예출판분과(ЛИО), 시각예술분과(ИЗО), 무대연극분과(ТЕО) 등을 비롯해 400개 이상의 행정 기구들을 수반하는 방대한 기관이었다.[3)]

중요한 점은 시각예술분과의 지부가 페트로그라드와 모스크바 등 도시에 설립되었고, 타틀린, 말레비치, 롯첸코(Александр Родченко) 등 전위적 예술가들이 혁명 이후의 격동적 분위기 속에서 사회주의적 이념과 가치를 구체화하는 실험들을 시도했다는 점이며, 타틀린은 그 중심에 있었다. 예술가들은 무중력 상태에서 작업한 것이 아니라 사회주의적 미래에 대한 믿음을 가지고 볼셰비키 정부와 시대가 요구하는 가치에 동화되어 열광적으로 작업실과 거리를 오갔다. 1919년 시각예술분과 산하의 모스크바 지부 위원회는 타틀린에게 혁명 기념물 계획의 실행을 위임했고, 그 과정에서 그의 〈제3인터내셔널〉이 탄생한 것은 잘 알려져 있다. 타틀린의 기본 입장은 다양한 예술 유형의 종합에 있었다. 타틀린은 이 점을 분명히 하고 있다. 즉, "조형예술에서 우리의 작품들이 놓여 있는 토대는 단일하지 않지만, 회화, 조각, 건축 사이의 모든 연결이 사라졌다. 그 결과는 개인주의이다. 즉, 순전히 개인적 습관과 취향의 표현인 것이다. 예술가들은 재료에 다가가는데, 그것을 이러저러한 조형예술 분야와 연결시켜 뒤틀어 타락시키고 말았다. 그래서 기껏해야 사택(개인의 둥지)의 벽을 장식"하는 정도에 그치고 말았다는 것이다.[4] 그가 보

〈그림 6.1〉 **타틀린의 〈제3인터내셔널〉**

---

3) 계몽인민위원부의 초기 활동 및 예술과 권력과의 관계에 대해서는 Fitzpatrick(2003), Борев(2010)을 참조.

4) 타틀린의 〈제3인터내셔널〉 모형 설계는 10월 혁명 3주년 직전에 가서야 이루어졌다. 이 모형은 그의 작업실에서 11월 8일부터 12월 1일까지 전시되었으며, 12월 말에 제8

기에, 이제 혁명이 만들어낸 새로운 시대에 건축가는 건물을 짓고, 화가는 그에 채색하고, 조각가는 그것을 장식함으로써 종합을 이루는 방식은 더 이상 의미가 없었다. 그것을 넘어서야 하며, 〈제3인터내셔널〉은 바로 그러한 시도였다.

타틀린, 가보, 말레비치 등이 그 기치를 내건 구성주의는 예술의 다양한 장르, 즉 회화, 문학, 디자인, 무대 설계, 패션, 영화에서부터 건축에 이르기까지 연쇄적으로 파급되었다. 새로운 사회주의 체제 건설이라는 이상이 폭발적으로 사회를 뒤흔들었던 시기에 다양한 사람들이 그 운동에 합세했다. 일단의 예술가들이 '좌익예술전선' 단체를 결성하고, 1923년 3월 정기간행물 ≪레프(ЛЕФ)≫를 통해 "구성주의는 우리의 모든 삶을 위한 높은 수준의 공학 기술이어야 한다는" 주장을 시작했으며, 같은 해에 베스닌 형제들(Братья Веснины, Леонид·Виктор·Александр), 긴즈부르크, 바르시(Михаил Барщ), 크라실니코프(Николай Красильников) 등을 포함한 여러 건축가들이 '좌익예술전선'에 가입하면서 구체적으로 건축 분야에서 구성주의가 나타났다(코프, 1993: 1장).

구성주의 건축의 기원이라 할 수 있는 타틀린의 생각은 구성주의 건축가들에 의해 발전되었으며, 1922년 출판된 간(Алексей Ган)의 『구성주의』와 이 글의 연구 대상인 긴즈부르크의 『양식과 시대』가 가장 중요한 텍스트로 부각된다. 센케비치(Anatole Senkevitch)는 『양식과 시대』를 번역하면서 서문에서 당시의 상황에 대해 부가 설명을 하고 있다. 그의 설명에 따르면, 구성주의 최초의 워킹 그룹이 간행한 『생산주의자 선언』은 1922년 간의 『구성주의』에 의해 보완되었으며, 구성주의 최초의 워킹 그룹은 "산업 예술의

차 소비에트 대회에 맞추어 모스크바로 옮겨져 전시되었다. 12월 31일 자 위의 인용문은 Татлин(1991), Bowlt(1991: 206)에서 가져왔다.

절대 가치와 유일한 표현 형식으로서 구성주의"에 공헌할 것을 다짐했다(Ginzburg, 1983: 27).

그런데, 간은 자신의 저작에서 새로운 운동의 근간으로서 변증법적 구도, 즉 '구축(тектоника)-제작(фактура)-구성(конструкция)'을 전제한 바 있는데,[5] 그것은 마치 레토릭과 같아 모호한 측면이 있었다. 간은 "구축은 고유한 존재로부터 얻는 신뢰의 유기체와 같은 의미이며 [……] 제작은 가공되지 않은 원재료의 유기체적 상태이고 [……] 구성은 구성주의의 종합적 기능으로서 이해되어야 한다"고 쓰고 있다(Ган, 1922: 61~62; Bowlt, 1991: 217에서 재인용). 흥미로운 점은 간 자신이 그 개념에 대해 분명한 추가 설명을 하지 않았기 때문에, 연구자들에 따라 다르게 해석되곤 한다는 사실이다. 예컨대, 센케비치는 "'구축'이란 공산주의의 집단성 원칙을 구체화하는 실용 예술을 생산하기 위해 가장 최근의 기술 자원을 체계적으로 이용하는 것이며, '제작'이란 당면한 특정 요구를 수행할 수 있는 재료의 선택을 의미하며, '구성'은 가장 효과적인 조립으로 이끄는 생산의 종합 과정을 의미한다"고 해석하고 있다(Ginzburg, 1983: 27). 볼트는 그보다는 좀 더 조심스럽다. 그의 설명에 따르면 이러한 용어들은 처음 나왔을 당시에도 모호한 것이었고, 혁명 이후에도 모호한 것으로 이해되기는 마찬가지였다는 것이다. 볼트는 'тектоника(tectonics)-фактура(texture)-конструкция(construction)'라고 영어로 옮기기는 하지만 그보다도 훨씬 함축적인 의미를 담고 있다는 부가 설명을 빼뜨리지 않는다. 언어나 개념이 시대적 맥락과 무관하지 않다는 점을 고려하면, 볼트의 조심스러운 접근이 훨씬 설득력이 있는 것이 사실이다. 어쩌면 간 자신이 이 개념들에 대해 분명히 설명하지 않았다는 점은 그의 역할이

5) 번역 차이가 있을 수 있는데, 이 글에서는 '구축-제작-구성'이 문맥상 적합하다고 판단한다.

거기까지임을 말해주는 것일지도 모른다. 그보다 중요한 것은 그가 사용하는 용어의 레토릭과 모호함에도 불구하고, 『구성주의』라는 책은 적어도 1920년 이후 눈에 띄는 어떤 잠재적 사상의 결정체이며, 구성주의의 이념을 만들어보고자 했던 첫 번째 시도로서 간주될 수 있는 어떤 것을 제시했다는 사실이다.[6)]

2) 긴즈부르크와 구성주의 건축 이론의 형성기

"종합의 유기체"라는 타틀린의 문제 제기, 그리고 "구축-제작-구성"이라는 레토릭을 통해 구성주의의 이데올로기를 제시하고자 했던 간의 시도는 이후 종합예술로서, 그보다 현실과 밀접하게 연관된 건축 분야에서 구체화되었다. 그 중심에 긴즈부르크가 있었음은 물론이다.

우선, 1920년대 초 구성주의 건축가들의 사고의 출발점을 분명하게 보여주는 것일 수 있는 언명, 즉 "우리는 예술에 대해 조건 없는 전쟁을 주장한다"에서부터 이야기를 풀어볼 수 있을 것이다(Ginzburg, 1983: 28).[7)] 분명한 점은 긴즈부르크가 미학적 판단의 기초로서 형이상학적 가치를 부인하는

---

6) 볼트는 'фактура'와 'конструкция'는 일찍이 1912~1914년에 부를류크(Давид Бурлюк)와 마르코프(Владимир Марков) 같은 예술가들에 의해 논의된 적이 있으나, 'тектоника'는 특히 구성주의자들에 의해 애호되었다고 주장한다. 예컨대, '생산주의자 선언'에서 구성주의자들은 'тектоника'라는 개념을 사용하는데, 여기서 'тектоника'란 "공산주의 구조로부터 나오며 산업적인 문제들을 효과적으로 이용하는 데서 나온다"고 쓰고 있다는 것이다. 그렇지만, 볼트는 'тектоника'가 구성주의자들의 전유물은 아니며, 구성주의자가 아닌 사람들도 이 단어를 쓴다고 지적한다(Bowlt, 1991: 214~216).

7) 혁명 이후 전위적 예술가들이 '순수예술'에 대해 가혹한 비판을 했던 것은 잘 알려져 있는데, 이상의 언명은 간이 『구성주의』 저작에서 남긴 것이다.

데 동의했으나, 미학성을 내던지려 하지는 않았다는 점이다. 건축사를 공부하고, 과거의 성과에 대해 깊은 존경심을 가지고 있던 그는 다음과 같이 주장하고 있다. “기계가 예술을 대체할 것인가? [……] 물론 그렇지 않다. [……] 예술적 보물들의 창조와 소비는 [……] 아마도 인간의 삶을 고양시키고 강화하는 최고의 수단을 구성할 것이다”(Ginzburg, 1983: 106).

이 지점에서 긴즈부르크의 지적 경력을 살펴보는 것이 의미가 있을 것이다. 그는 민스크의 건축가 가정에서 출생했다. 1914년 ‘밀라노 예술아카데미’를 마친 후 제1차 세계대전 기간 중에 임시로 모스크바에 소재했던 ‘리가공예전문대학’ 건축학과를 졸업했다. 밀라노에서는 건축학 학위를, 리가에서는 공학 학위를 받은 그는 1921년부터 ‘모스크바 기술대학(MBTY)’을 거쳐(1922년부터 교수) ‘러시아 국립기술대학(Вхутемас)’에서 학생들을 가르치고 있었다(1923년부터 교수). 건축에서 새로운 길을 모색한 그는 건축이 현대기술과 산업을 통해 인간의 생활을 집단적 형태로 조직화하는 방법의 하나라고 생각했다. 구성주의적 건축의 이론화에서 중요한 기념비적 선언이라 할 수 있는 긴즈부르크의 저작 『건축의 리듬』과 『양식과 시대』는 바로 이 시기에 집필되었다. 사회주의 공간에서 구성주의 건축가로서 그의 경력은 크게 3단계로 나누어 설명할 수 있을 것이다. 첫 번째는 대학 강단에서 강의하며 ‘좌익예술전선’의 예술가들과 교류하던 시기(1922~1925), 두 번째는 구성주의 건축의 기치를 높이며 ‘현대건축가동맹’을 이끌던 시기(1926~1928), 세 번째는 ‘코뮌의 집’ 건축 프로젝트를 진행했으나 스탈린 체제의 강화와 함께 전반적으로 구성주의 건축가들이 쇠락하는 시기(1929~1931)가 그것이다. 각 단계가 처해 있던 물질적·정치적·사회적 조건들에도 차이가 있었던 것은 물론이다(Хан-Магомедов, 2007a: 6~10).

우선, 건축에서 새로운 길을 모색했던 긴즈부르크는 구성주의 예술가들의 ‘순수예술’에 대한 가차 없는 비판에 동의하면서도, 건축에서의 미학성에 대해 매우 조심스럽게 접근하는 모습을 보인다. 그는 이러한 입장을 『건축의 리듬』에서 제시하기 시작했다.

> 건축은 다른 예술과 달리 어떤 특별한 위치를 차지한다. 한편으로 그것은 실용적인 일련의 결과물이며, 다른 한편으로 '자체의 가치와 극단적 추상 형식을 지닌 세계(мир форм самоценных и отвлеченных до крайности)'이다. 만일 가장 추상적으로 발현된 조형예술이 어떤 조형성이 있어서 그 형태 바깥에 내용이 있기 마련이라면, 이런 의미에서 건축은 모든 예술 가운데 가장 순수할 것이다. 건축이 시작된 순간부터 오늘날에 이르기까지, 건축술의 개별적으로 분화하는 그 형식적 요소에서 질료의 구성은 모든 건축 작품의 진정한 본질을 결정하는 단일한 리듬의 법칙에 의해서만 영감을 받는다. 모든 건축술의 역사는 본질적으로 가장 순수한 이 역동적인 법칙이 다양하게 발현된 역사이다(Гинзбург, 1922: 7).

긴즈부르크가 썼듯이, 건축은 예술의 한 부분으로서 미학성을 추구하는 추상의 영역이면서도 동시에 '실용'의 목적으로 만들어진 결과물이다. 그런데 그가 판단하기에, 고대부터 자신의 당대까지 존재하고 있는 다양한 건축물 가운데 건축의 진정한 본질을 결정하는 것은 바로 "단일한 리듬의 법칙들"이며, 그것이야말로 "가장 순수한 역동적 법칙들(чистейшие динамические законы)"이다. 그런데 이 글에서 긴즈부르크가 사용하고 있는 "가장 순수한"이라는 표현은 "예술을 위한 예술"의 유미주의 같은 것이 아니라 여타의 모든 장식성을 배제한, 최후에 남는 건축의 본질 그 자체를 의미한다고 해석될 수 있다. 그것은 마치 말레비치의 작품 〈하얀 바탕 위의 검은 원〉이나 〈하얀 바탕 위의 검은 사각〉, 나아가 〈하얀 바탕 위의 하얀 사각형〉처럼 종국에는 색채마저 배제하는 극단적·절대주의적 형태들을 통해 자연의 혼

돈과 대비되는 인간 정신의 순수함, 고양된 정신, 초월적 통찰을 의미하는 것과 같은 맥락에 있다고 설명할 수 있다.

그렇다면 그에게 이 리듬은 무엇일까? 주목할 만한 지점은 바로 긴즈부르크가 니체(Friedrich Nietzsche)의 저작 『즐거운 학문(Die fröhliche Wissenschaft)』(1882)에 나오는 다음의 대목을 인용하고 있다는 사실이다. "이 리듬은 강요(понуждение)이다. 리듬은 그것을 모방하고 그것에 동의하지 않으면 안 된다는 열망을 불러일으킨다. 발걸음뿐만 아니라 영혼도 그렇게 따르지 않으면 안 되며, 분명 신들의 영혼들도 그에 포함되었다. 리듬의 도움을 받아 그들(신들 – 필자 주)을 강요해서 그들의 권력을 획득하려고 시도했다" (Гинзбург, 1922: 9). 다시 말해, 긴즈부르크는 "신은 죽었다"라는 니체의 명제가 처음으로 모습을 드러낸 이 저서를 통해 '리듬'은 한편으로 신들마저도 강요당하지 않을 수 없으며, 종국에는 신의 권력을 축출하게 하는 그런 강력한 것으로 부각시키고 있다. 이처럼 첫 대목을 니체로부터 시작한 긴즈부르크가 『건축의 리듬』에서 주장하고자 하는 것은 바로 건축의 표현에서 철저한 '단순성'이라고 해석할 여지가 있다. 그는 고대의 피라미드에서부터 근대의 르네상스 건축에 이르기까지 건축사를 조망하며, 건축의 진정한 본질은 쉽고, 단순하고, 분명한 '선'에 있음을 강조하는 것으로 보인다(Гинзбург, 1922: 12, 16, 19, 25, 35, 65, 94, 105). 특히 고대 그리스, 로마에서부터 근대 르네상스를 거쳐 바로크 건축에 이르는 동안, 고어(архаизм)의 시대는 "기념비성", 번영의 시대는 "균형성", 쇠락의 시대는 "회화성"의 문제가 그 시대적 성격으로 드러난다고 지적하면서, 결국 양식(Стиль)이 문제가 되고 있다고 주장한다. 이어서 긴즈부르크는, 문제들은 언제나 뒤얽혀 있지만 그 해결의 방법은 다른 곳, 즉 "리듬의 법칙을 구체화하는 다른 창의적 요소들 – 건축의 예술적 형태들 – 이 변화해야 하는 것"이다. 최종적으로 긴즈부르크는 이 문제들을 러시아 건축의 현장으로 가져다 놓으면서, "현대건축의 과제는 바로 '우리 시대의 리듬 있는 고동 소리(ритмическое биение наших дней)'(저자 강조)가 나타나는 형식의 요소들과 그 결합의 법칙을 찾아내는 것"에 있다고 결론짓고 있다(Гинзбург, 1922: 116).

앞서 살펴보았듯이, 긴즈부르크의 초기 저작 『건축의 리듬』에서는 '단일한 리듬의 법칙'이나 '순수한 역동의 법칙'이라는 용어의 사용에서처럼 아방가르드 예술가들의 어법이 강하게 표출된 측면이 있다. 그러나 『건축의 리듬』은 건축에서의 '양식'이 '시대'의 문제와 밀접하게 맞물려 있다는 점을 지적함으로써 2년 후에 출간될 『양식과 시대』의 구상을 미리 문제 제기하는 셈이었다. 특히 구성주의 건축의 중요한 이론적 선언이라고 일컬어지는 『양식과 시대』의 주요 내용을 살펴보면, 새로운 '양식'이 등장할 수 있는 전제조건(제3장), '기계'가 근대 예술에 미친 안정성과 역동성(제4장), '구성주의' 건축의 구성과 형식(제5장), 그리고 '산업'과 '공학'의 유기체적 성격(제6장)에 대한 강조를 눈여겨볼 만하다. 우선 그는 제3장의 서두에서, 새로운 양식은 "결코 단번에 출현하지 않는다"고 지적하면서, 전제 조건으로 "새로운 요소가 강한 활기와 정통성을 발휘해 낡은 전통과 낡은 세계를 철저히 거부"하는 것이 필요하다고 강조했다. 다시 말해, "과거의 문화"로 돌아가는 것은 결코 상황을 변화시킬 수 없다. 그런데 전쟁이나 혁명과 같은 어떤 상황은 새로운 양식의 출현을 더 쉽게 만들어줄 수는 있다고 지적하면서, 러시아 혁명은 "신구 사이의 날카로운 경계선을 긋는" 사건으로서 정신적 에너지를 분출하고 모든 것을 쓸어버릴 수 있었음을 강조한다(Ginzburg, 1983: 76). 결국 새로운 양식의 실현은 새로운 시대에서 가능할 수 있다는 점을 분명히 밝히고 있다 하겠다.

구성주의를 마르크스주의와 강하게 관련시킨 사람이 간이라고 한다면(코프, 1993: 14~15), 구성주의 논리의 원천으로서 기계에 관심을 가진 사람은 긴즈부르크였다는 사실을 강조해야 한다. 긴즈부르크는 제4장에서 새로운 공간 조직을 만들어낼 수 있는 모델로 기계를 바라보았는데, 그것은 기계가 가진 독특한 성격 때문이었다. 즉, "독립적인 유기체로서 기계의 기본적 성격 가운데 하나는 비범하게도 그 정의가 명확하고 분명한 조직이라는 데 있다. 자연 또는 인간이 노력해 얻은 것 중에서 이보다 더 분명하게 조직된 현상은 거의 찾을 수 없다. [……] 관례적으로 기계를 주거지에 적용되는 의미로 볼 때, 과잉의, 우연한, 또는 '장식적인' 것이 아무것도 없다. [……] 이러한 기계는 특히 창의적인 작업을 할 때 최상의 조직으로, 그리고 독창적인 생각을 명확히 할 때 명쾌함과 정확함으로 우리를 이끈다"(Ginzburg, 1983: 86). 이처럼 긴즈부르크에게 기계의 작동 원리는 명확하고 분명한 조직이자, (건축과 같은 - 필자 주) 창의적인 작업을 할 때 최상의 조직으로서, 건축에 직접 활용할 수 있는 합리적 방법일 뿐만 아니라 건축의 새로운 양식이 출현하도록 만들어주는 것이었다. 한편, 그는 기계가 지닌 안정성과 역동성이 근대에 미친 공헌을 분석한 결과 현재 선전되고 있는 "구성주의" 이론을 객관적으로 평가할 가능성이 생겼다고 지적하면서, 제5장에서는 특히 구성주의 건축의 의미를 명확히 제시하고 있다(Ginzburg, 1983: 96).

흥미롭게도 긴즈부르크는 구성주의를 건축에 적용한다고 해서 다를 것은 없다고 보았는데, 건축 그 자체가 "유기체적 구성"이었기 때문이다. 건축에서는 공간의 설정이 재료를 결정하게 하며, 재료의 형태는 건축의 진화에서 막중한 역할을 한다. 그런데 구성적 측면에서 보면 건축의 의미는 분명히 식별된다. 왜냐하면 건축의 근본적인 문제, 즉 "공간의 설정과 재료의 형태는 건축의 기능적 요소를 구성적으로 만들도록 요구"하기 때문이다. 그는 "역사의 낡은 궤도는 지나갔다"고 보고 "새로운 예술의 장을 시작하는" 경우에 공리주의적·구성주의적 측면이 중요하다고 주장한다. 긴즈부르크의 견해에서 보면 "새로운 양식은 미학적으로 단순하며, 조직상 논리적"인데, 바로 이러한 점 때문에 구성주의의 사상은 [……] 오늘날 자연스럽고 필수적이며 활기 있는 것으로 나타난다(Ginzburg, 1983: 101). 긴즈부르크가 지칭한 새로운 "유기체적 구성"으로서 건축은 아직까지는 사회주의적 미래의 삶에 대한 감각을 제공하여 그것을 사용하는 사람들의 사회적 습관에 영향을 끼치고 그것의 변형을 돕게 해줄 수 있다는 의미로 볼 때, 긴즈부르크가 주장하는 "유기체적 구성"은 아직은 그와 같은 사회적 성격을 갖지는 않았음을 지적해야 한다.

긴즈부르크는 제6장에서 특히 '산업과 공학의 유기체적 성격'을 강조하고 있는데, 이것은 그의 결론에 가깝다. 그는 "급속한 기술의 발전은 건축에 이용되어야만 하는데, 그동안 이것은 거의 우연하게 영향을 미쳐왔다. 새로운 산업공학의 계획안들은 현대 생활과 매우 밀접하며, 훨씬 더 가까워져야 한다. [……] 또한 산업공학 계획안들은 건축 공간의 새로운 개념에 중요성을 부여하는 데 도움을 주어야 한다"고 주장한다(Ginzburg, 1983: 109). 아울러 그는 건축가들이 새로운 '산업'과 '공학'의 기술 안에서 새로운 삶을 조직해 내는 사람이어야 한다고 강조하면서, "합리주의와 현재의 기술 상황은 잠재적으로 풍부한 새로운 양식의 가능성을 열어주었다. 그것은 건축의 모든 분야에서 생산의 표준화이며, 생산의 기계화이다. 그러면 현대의 건축가들이 해야 할 작업의 규모는 어느 정도인가? 그것은 복잡한 도시 전체의 규모, 거대도시들에서 야기되는 문제들을 다룰 수 있는 규모, 넓은 의미에서 도시계획 규모가 되어야 한다"(Ginzburg, 1983: 117).

이상의 인용문에서 알 수 있듯이, 긴즈부르크는 '산업과 공학의 유기체적 성격'을 파악하고, 후진적인 소비에트 건축에 기술을 도입하는 문제, 건설 분야를 공업화하는 문제의 시급성을 강조했다고 해석할 수 있다. 건설 분야의 공업화에서 생산의 표준화와 기계화는 그 중심에 있으며, 조립식 공법이나 모듈화 등이 구성주의자들의 연구의 중심이 되었던 이론적 근거가 여기에 있음을 알 수 있다.

3) 긴즈부르크의 구성주의 건축 이론의 발전과 '사회적 응축기'

앞서 우리는 긴즈부르크의 『건축의 리듬』과 『양식과 시대』를 중심으로 살펴보았다. 특히, 『양식과 시대』는 기계, 산업 및 공학의 기술들에 대한 긴즈부르크의 무한한 신뢰와 가능성들을 확인할 수 있게 해준다. 긴즈부르크는 한편으로 건축에서 순수한 리듬의 법칙을 찾아내야 한다고 주장하면서 10월 혁명 이후의 신시대에서 새로운 양식을 추구할 가능성을 호의적으로 평가하는가 하면, 다른 한편으로 구성주의 건축의 주요 요소로서 기계를 부각시키며 현대의 산업 및 공학 기술 안에서 건축가들이 새로운 삶을 조직할 것을 강조했다고 정리할 수 있다. 그런데 그는 얼마 후 이전보다 분명한 목소리를 내기 시작했다. 특히, 긴즈부르크는 자신의 저서에서 문제 제기한 바 있는 새로운 건축의 원칙에 따라 베스닌 형제들과 합세하고 '좌익예술전선' 안에 있는 자신의 지지자를 규합한 후 1925년 12월 '현대건축가동맹(Объединение современ-ных архитекторов: ОСА)'을 창설했다.

구성주의 건축가들로 구성된 이 조직은 1926년부터 1930년까지 ≪현대건축≫을 발간했으며, 새로운 사회주의적 삶의 방식과 일상생활을 구체화하는 건축에 몰두했다. 긴즈부르크는 베스닌과 함께 ≪현대건축≫의 주요 편집자로서 현대건축을 위한 투쟁에 나섰다. 1920년대 전반에 건축의 구성이나 양식의 문제에 몰두했다면, ≪현대건축≫을 통해서는 사회주의적 이념에 기초하되 건축의 기능적 측면을 고려하는 새로운 형태의 건축과 새 구성 재료의 선택 등 좀 더 구체적인 실천의 문제에 다가갔다. 특히 개별 주택에서부터 대단위 주거 시설 건축에 이르기까지 주택 분야에 집중했다. 1927년에 '코뮌의 집' 프로젝트를 만들었으며, 1928년부터는 여러 국가기관들의 대규모 거주지 건설 문제에서 중요한 역할을 수행했고, 예컨대 국가계획위원회(Гос-план) 고스플란(Госплан)의 사회주의적 이주 분과, 건설위원회

(Стройком РСФСР) 산하의 주거유형분과, 도시 건설 및 투자 개발 국립연구소(Гипрогор)에서 핵심적인 역할을 했다(Хан-Магомедов, 2007a: 12~13).

1925년 말부터 긴즈부르크가 구성주의 건축의 구체적 실현의 문제를 적극적으로 고려했던 것은 무엇 때문일까? 첫째는 1923년 이후부터 내내 일상생활의 변화에 대한 사회적 요구가 심화되었다는 점이고, 둘째로는 1927년의 '기념비적 사건'을 지적해야만 한다. 건축사 연구자들은 별다른 주목을 하지 않고 있지만, 이 시기는 "2보 전진을 위한 1보 후퇴"의 기치 아래 '신경제 정책'이 진행되는 과정에서 '네프맨'을 비롯한 부정적 여파들이 사회에 퍼짐으로써 특히 트로츠키(L. Trotsky)가 강력하게 "일상생활(бытт)"의 변화를 중요한 화두로 제기하고 있었음을 눈여겨볼 필요가 있다. 1923년 초부터 ≪프라우다(Pravda)≫지에 일상생활의 문제에 대해 일련의 기사를 기고했던 트로츠키의 주장에 따르면, 사회주의로의 전환은 국가가 위에서부터 새롭고 사회적으로 계몽된 사고방식을 부과하는 데 있기보다는, "일상생활"의 변화를 통해 이루어져야만 했다(Trotsky, 1967: chapter 1~3). 소비에트적 주체가 되는 것, 소비에트적 삶을 사는 것이 어떤 '새로운 생활'을 포함할 것이라는 그의 생각은 광범위한 논쟁을 불러일으켰다. 1928년 망명 직전까지 트로츠키는 계속해서 '일상생활'로 되돌아갔다. 왜냐하면 그에게 일상은 혁명을 성취하는 지점이자 혁명이 옹호되고 심화되어야 하는 지점이었고, 사회주의 건설의 새 조건에 의해 다시 만들어지는 지점이었기 때문이다.[8)]

신생 소비에트 사회주의 국가에서 '새로운 인간'을 만들어야 한다는 기치를 내걸고 현실에 뛰어든 예술가들 가운데 건축가들만큼 사회의 변화에 가

---

8) 하루투니언(Harry Harootunian)의 경우는 트로츠키 이외에, 특히 프롤렛쿨트의 구성원이기도 했던 보리스 아르바토프(Boris Arvatov)의 입장을 매우 자세히 언급하고 있다(하루투니언, 2006).

장 밀접하게 노출되어 있던 사람들은 없었을 것이다. 왜냐하면 다양한 예술 장르들 가운데 건축은 실질적 삶과 밀접하게 연관되는 실용 예술의 측면이 강했기 때문이다. 긴즈부르크는 이미 『양식과 시대』에서 건축은 "인간의 생활을 집단적 형태로 조직화"하는 방법의 하나이자 "유기체적 구성물"이라고 강조한 바 있는데, 1926~1928년에 그는 이러한 태도를 좀 더 발전시켜 건축에 대해 "사회적 응축기"라고 표현하기 시작했다. 새로운 건축에서 '새로운 인간'을 만들어내야 한다는 기치, 즉 사회적 내용들이 결정적인 요소가 되도록 하기 위해서는 무엇보다도 건축에 대한 연구를 사람들의 일상생활과 관련시켜야만 했다. 이런 맥락에서 그는 소비에트 러시아라는 새로운 공간을 조직하는 건축이 사회 변화의 촉매제, 즉 "사회적 응축기"가 될 수 있다고 지적하면서, "우리의 작업은 특히 유물론적 작업 방식을 만들어내는 데 있다. [……] 그것은 우리에게 통합적·통일적·총체적인 건축 시스템을 창조하도록 보장해줄 것이다"라고 주장할 수 있었다(Гинзбург, 1928; 코프, 1993: 108에서 재인용). 사회주의 체제에서 모든 디자인은 집단과정 속에 존재해야 했고, 그 속에서 전문가와 장인들은 기여해야 했으며 건축가도 예외는 아니었다. 그는 다음과 같이 썼다.

> 예술가가 무엇을 목적으로 하고 있으며, 그의 작업이 어떤 의미를 담아야 하는지를 명확히 알게 되었다는 것 때문에 예술가가 창조성을 잃었다고 하는 것은 문제되지 않는다. 잠재의식적이고 충동적 창조성은 분명하고 명확하게 조직된 방식, 즉 건축가가 경제적으로 쓰고 남는 자유로운 에너지를 창조적 충동의 힘과 혁신으로 전환하는 방식으로 대체해야 한다(Гинзбург, 1927a; Хан-Магомедов, 2007a: 25에서 재인용).

그는 그러한 작업 방식에 대해 1927년 다른 논문에서 밝히고 있다. 중요한 것은 그 작업 방식이란 첫째, 기계 모델로부터 나온 일종의 '선결정주의'에 기초한 직선 과정이었다. 둘째, 그것은 건축물의 목적과 환경에 영향을 주는 모든 요소들, 즉 정치적·기술적·경제적·미적 요소들을 수용하려고 시도하는 것이다. 그리고 모든 특정한 디자인의 문제는 "시대의 일반적 성격"에 종속되기 마련이었다. 이는 집단적인 새로운 방식의 생활로서 건축은 더 큰 국가계획의 일부이고 "'단일한 하나의 방식을 통해" 수행되어야 하며 특정한 설계 문제는 먼저 자세히 검토하기 위해 "해체"한 다음에 "조합"한다는 원칙에 기초해야 한다고 주장한다. 결론에서 긴즈부르크는 논문의 핵심적인 주장, 즉 "형식은 기능이다"라고 썼다. 이러한 주장에 따르면, 건축의 기능은 건축가들이 변화에 대응하는 과정에서 형식을 만드는 데 있기 때문에 언제나 새롭게 평가되어야 한다. 여기에서 "수학적 정밀함"은 유물론적이고 공간적 조직의 성격을 이해하는 데 필요하며, "최적화된 형식의 건축"을 가능하게 한다고 주장했다(Гинзбург, 1927b; Хан-Магомедов, 2007a: 25에서 재인용).

어찌 보면, 긴즈부르크를 중심으로 하는 '현대건축가동맹'은 공산주의 이론, 그리고 사회주의 윤리에 의해 지도되는 완전히 새로운 합리적 건축물과 물질문화를 만들어 '새로운 생활'에 대답하고자 했던 것이다. 당시에는 매우 다양한 개혁가들과 건축가들이 새로운 생활을 실현하는 문제에 대한 궁극적인 대답을 경쟁적으로 찾고 있었으며, 새로운 생활과 물질생활의 질서를 만들기 위한 논쟁들이 결코 낮게 평가되지 않았다는 사실을 기억해야 한다. 그에 따라 수많은 창의적 주장과 다양한 접근들이 나타났으며, 지식인들은 사회주의 당의 원칙에 맞는 완전한 해결책을 모색함으로써 당 지도부와 동료들의 인정을 받기 위해 서로 경쟁하고 있었다(Trotsky, 1967: chapter 1~3).

다음으로, 긴즈부르크를 포함한 현대건축가동맹 회원들이 "수학적 정밀함"과 "최적화된 형식의 건축"에 대해 적극적으로 고민하는 전환점이 되었던 1927년 상황에 대해 구체적으로 언급하지 않으면 안 될 것이다. 1927년은 현대건축사에서 매우 경이로운 해에 속하는데, 제네바에서 국제연맹 본부 신축을 위한 경쟁부문설계대회(League of Nations Competition in Geneva)가 열렸고, 슈투트가르트에서는 예술가, 건축가, 설계사, 산업가 등의 기구인 독일 장인협회(The Deutscher Werkbund)의 비센도르프 전시회(Wissendorf Siedlung Exibition in Stuttgart)가 개최되었다. 1927년에는 소련의 모스크바에서도 러시아 혁명 10주년에 맞추어 대규모 전시회가 개최되었다. 이러한 일련의 전시회들은 르코르뷔지에 등이 주축이 되어 건축가들의 국제적 연대와 통합을 촉구하며 창설한 국제근대건축회의(Congres Internationaux d'Architecture Moderne: CIAM)보다도 앞선 것이었으며, '근대건축'에 대한 열기가 매우 활발했던 당시의 상황을 보여주는 시금석이 되는 사건이기도 했다.[9)]

소비에트 정부는 사회주의 혁명 10주년을 맞이하는 시점에서 대내외에 체제의 안정성과 위용을 과시할 필요가 있었다. 실제로 1927년에는 사회주의적 이념을 담아낸 여러 건축물들이 심의 또는 건설 중이거나 더러는 완성되어가는 시점이었다. 예컨대 레닌그라드의 '국제 붉은 스포츠 스타디움',[10)] 모스크바의 '디나모 스타디움',[11)] 모스크바의 '이즈베스티야 신문사'[12)], '루사코프 노동자 클럽(Дом культуры имени И. В. Русакова)' 등이 그러한 예

9) http://en.wikipedia.org/wiki/Congr%C3%A8s_International_d'Architecture_Moderne(검색일: 2013.10.25).

10) https://www.flickr.com/photos/quadralectics/sets/72157632936677545/detail/?page=2 (검색일: 2013.11.20).

11) www.flickr.com/photos/quadralectics/8537797316/sizes/o/in/set-72157632936677545/ (검색일: 2013.11.20).

12) http://www.galinsky.com/buildings/izvestia/(검색일: 2013.10.12).

였다. 또한 1927년은 스탈린이 소비에트 체제의 첫 10년을 마감하고 새로운 계획, 즉 제1차 5개년 계획 초안을 만들고, 급격한 산업화의 시작을 알리는 해였다. 바로 이러한 상황에서 모스크바에서 개최된 국제 전시회는 각별한 의미를 지니는 것이었다.

1927년 봄 긴즈부르크와 베스닌 형제가 이끄는 현대건축가동맹은 제1차 현대건축전시회 준비에 착수했으며, 학문 및 문화 선동과 이론 연구를 위한 국가기관 '글라브나우카(Главное управление научными, научно-художественными и учреждениями: Главнаука, 1921~1930)'는 행정 및 출간을 지원했다. 전시회는 1927년 6월 18일부터 8월 15일까지 모스크바 소재의 러시아 국립기술대학(Вхутемас)에서 개최되었다. 수많은 건축가들이 전시회에 참가했으며, 르코르뷔지에를 포함해 독일, 벨기에, 네덜란드, 체코슬로바키아, 프랑스 등 해외에서뿐만 아니라 국내의 현대건축가동맹 회원들이 다양한 설계 프로젝트 전시회에 참가했다(Zygas, 1992: 104~105). 전시회 카탈로그에 따르면 카탈로그가 제작된 이후에 국내외에서 들어온 수십 편의 작품들을 제외하고도 총 226건의 아이템이 전시되었다(Zygas, 1992: 122~142). 현대건축가동맹이 여기에 제출한 작품 중에는 8개의 공동주택 계획안이 포함되었다. 이 작품들은 그 개념이 분명하게 정리된 것은 아니었지만 사회주의적 생활 방식에 적합한 주거 모델을 만들어보려는 목적에서 현대건축가동맹 회원들을 대상으로 개최한 설계 콘테스트에 응모되었던 것들이다(코프, 1993: 92).

그 당시 주택 수요가 증가함에 따라 관계 당국은 소비에트 내의 몇몇 대도시에 복합주거시설을 건설했지만 소량에 지나지 않았고 그것마저도 국가(당)가 아니라 '신경제정책'의 분위기 속에서 사적 소유권을 얻을 가능성을 고려한 개인들이나 개별 조합이 전통적 건물들을 본 따서 지은 것이었다. 그러므로 이것을 해결해야 한다는 문제의식과 아울러, 새로운 사회는 반드시 새로운 형식의 주거를 가져야 한다는 생각이 구성주의 건축가들 사이에서 영향력을 얻었다. 건축가들은 ≪현대건축≫에서 이러한 주장을 펼치기 시작했던 것이다. 공동으로 휴식과 여가를 즐기고, 개별 주방을 없애며, 모든 사람들이 함께 음식을 준비할 수 있는 공동 주방이나 식당이 허용되어야 한다는 의견이 사람들 사이에서 개진되었고, 일간지, 노동조합 출판물, 그리고 학생 신문에 그러한 내용들이 게재되었다. 한 가족만이 아니라 사회주의적 이상에 맞는 주거 시설을 건설하는 내용들이 실렸다. 당시로서는 주택이 부족했을 뿐만 아니라 새로운 주택을 건설하는 일이 거의 없었기 때문에, 어쩌면 개별 가족이 단독 주거에 산다는 것도, 공동생활을 하고 여가를 즐길 수 있는 주거 시설을 건설하는 것도 유토피아였을 것이다. 분명한 사실은 1927년 긴즈부르크를 포함해 현대건축가동맹 회원들이 모스크바 현대건축 전시회에 제시한 주택 관련 설계안은 모두가 "개인적인 가족 단위의 생활과 집단생활이 긴밀하게 결합된" 새로운 형태의 주거 유형이었다(코프, 1993: 94). 긴즈부르크 자신은 8개의 단독 설계안을 포함해 1개의 합동 설계안을 제출했는데, 그것들은 주로 1925년부터 1927년 사이에 만들어졌던 것으로서 '오르가메탈' 건물, 벨라루스 대학, 지붕이 있는 시장, 직물 공장, 다게스탄의 소비에트 사무실, 디나모 경기장과 같은 공공건물, 그리고 노동자용 공동주택 등의 모형, 설계안, 건물 사진 등을 전시했다(Zygas, 1992: 128~129).

중요한 점은 1927년의 대대적인 전시회가 구성주의 건축가들의 건축적 사고에 중요한 전환점이 되었다는 사실이다. 지가스(K. Paul Zygas)의 해석에 따르면, 1927년 전시회 이후 긴즈부르크와 베스닌 같은 주도적인 구성주의 건축가들이 자신들의 건축 언어를 자발적으로 변형하기 시작했고, 이 전시회는 소비에트 구성주의를 위한 "분수령"이 되었다(Zygas, 1992: 103). 실제로 그 이전에 나온 ≪레닌그라드스카야 프라우다≫의 본사 설계안이나 노동궁 설계안은 구성주의 건축가들이 주로 공간과 구조에만 관심을 기울인 반면, 1927년 전시회 이후 그들이 제출한 주거 계획에서는 사회적 원리들이 가장 중요해지기 시작했으며, 이 사회적 원리들은 1929~1930년에 구성주의 건축가들의 관심이 도시와 지역 설계로까지 확장되는 데 중요한 역할을 했다.

4) 긴즈부르크의 구성주의 건축의 완성과 '코뮌의 집'

긴즈부르크가 '코뮌의 집'의 개념, 구성, 점유에 대한 논의를 구체적으로 시작하던 시기는 소련 역사 가운데 가장 논쟁적인 순간, 즉 스탈린의 통치가 극도의 긴장 상태를 만들어내던 1928~1930년이었다는 점이 매우 중요하다. 이런 맥락에서 '코뮌의 집'의 역사는 문자 그대로 러시아의 사회적·정치적 삶의 긴장되고 모순적인 역동성을 잘 구현하고 있다. 사회주의적 생활의 물질적 형식에 대한 논쟁은 '코뮌의 집'이라는 혁명적 건축 형식을 만들도록 자극했다. 당시의 열악한 물질적 상황을 고려하면 이 같은 사회적 약속을 실제로 구현한다는 것 자체가 논쟁적이었을지 모른다.

1928~1929년에 긴즈부르크는 밀리니스(И. Милинис)와 함께 재무인민위원부(Наркомфин) 관리들의 거주지로서 아파트 블록을 설계하고 건설했는데, 구성주의 건축가들에게 이것은 매우 중요한 의미를 지녔다. 긴즈부르크는 당시에 가장 추앙받는 구성주의 건축가였으며, 건설을 맡긴 당사자는 재무인민위원부 총책임자 재무인민위원 밀류틴(Н. Милютин)으로서 당시에 가장 영향력이 있는 도시계획 이론가의 한 사람이자 구성주의 도시계획에 관한 고전적인 저서 『사회주의 도시 건설의 제 문제(Проблемы строительства социальлистического городов)』의 저자였다는 점이다.[13)]

---

13) http://www.narkomfin.ru/Rus/Narkomfin/Description.aspx(검색일: 2013.10.20)

'코뮌의 집' 건축 의뢰는 사회주의 체제 수립과 함께 아방가르드 건축가들 및 예술가들이 그동안 품어왔던 꿈을 현실에서 시도할 기회를 부여받은 것이었다. 제1차 5개년 계획(1928~1932)에 착수하기 시작한 정부는 공업화를 최대의 모토로 내걸었으며 그에 따라 문화적·사회적 삶을 재건하려고 했다. 또한 마르크스주의 이론에 기초해 사회적·물질적 세계를 급진적으로 재건하고자 했다. 국유화에 기초해 소비에트 체제는 자본주의 체제와 다른 사회주의적 건물 형태와 사회 형태를 '인민의 이름으로' 만들어야 했다. 이러한 과정에서 건축가들은 국가 소유와 공산주의적 노동관계라는 혁명적 원칙에 기초하는 새로운 물질세계를 실현해야 하는 당면 과제를 부여받았던 것이다. 이 시기에 가장 중요한 건축상의 혁신은 바로 '코뮌의 집'이었고, 이 무렵 건설된 여러 개의 '코뮌의 집' 가운데 가장 세련되었다고 평가받는 것이 '나르콤핀 돔 콤무나(Дом Наркомфина, 이 글에서는 약칭 코뮌의 집)'였다. 그때 구성주의 건축가들에게 '코뮌의 집'은 혁명적 마르크스주의 원칙에 따라 일상생활과 물질세계를 재건할 수 있는 가장 완전한 시도를 대표했다. 사회주의적 원칙에 기초하는 새로운 물질문화와 경제적 하부구조가 없이는 낡은 과거의 질서가 영향력을 발휘하여 사회주의의 발전을 방해할 것이라는 경각심이 팽배했으며, 그에 따라 하부구조을 만들기 위한 다양한 시도들이 이루어졌다.

이러한 상황에서 '현대건축가동맹'이 '코뮌의 집' 프로젝트를 통해 일상생활의 개혁을 실현하고자 했던 것은 자연스러운 일이었다. 그들은 주택 부족에 대한 해결책을 찾으려 했다는 점에서 돋보이는 건축가 집단이었으며, 1차 5개년 계획의 시기에 오직 건축에만 몰두했던 유일한 집단이었다. 1928년에 설립된 '러시아공화국 건설위원회' 산하에 주택연구기관인 '주거유형분과'가 결성되었고 그 책임자가 긴즈부르크였다. '주거유형분과'에 '현대건축가동맹' 회원들이 포함되었던 것은 이상한 일이 아니었다. 그것은 이 시기에 소비에트 건축의 방향에 대한 이 조직의 영향력을 판단할 수 있게 해준다(Cooke, 1983: 40). 물론 '건설위원회'는 정부의 기금 지원을 받는 연구 기관이었으며, 건축의 가이드라인을 정하는 것은 국가였고 위원회는 제한된 권한을 위임받았음을 지적해야 한다. 당시 국가의 지원을 받아 건축된 주택은 그 숫자가 극히 드물었고, 스탈린 체제가 강력하게 등장하던 시기였기 때문이다. '건설위원회'의 가이드라인에 따른 6개 프로젝트만이 실현되었고, 그 중에서 가장 유명한 것이 바로 긴즈부르크의 '코뮌의 집'이었다.

긴즈부르크와 '현대건축가동맹'은 1929년 '코뮌의 집'을 건설하기에 앞서 그것이 일으킬 효과 및 일상생활의 혁명적 재건에 대한 논쟁을 검토했다. 그와 동시에 긴즈부르크는 당시의 다른 사회 개혁가들과 달리, 기존의(부르주아) 삶의 패턴에서 사회주의적 패턴으로 전환하는 어려움을 충분히 이해했다. 그리하여 1927년 설계에 착수했던 그때 '코뮌의 집'은 제1, 2, 3 건물만 포함했는데, 제1건물은 개인 부엌과 목욕실을 두고 핵가족을 수용했고, 제2건물은 이성애자 커플과 개인 독신자를 위한 곳이며, 부엌, 식당, 목욕탕, 탁아실처럼 공동으로 사용하는 시설들을 한곳에 모아두었다. 그리고 모든 건물의 부속품들은 '빌트인' 스타일처럼 미리 설비되어 건설되도록 되어 있었다(Buchli, 1998: 160).

그것은 국가가 건축하는 건물의 전형이 되도록 설계되었으며, 그 프로그램과 그 안에 포함되는 가구 형태는 모두 건설위원회에 의해 결정되었다. 대략 200명이 살도록 설계된 그것은 모스크바의 요지이며 혁명 전에 귀족들의 맨션이 있던 노빈스키 거리를 따라 건설되었다. 흥미로운 점은 '건설위원회'의 가이드라인에 따르면 '코뮌의 집'의 원래 설계에서는 4개의 독립적인 건물이 계획되었다. 수평으로 배치되는 2개의 건물(제1, 2 건물은 다리 통로로 연결된다)은 일상생활의 집단적 측면을 대부분 수용하는 것으로서, 부엌, 취사장, 체육관, 도서관이 설치되었고, 제3건물은 세탁을 위한 건물로서 공동

〈그림 6.2〉 **복도**

자료: Pare(2007: 88).

〈그림 6.3〉 **정면**

자료: Pare(2007: 80~82).

세탁시설이 설치되었다. 제4건물은 미완에 그쳤으나, 공동 탁아소를 짓도록 계획되어 있었다(Buchli, 1998: 164~167). 이 건물은 긴 수평 구조로서 일렬로 창문이 달려 있고 가장 윗층에는 펜트 하우스에 붙은 지붕 때문에 '배'라는 별명이 붙었다. 그것은 3개의 건물로 이루어진 앙상블이었다. 즉, 개별 주거 블록, 1층의 덮개 복도로 연결된 코뮌 블록, 그리고 주 건물 앞의 작은 공원을 가로질러 도달하는 작은 규모의 세탁장 건물이다. 그것은 완전하고 본격적인 공동주택이라기보다는 전환기적 유형의 '사회적 응축기'로서 설계되었다. 그것은 개인을 공산주의적 단위로 전환시키는 것(공동의 집단생활)을 용이하게 하면서, 기존의 삶의 패턴(개별 공간의 허용)을 일정 정도 수용할 수 있는 것이었다. 이러한 방식은 특별한 목적을 염두에 둔 것이었다. 그것은 '코뮌의 집' 거주 공간의 효과를 경험한, 그리고 사회적으로 발전을 거둔 개인에 의해 실현되도록 계획되어 있었다. 다시 말해, 건축 및 물질문화는 특정한 사회조직 형식을 대표하고 변형시킬 수 있는 능력을 지녔다고 믿었던 것이다.

결국 '코뮌의 집' 건설 프로젝트는 1927년의 설계안과 건설위원회의 제안을 절충해서 건설한 것이었다. 긴즈부르크의 '코뮌의 집'은 준(準)공동주택 블록의 성격을 띠었다. 소련 초기의 유토피아적 시기에 지어진 '코뮌의 집'은 초기 구성주의 건축가들의 이상과 열정의 실험 공간이며, 이상주의적 프로젝트였고, 신생 소비에트 국가의 정신으로 가득 차 있다. 그렇지만 '코뮌의 집'이 전환기적 유형의 건축물로서 어정쩡하게 미완의 형태로 머물렀던 이유는 무엇일까? 부흘리는 긴즈부르크가 전통적 건축 방식에 도전한 측면들을 부각시키면서, 그것을 오히려 긍정적으로 바라본다(Buchli, 1998: 169~170). 더욱이 집단적·사회적 삶을 보장하는 공동 거주지와 '개별적 세포(отдельная ячейка)'의 주거 공간이 공존하는 이러한 복합건물의 공간 구성과 건축은 당시의 주택 블록에서 새로운 형태의 급진적 탐색이라고 할 수 있으며, 향후 유럽 전역의 근대적 아파트 블록과 주택의 전형이 되었다고 평가되기도 한다(Cooke·Ageros, 1991: 14~15). 그렇지만 실제로 어떠했는가?

3. 구성주의 건축가들의 쇠퇴와 그 궤적

1) 사회주의 도시와 '코뮌의 집'에 관한 논쟁들

긴즈부르크가 '코뮌의 집'의 개념, 구성, 점유에 대해 구체적으로 논의했던 당시의 상황은 스탈린의 통치가 극도의 긴장 상태를 만들어내던 시기와 맞물려 있었다. 새로운 주거 형태에 대한 논의는 1929~1930년 사이에 도시계획과 지역계획에 관한 논의로 확대되었는데, 그것은 16차 당 협의회와 긴밀한 관련이 있음을 지적해야 한다. 1929년 4월 16차 당 협의회에서는 소비에트 사회주의 건설에 필수적인 공업 기반의 제공을 경제적 목표로 하는 문제가 논의되었다(김남섭, 1991). '공업화'를 위해 공업지대를 건설해야 한다면 그 위치를 어디로 선정할 것인가 하는 논의가 확대되었던 것이다. 사회주의적 인간을 위한 도시란 어떤 것인가에 대한 논의는 일찍부터 있어왔다. 자본주의 도시는 자본가의 사적 욕망에 부응하여 건설되기 때문에 피지배계급의 만성적 주택 부족 외에도 다양한 문제를 불러일으키는 데 반해, 사회주의 도시는 안정적으로 주택을 보장받고 공동체의 집단적 삶을 보장받는 공간이었다. 사회주의적 인간의 거주지에 대한 의견에서도 1929년 이전까지는 기존의 도시를 활용해야 한다는 '도시주의자'와 기존 도시와 상관없이 별개의 도시를 외곽에 건설해야 한다는 '반도시주의자'가 병존하는 양상이 있었지만 현격하게 차이를 드러내지는 않았다. 그런데 제1차 5개년 계획이 추진되자마자 건축가들은 문제에 봉착했다. 그들은 이론이 아니라 실제로 건물을 지어야 했던 것이다. 구성주의 건축가들은 연구와 이론화를 바탕으로 작업에 착수했고, 도시계획 및 지역계획에 관한 논의를 이끌었는데, 그 과정에서 '인구의 사회주의적 분산(соц-расселение)'에 대한 광범위한 토론이 일어났다(Меерович·Хмельницкий, 2011).

홍미로운 점은 상당히 많은 사람들이 참가한 그러한 토론들이 관념적이고 이론적인 차원에 머물렀다는 사실이다.[14] 그 이유는 무엇보다도 당시의 미비한 경제적·물리적 조건에서 비롯된다. 앞서 살펴보았듯이 구성주의 건축가들의 몇몇 건설 계획이 대도시에서 실현되었고, 특히 공동주택과 노동자를 위한 클럽, 보육원이 모스크바에 건설되었다. 그렇지만 이러한 새로운 시설은 기존의 낡은 도시 구조 속에서 빛을 잃기 시작했고, 새로운 사회의 필요에 맞는 새로운 형태의 건물에 이르지는 못했다. 무엇보다도 당시에는 공업화를 위한 물적 기반이 제대로 갖추어지지 않은 상태였기 때문에 도시

---

14) 이 시기에 긴즈부르크를 포함해 삽소비치(Л. Сабсович), 지노비예프(Г. Зиновьев), 체르니(И. Чернь), 젤렌코(А. Зеленко), 루나차르스키(А. Луначарский), 푸지스(Г. Пузис), 안차로프(М. Анчаров), 흐베신(Т. Хвесин) 등 많은 사람들이 논쟁에 참여했다.

계획과 지역계획에 대한 논의는 관념적이고 이론적인 차원을 넘어설 수 없었던 것이다.

1929년 말 1930년 초에 '코뮌의 집'을 비롯해 공동생활를 포함한 사회주의 도시, 그리고 사회적 이주 및 분산에 대한 토론이 대대적으로 일어났으며, 1930년 ≪모스크바 건설(Строительство Москвы)≫, ≪혁명과 문화(революция и культура)≫에서 활발하게 의견이 개진되었다(Хмельницкий·Милютина, 2013: 76). 우선 '도시주의자'로 분류되는 삽소비치의 견해를 보자. ≪모스크바 건설≫에 실린 「도시 발전의 새로운 길」에서 삽소비치는 집단화 이후의 미래를 매우 구체적으로 그리고 있다.

> 집단화의 결과 2~3년이 지나면, 우리는 [……] 수만 명의 대규모 개별 농민 경영을 가지게 될 것이다. [……] 우리는 몇 개의 복합 공장에서 일하는 농업인구를 한데 모으는 새로운 거주 센터를 건설할 것이다. [……] 그러한 도시의 인구수는 4만~6만 명이 될 것이다. [……] 사회주의 도시에서 거주 콤비나트는 노동자의 일상적·문화적 요구를 사회적으로 완전히 보장해야 한다. 그런 집에는 개별 부엌, 개별 세탁장 등이 있어서는 안 되며, 그 안에는 개인의 방도 공동의 방도 가족의 방도 있어서는 안 된다. 그런 집에서 노동자는 각자 개별적인 작은 방을 가져야만 한다. [……] 거주하는 방은 주로 숙면을 위해 주어져야 한다. 따라서 방은 크지 않아야 한다. 사람들은 주거의 노르마가 바뀌는 것을 참아야 하며, 이런 방은 사는 것이 아니라 잠만 자는 것이어야 한다(Сабсович, 1930: 3~5; Хмельницкий·Милютина, 2013: 76에서 재인용).

당대의 기술자였으며, 1차 5개년 계획의 현실에 직면한 사람으로서 삽소비치는 곧 닥칠 미래와 관련된 제안을 하기 시작했다. '도시주의자'들은 보통 인구가 4만~6만 명 규모의 거주자를 수용하는 중간 크기의 도시를 선호했다. '도시주의자'들은 단순히 도시의 크기만을 다룬 것은 아니었는데, 그들의 주장으로 중간 크기의 도시는 "새로운 인간 거주지의 사회적 내용을 변형하고, 새로운 생산관계의 틀 속에서 개인의 새로운 사회주의적 관계를 창조"하는 수단이었다. 그들의 주장으로는 제1차 5개년 계획에 의한 도시계획, 예컨대 모스크바 지하철을 비롯한 거대 프로젝트는 기존 도시의 도심부를 팽창시키는 구체제의 도시계획과 크게 다르지 않은 것으로 보였다. 이런 논의 와중에 삽소비치는 주택은 무엇보다도 최대로 단순할 것, 주택에서 부엌을 없앨 것, 여성들을 가사 노동에서 해방시키기 위해 공동 식사를 위한 공동 시설로 대체할 것을 주장했던 것이다.

긴즈부르크는 「기존 도시들의 사회주의적 재건」이라는 논문에서 기존 도시로부터 벗어나는 문제의 필요성을 논의하면서 삽소비치의 이론을 비판했다. 그는 특히 "사회화"의 요소를 강조하는데, "아동의 양육과 교육"에는 "사회화" 요소가 들어가야 하지만 분산화의 요소도 필요하다고 보았다. 그는 삽소비치의 "집중식 어린이 도시"라는 생각은 모든 측면, 즉 기본적인 위생의 측면(어린이의 혼잡은 끊임없는 감염의 원인), 사회교육의 측면(아동을 어른들의 사회화된 생산적 삶과 끊임없는 관계의 바깥으로 격리시키는 것은 사회적으로 결함 있는 세대를 구성하는 원인)에서 볼 때 옳지 않다고 해야 한다"고 주장한 것이다(Гинзбург, 1930: 50; Хмельницкий·Милютина, 2013: 81에서 재인용). 이는 사회주의의 가치와 이념의 실현이라는 문제에서 매우 논쟁적인 지점이기도 하다. 탁아소와 같은 공동 시설은 낡은 관습에 얽매여 있는 부모 세대로부터 자녀를 떼어놓을 수 있는 중요한 조치이기는 했지만 그 실행 과정에서 강제와 통제가 강요될 때 그에 대한 반발도 클 수 있음을 고려해야 한다는 주장일 수 있었다.

한편, 사회주의적 도시, 이주와 분산 및 공동주택에 대한 방대한 토론은 구성주의 건축가들 사이에 나타난 균열을 확인할 수 있는 지점이기도 하다.

'현대건축가동맹' 회원들 가운데 베스닌 형제를 비롯해 일부는 삽소비치의 견해에 수긍하며 '도시주의자'들 편에 섰다. 그러나 대부분은 사회학자이고 도시계획가이자 경제학자인 오히토비치(M. Охитович)의 편에 서 있었던 것으로 정리되고 있다. 오히토비치는 ≪현대건축≫에 글을 게재하기도 했는데, 그와 같은 '반도시주의자'들이 보기에 '도시주의자'들의 주장은 기존의 도시를 전혀 극복하지 못했다는 데 있다. '반도시주의(дезурбанизма)' 주창자들은 도시 배치나 주택 정책에서 완전히 다른 입장을 내놓았다. 전통적으로 새로운 산업 단지의 건설은 주로 급박한 필요에 의해 인구과잉인 도시에 배치되기 마련이었다. '도시주의자'는 인구 집중의 문제가 있는 기존의 도시가 아니라 도시 주변에 새로운 도심지를 만들어내는 야심찬 계획을 제시했다. 한편 도시의 배치는 단일 공업지대로서 재료 가격, 에너지, 노동, 수송 비용 등을 고려해 원자재와 가까운 곳에 배치하는 것이 가장 합리적이라는 주장 아래 우랄 근처나 시베리아 등지와 같이 사람이 거주하지 않는 곳에 공장 지대를 만드는 방법이 고안되기도 했다. 오히토비치와 같은 '반도시주의자'들은 마그니토고르스크(Магнитогорск) 건설 계획과 전원도시 등을 제안했다. 또한 그들은 1929~1931년의 대논쟁 시기에 이루어진 몇 개의 실험, 특히 실험적 공동주택에서 얻은 자신들의 결론에 기초하여 주택 정책을 주장했다. 그렇지만 그들의 주장에도 불구하고 당시에 건설된 건물은 열악한 경제적 상황 때문에 매우 허술했으며, 그러한 건물들은 급속히 슬럼화되었다(Меерович·Хмельницкий, 2011: chapter 1~2).

그때 구성주의 건축가들에 의해 설계되고 시공된 공동주택의 상태는 설사 그 건물이 거주자들을 위해 설계되었다 하더라도 그들에게 적대감을 주는 것들이었다. 긴즈부르크는 나르콤핀에 대한 논평에서 당시의 풍습과 완전히 대립하지 않는 것이 건강한 것이며, 집단화된 삶의 방식은 격려되어야 하는 것이지 강요되어서는 안 된다고 주장했다. 그러나 모든 사람들이 그렇게 생각한 것은 아니었다. 사람들은 조급했고 사회적 실험의 구체적 결과물을 즉각 보고 싶어 했다. 그렇지만 거의 막사와 다름없을 정도로 집단적 삶이 강요되는 방식에 대해 공포, 반발 그리고 저항이 일어나는 것은 어쩌면 매우 당연한 일이었다. 물론 '반도시주의자'들이 당시의 새로운 삶을 기초로 하는 집단적 삶의 방식을 거부한 것은 결코 아니었다. 그러나 공공 주거와 주택에 관한 이론과 실험이 좀 더 인간적이며, 덜 전체주의적인 방향으로 가기를 바랐던 것은 분명해 보인다. 체르니솁스키의 『무엇을 할 것인가』에서처럼 수만 명을 위한 공동 작업장과 수천 명을 수용하는 식당보다는 좀 더 작은 규모의 시설, 좀 더 값싼 건물을 짓는 것이 필요했다. 그런 면에서 보면 '반도시주의자'들의 견해는 일견 경제적 합리성을 지닌 것이기도 했다. 그렇지만 그들의 주장이 언제나 일관된 것은 아니었다. 예컨대 '반도시주의자'들은 지역계획 개념에 따라 원료 및 원자재 근처에 공장 및 신도시를 배치할 것을 주장하면서 전국에 발전소를 건설할 것을 문제 제기했지만, 실제로 그 과정은 기존 도시들이 위치한 러시아와 시베리아의 강에 이미 건설된 발전소들에서 뻗어나가는 전통적인 방사형 체계를 토대로 이루어졌다는 점을 고려할 때, '반도시주의자'들의 주장이 현실에서 늘 들어맞는 것은 아니었음을 알 수 있다(코프, 1993: 204~214).

물론 '도시주의자'든 '반도시주의자'든 양자 모두 전통 도시를 부정적으로 보았다는 공통점이 있는 것은 사실이다. '도시주의자'들은 삽소비치가 주장한 사회주의적 도시 중심부가 구도시를 대체할 것으로 생각한 반면에, '반도시주의자'들은 더 이상 어떤 도시 중심부도 필요 없다고 보았다. 특히 '반도시주의자'은 집단화를 기초로 하는 새로운 삶의 구축에 반대하지 않았으며, 그것은 1920년대의 일반적 강령이었다. 그러나 그들은 집단화가 거대한 복합 시설을 요구한다고 생각하지 않았고 소규모 시설의 사회화, 각 주거 단위의 사생활을 보호하는 자율성을 추구했다. 그들의 주거는 철과 시멘트 같은 것이 아니라 나무와 같은 재료만을 사용하는 가볍고 분해될 수 있는 구조물이었으며, 주거의 기본 특성은 선택의 자유에 근거하는 사회적 관계를 허용하는 것이었고, 비도시화를 통해 새로운 정치 및 행정 구조가 자리 잡을 수 있을 것으로 피악했다. 스탈린 체제는 점점 중앙 집권화를 향해 가고 있었지만 '도시주의자'도 '반도시주의자'도 이 문제를 염두에 두지 않았다는 데 문제의 심각성이 있었다. 또한 '도시주의자'들의 이론은 주택 건설의 현장에서 좀 더 빨리 적용되었는데, 여기에 또 다른 문제가 있었다. 제1차 5개년 계획의 틀 안에서 건설된 몇몇 신도시들은 삽소비치가 묘사한 사회주의적 도심부와 비슷한 모습이었으나 그의 제안의 핵심적인 사안인 "집단적 생활"은 도심부에 전혀 적용되지 않았다. 결국 1930년 5월 초 삽소비치는 "공상주의자", "파괴 활동가"로 고발당했다. 1929~1930년에 활발하게 개진되었던 건축가들의 의견이나 토론 내용에 기초한 건물이 하나라도 지어졌더라면 그들의 이론을 검증할 수 있었겠지만, 아쉽게도 현실에서는 예상했던 결과를 만들어내지 못했던 것이다(Меерович·Хмельницкий, 2011: chapter 3).

2) '사회적 응축기'의 포기?

제1차 5개년 계획의 시기에 농업 집단화와 공업화의 기치 속에서 기념비적 대형 건축물을 포함해 대규모 공장과 댐, 대규모 도시 건설 프로젝트 등에 대한 수요가 증가하고 있었다. 그러나 잘 알려져 있듯이 이 시기에 구성주의 건축가들의 영향력은 급속도로 줄어들었다. 구성주의 건축이 스탈린 건축의 안티테제라는 평판이 붙은 이유는 다분히 그 쇠퇴의 시기와 맞물린 측면이 있으며, 그러한 평가에서 "사회주의 리얼리즘"은 매우 자주 구성주의의 미학적·정치적 안티테제로 간주되어왔다. 그렇지만 긴즈부르크를 비롯한 구성주의자들의 행보를 자세히 살펴보면 매우 난감한 처지에 놓였던 그들의 역설적 상황이 시야에 들어온다. 여기에서 그들이 얼마나 사회의 요구에 적극적으로 응했는지, 그러나 어떻게 궁극적으로 그들이 배제되었는지를 확인할 수 있다. 또한 긴즈부르크가 구성주의 건축의 목표로 삼았던 '절대주의적 일원론'에 기초하는 건축은 고도의 기술과 자본이 필요한 고난도의 비범한 건축임에도 소련의 평범한 사람들의 눈에는 참을 수 없이 소박한 것일 수 있었으며, 자본주의 사회에서는 이윤을 낼 수 없는 것이었다.

카스티요의 주장에 따르면, 구성주의 건축가들은 두 가지 방식에서 "프로메테우스적" 노력을 했다. 이 시기에 그들에게 맡겨진 임무는 "산업 근대화" 및 근대 프롤레타리아를 지원할 수 있는 "건설 인프라"를 만드는 것이었다. 노동자의 주택 및 산업 단지에 합리적 설계와 기계적 미학을 적용하고자 했던 건축가들의 비전은 궁극적으로 사회를 변형시키는 데 있었다. 아울러 중앙식 설계에 의한 근대적 디자인은 사회 및 경제 혁명을 촉진하는 동시에 노동계급 주민들이 생산수단으로부터 소외되지 않는 이상적 공동체를 만들기 위한 것이었다. 따라서 '사회주의 도시'를 만들기 위해 구성주의 건축가들은 이 공간을 근대적으로 정교하게 만들 계획을 했다. 그렇게 본다면 구성주의 건축가들이 '사회주의의 도시'라는 이름으로 도시 곳곳에 지은 대규모 주거시설은 스탈린주의 건축의 안티테제라기보다는 소비에트 사회의 스탈린화에 일정 정도 도움을 주었던 측면이 있었으며, 그런 맥락에서 카스티요는 스탈린 체제 수립에서 구성주의 건축가들의 "공모" 작업을 부각시켰다(Castillo, 2003: 144~145).

그렇지만 구성주의 건축가들은 어떻게 "공모"할 수 있었을까? 1차 5개년 계획의 개시와 함께 스탈린은 이바노보-보즈네센스크와 같은 도시 건설을 명령했다. 이에 따라 구성주의 건축가들은 방대한 양의 도시계획안들을 만들어냈던 것이었다. 5개년 계획에 따르면 300개의 새로운 도시를 설립해야 했으며, 그것의 3분의 2는 매뉴팩처 주변에 건설하고 나머지는 대규모 공장 주변에 건설할 계획이었다. 한편으로 5개년 계획의 이론가인 경제학자 스트루밀린(С. Струмилин)의 도움을 받아 국가계획위원회의 삽소비치가 만들어낸 건설 프로젝트가 등장했고, 다른 한편으로 1930년에 베스닌 형제는 시베리아 뉴타운 노보쿠즈네츠크 건설 프로젝트에 참가했다.

그런데 구성주의 건축가들의 '사회적 응축기'로서의 도시는 합리적 건설, 표준 기준에 입각한 대규모 생산을 통해 실현될 수는 있었지만, 너무나 많은 비용이 소요되는 고도의 기술을 필요로 했으며 건설 인프라와 공급의 부족 때문에 성공하기가 어려웠다. 구체적 현실에서 '기계'는 재생산을 위한 '수단'이 아니었고, 오히려 건축가들은 선진국에서 계속 기계를 수입해야 하는 '소비자'가 되는 현실에 봉착했다. 고가의 수입 기계는 현장에서 응용되지 않았으며 시간이 흐르면서 인간의 노동력이 기계를 대체하는 상황이 벌어졌다.[15)]

그렇다면 구성주의 건축가들은 무엇을 했던 것일까? 카스티요의 주장에

---

15) 예컨대, 미국의 선진 기술을 알기 위해 1929년에 디트로이트를 방문한 소비에트 대표들은 포드 공장은 하이랜드 파크(Highland Park)에 위치하며, 리버 루지(River Rouge)는 칸(Albert Kahn)의 회사에서 만든 것이고, 이미 소련에서 작업할 사무소 설계 계약이 이루어졌다는 것을 알게 되었다. 그 후 디트로이트 회사는 모스크바에서 3년을 머무는 동안 500개 이상의 산업 시설들을 설계했으며 수많은 청사진을 남겨놓고 떠났다. 또한 디트로이트 회사의 지부 사무실에서 나온 공장 건설 리스트는 마치 1차 5개년 계획의 결과만큼이나 방대했다. 하르코프와 마그니토고르스크, 쿠즈네츠크의 제강소, 크라모토르스크와 톰스크의 항공 시설, 칼리닌의 화학 공장, 첼랴빈스크의 자동 추진기 건설 등이 포함되었다. 외국 전문가들은 이러한 엄청난 양의 건설 프로젝트를 던져놓는 대신, 설계나 건설 관리에 대해서는 고작 몇 시간 지도하는 것이 전부였다. 이렇게 보면 외국의 선진 기술자들의 소비에트 공장 설계 도면은 국내에서 만들어진 것이라기보다는 대부분 수입품이었다고 말해야 할 것이다(Castillo, 2003: 144~145 참조).

따르면 사회주의 도시, 사회주의 공장, 그리고 기계 시장으로부터 배제된 그들은 더더욱 "일상생활의 공간"으로 자신의 관심을 돌렸다. 하지만 그것은 대부분 실패했던 것으로 보인다. '드네프로스트로이'의 공동 식당에 장착한 기계 견본은 기다리는 긴 줄, 비싼 가격, 부패한 음식, 그리고 저칼로리의 식사를 제공하게 되어 있었다. '마그니토고르스크'의 공동 식당은 위장병을 일으키는 것으로 악명이 높았고, '이바노보-보즈네센스크'의 공동식당은 너무 가혹한 운영으로 파업을 부채질했다. '마그니토고르스크'의 대형 공동주택 블록은 1개의 식당을 8개의 아파트가 이용했는데, 주민들 간의 불화와 도둑질에 관한 에피소드가 끊이지 않았다. 이런 점들을 고려하면 구성주의 건축가들의 일련의 작업들에 대해 스탈린 체제와의 '공모'라고 하는 것은 다소 무리한 주장일 수 있다.

결국 1930년 5월 29일, 소련공산당 중앙위원회는 당시 진행되고 있던 지역개발문제와 삶의 방식을 재구축하는 문제에 대한 분명한 입장을 다음과 같이 밝혔다.

> 중앙위원회는 사회주의적 삶의 방식을 향한 운동과 평행선상에 서 있는 반이성적이고 반공상적인, 따라서 극단적으로 위험한 시도들이 사브소비치, 라린, 그리고 몇몇 당원들에 의해 행해지고 있음을 지적하며 삶의 방식을 사회주의적으로 변형시키는 과정에서 모든 장애물들을 일거에 제거하도록 결의했다. [……] 최근 몇몇 인쇄물에서 보이는 계획들은 '좌파'라는 단어로 자신들의 기회주의적 성격을 감춘 일단의 폭력적인 시도들이다. [……] 이러한 계획들은 새로운 도시의 건설과 기존 도시의 변형에 관계된 것이다(≪프라우다≫, 1930년 5월 29일 자; 코프, 1993: 150에서 재인용).

그 이후 '현대건축가동맹'은 엄청난 질책을 받으며 '소비에트건설건축분과(CACC)'로 이름이 바뀌었지만 즉시 유명무실한 단체가 되었다. 그 과정에서 1931년 2월 28일 소비에트궁 현상설계의 결과가 발표되었다. 그것은 1920년 내내 구성주의자들에 의해 모색되고 시도되었던 모든 것들과 대립되는 것이었으며, 과거의 건축으로 복귀한다는 것을 선포한 행동이었다. 1931년 6월에 당 총회에서는 사실상 대도시의 '복구(도시주의)'와 '분산화(반도시주의)' 시도를 비난하는 새로운 결의문을 채택했다. 마침내 1932년 4월 23일 중앙위원회는 '모스크바건축협회', '소비에트건설건축분과', '신건축가협회', '프롤레타리아건축가동맹' 등의 건축 단체를 포함해 예술 집단과 문예조직을 모두 통합했다. 그리하여 모든 단체들을 '소비에트건축가연합'이라는 유일한 공식 조직으로 재구성되었다. 이제 소비에트 건축의 기본 방침은 "사회주의 리얼리즘"이라는 기치하에 모두 통합되었다.16)

긴즈부르크는 1928년에 알마티의 정부 건물 디자인(현재는 알마티 대학, 1931년 완공)을 맡기도 했으며, 1930년대 초 도시계획 프로젝트에 집중하여, 공리주의 프로젝트['우파(Ufa)' 도시계획]에서부터 유토피아 프로젝트('Zelenograd' 그린도시 유형의 거주지)까지 여러 프로젝트에 출전했다. 아울러 그는 1928~1932년에 '국제근대건축가대회'의 소비에트 대표를 지냈다. 하지만 제한적인 실험을 했던 긴즈부르크도 1932년에 이르면 다른 구성주의 예술가들처럼 더 이상 건축 작업을 진행하기 어려웠으며 모든 공직에서 물러났다. 구성주의 건축가들의 정치적 갈등은 1930년대 말까지 이어졌으며, 긴즈부르크는 결코 모스크바와 레닌그라드로 돌아가지 못했다. 그는 크리미아와 중앙아시아에서 몇몇 시도를 했지만 그의 계획안이 건설로 이어지는 경우는 매우 드물었다. 그는 죽기 직전까지 자신의 건축실을 유지했지만, 몇몇 책의 편집 일 이외에는 별다른 성과를 얻지 못했다.

---

16) 이 시기의 돔 코무나에 대한 논쟁은 Хмельницкий·Милютина(2013: 76~99) 참조.

4. 결론

1917년 혁명 이후, 특히 1920년대에 소비에트 사회주의 체제에 적합한 '새로운 인간(новый человек)'을 만들기 위해 물리적 환경을 고안해내려는 시도는 거주 공간을 둘러싸고 볼셰비키 정부, 건축가와 예술가들 사이에서 다양하게 표현되었다. 볼셰비키 정부는 법령을 통해 국유화와 시유화 과정에서 한편으로는 주로 부자들의 주택을 몰수하여 만든 '콤무날카'를 이용하고, 다른 한편으로는 가시적 효과를 누릴 수 있도록 제한적으로 '돔 콤무나(코뮌의 집)'를 건설하여 주택문제를 해결하려 했다. 구성주의 건축가들은 건축 공간을 변화시킴으로써 새로운 인간을 만들 수 있다는 신념을 다양한 모형 전시회, 저술, 기계 제작, 건설 프로젝트 참여를 통해 보여주고자 했다. 이러한 구성주의 건축은 소비에트 건축사에서 중대한 획을 긋는 근대적 운동이자 소비에트 건설 프로젝트의 비전이었을 뿐 아니라 "위대한 유토피아"의 상징으로 묘사되곤 했다. 그러나 구성주의 건축은 스탈린 체제의 수립과 함께 얼어붙은 예술의 총체적 쇠퇴와 궤적을 같이한다.

그렇지만 구성주의 건축의 쇠퇴, 공업화, 그리고 스탈린화는 동시에 일어났다고 말해야 한다. 구성주의는 스탈린 건축과 스탈린 체제의 안티테제만도 아니었고, 그렇다고 철저히 공모했다고도 볼 수 없다. 긴즈부르크의 예에서 보듯이 구성주의는 스탈린 제1차 5개년 계획과 기본 전제를 공유했다. 구성주의 건축가들은 각자 편차는 있지만, 기본적으로 혼란스럽게 섞여 있는 도시 전경에 대한 혐오, 일정 공간에 단일한 산업사회를 세우려는 열망, 그리고 기계 기술을 환호하는 태도에서 공통점이 있었다. 당시에 구성주의자들의 이론과 실천에 대한 문제의식은 매우 치열했으며, 1920년대 중반의 산업화 논쟁에서 건축 이론과 실천을 결합하려는 움직임이 나타났던 것은 이를 반영한다. 구성주의 건축가들은 이바노보-보즈네센스크 기업과 같은 방직공장의 재설비에 직접 고용되기도 했고, 소비에트 산업화와 가부장적 복지 시스템을 위한 개혁적인 컴퍼니 타운 조성에 참가하기도 했다. 그러나 미래적 비전을 가진 그들의 참여는 오직 분절적으로 실현되었으며 종국에는 예전의 보호자로부터 거부당했다. 스탈린주의에 따라 소비에트 사회의 '기본' 그리고 '상부구조'를 변형하는 데 있어 소비에트 건축가들의 상호작용이 있었던 것은 분명하지만 명백한 공모였다고 주장하는 것은 다소 무리가 있다고 여겨진다. 마지막으로 이 시기 구성주의 건축가들의 의미를 정리하는 것으로 결론을 대신하고자 한다.

20세기의 전환기에 건축은 기술적·미학적으로 심각한 긴장 상태에 있었다. 금속 골조 위에 세운 조립식 건물에 장식을 사용하는 것은 거짓으로 보였고, 전통적인 건축 방식과 장인 기술은 새로운 시대의 요구에 조응하는 데 실패했다. 왜냐하면 전통적인 건축 방식은 비용이 비쌌으므로 오로지 부유한 엘리트만 접근할 수 있었다. 모더니즘은 이러한 전통적 건축 양식을 종식시키는 것이었다. 왜냐하면 건축가들이 기계 그 자체에서 새로운 미학을 찾았기 때문이다. 20세기 건축과 디자인의 지배적인 양식인 모더니즘에는 많은 이름이 따라다닌다. 1920년대에 모더니즘은 소비에트 사회에서 "아방가르드(Avant-garde)"라고 불렸으며, 마지막에는 "기능주의"로 일컬어졌다. 미국에서는 "국제적 양식(International style)"으로 알려졌고, 그 밖의 다른 곳에서는 "근대 운동(Modern movement)"으로 불렸다. 이 시기의 건축물들은 기하학적 형식, 비대칭의 구성, 얇은 지붕, 넓은 조망, 장식성 배제, 흰색 페인트 벽의 사용 등의 특징이 있다. 일반적으로 철근, 콘크리트, 유리와 같은 재료들이 나무, 돌, 벽돌보다 선호되었으며, 공간 구성은 건물의 기능을 따랐다. 모더니즘의 캐치프레이즈 중 하나는 바로 긴즈부르크가 외쳤듯이 "형식이 기능을 따른다"는 구호였다.

소비에트 시대의 주택에서 일어난 역사적·문화적 측면에 대해 객관적이

되기는 어려운 것 같다. 특히 20세기에 러시아처럼 역동적인 변화를 겪은 사회는 더욱 그렇다. 건축은 종종 그것이 건설되었던 체제의 장점 위에서 판단되며, 스탈린 시대의 건물과 구성주의 건축물들을 포함해 소비에트 시기의 역사적 경험이 그러하다. 중요한 것은 그것이 사회주의 실험과 관련되었다는 사실이다. 긴즈부르크의 '코뮌의 집' 실험은 1920년대라는 일정한 시기에 나타난 역사적 구성물이다. 현실 사회주의 체제는 종료되었지만 아직 사회주의의 향수는 남아 있다. '코뮌의 집'은 비록 과거의 유산이지만 한때 새로운 가능성을 모색했던 인간들의 축적된 경험과 기억으로 여전히 그 역사적 함의를 담고 있다. 아울러 분리된 개별 공간, 소통하는 공간으로서 공동의 공간, 동선을 줄이는 구성 등은 오늘날에도 여전히 중요한 근대적 의미가 있다.

참고문헌

국내 자료

기계형. 2008. 「소비에트시대 초기의 일상생활과 콤무날카 공간의 성격」. ≪서양사론≫, 제98권 제3호.

김남섭. 1991. 「소련공산당과 농업 집단화의 배경: 제15차 당대회~제16차 당협의회」. 서울대학교 석사학위논문.

노경덕. 2001. 「알렉세이 가스쩨프와 소비에트 테일러주의, 1920-1929: 이론적 구성요소를 중심으로」. ≪서양사연구≫, 제27호.

로트만, 유리 M.(Yuri M. Lotman) 외. 1993. 『러시아기호학의 이해』. 이인영 옮김. 파주: 민음사.

_______. 1996. 『시간과 공간의 기호학』. 러시아시학연구회 옮김. 파주: 열린책들.

르코르뷔지에(Le Corbusier). 2003. 『도시계획』. 정성현 옮김. 서울: 동녘.

리시츠키, 엘(El Lissitzky). 1993. 『러시아: 세계혁명을 위한 건축』. 김원갑 옮김. 서울: 세진사.

밀너, 존(John Milner). 1996. 『문화정치가의 초상화: 타틀린』. 조권섭 옮김. 현실비평연구소.

봉일범. 2001. 『구축실험실』. 서울: 시공문화사.

손봉균·이희봉. 2004. 「1920년대 러시아 건축상황에 관한 연구: OSA(현대건축가동맹)을 중심으로」. 『대한건축학회 추계학술발표대회』, 제24권 제2호.

장지연 외. 2005. 「1920년대 러시아 아방가르드 건축의 형태특성에 관한 연구: ASNOVA와 OSA 작품 비교를 중심으로」. 『대한건축학회 창립60주년기념 학술발표대회논문집』, 제25권 제1호.

체르니솁스키, 니콜라이(Nikolay G. Chernyshevsky). 2003. 『무엇을 할 것인가: 새로운 사람들에 관한 이야기』. 서정록 옮김. 파주: 열린책들.

체르니호프, 야코프(Jacob Tchernykhov). 1993.『야코프 체르니호프와 그의 건축적 환상』. 김원갑 옮김. 서울: 세진사.
코프, 아나톨(Anatole Kopp). 1993.『소비에트건축』. 건축운동연구회 옮김. 서울: 발언.
하루투니언, 해리(Harry Harootunian). 2006.『역사의 요동』. 윤영실·서정은 옮김. 서울: 휴머니스트.

국외 자료

Bliznakov, M. 1990. "The Realization of Utopia: Western Technology and Soviet Avant-Garde Architecture." in Brumfield, William(ed.). *Reshaping Russian Architecture: Western Technology, Utopian Dream*. Cambridge and New York: Cambridge University.
Bowlt, J. E. ed. 1991(1976). *Russian Art of the Avant-Garde Theory and Criticism 1902- 1934*. New York: Viking Press.
Buchli, V. 1998. "Moisei Ginzburg's Narkomfin Communal House in Moscow: Contesting the Social and Material World." *The Journal of the Society of Architectural Histirians*, Vol.57 No.2.
_______. 1999. *An Archaeology of Socialism*. Oxford: Berg Publishers.
Castillo, Greg. 2003. "Stalinist Modern: Constructism and the Soviet Company Town." in Cracraft, J. and Rowland, D. eds. *Architecture of Russian Identity 1500 to the Present*. Ithaca and London: Cornell University.
Cooke, C. and Ageros, J. eds. 1991. *The Avant-Garde: Russian Architecture in the Twenties*. London: Academy Editions.
Cooke, C. ed. 1983. *Russian Avant-Garde: Art and Architecture*. New York: St. Martin's Press.
Cracraft, J. 2003. "Peter the Great and the Problem of Periodization." in Cracraft, J.

and Rowland, D. eds. *Architecture of Russian Identity 1500 to the Present.* Ithaca and London: Cornell University.

Fitzpatrick, S. 2003. The Commissariat of Enlightenment: Soviet Organization of Education and the Arts Under Lunacharsky, October 1917-1921. Cambridge: Cambridge University Press.

Ginzburg, M. 1983. *Style and Epoch.* Translated by Anatole Senkevitch. Preface by Kenneth F. Cambridge: MIT Press.

Kopp, Anatole. 1986. *Constructivist Architecture in the USSR.* New York: St. Martins Pr.

Pare, Richard. 2007. *The Lost Vanguard, Russian Modernist Architecture 1922-1932.* Monacelli.

Selim O, Khan-Magomedov. 1983. Pioneers of Soviet Architecture, The Search for new Solutions in the 1920s and 1930s. London: Thames and Hudson.

Trotsky, L. 1967. *The Problems of Everyday Life.* New York: Monad Press.

Zygas, K. Paul. 1992. "OSA's 1927 Exhibition of Contemporary Architecture: Russia and the West Meet in Moscow". in Roman, Gail Harrison and Hagelstein, Virginia. eds. *The Avant-Garde Frontier.* University Press of Florida.

Бархина, М. Г. и др. ред. 1975. *Мастера советской архитектуры об архитектуре: Избранные отрывки из писем, статей, выступлений и трактатов.* Т.1~2. М.: Искусство.

Борев, Ю. Б. 2010. *Луначарский. Жизнь замечательных людей.* М.: Молодая гвардия.

Ган, Алексей. 1922. *Конструктизм.* Твер: Тверское изд-во.

Гинзбург, М. 1922. *Ритм в архитектуре.* М.: Изд-во «Среди коллекцио-

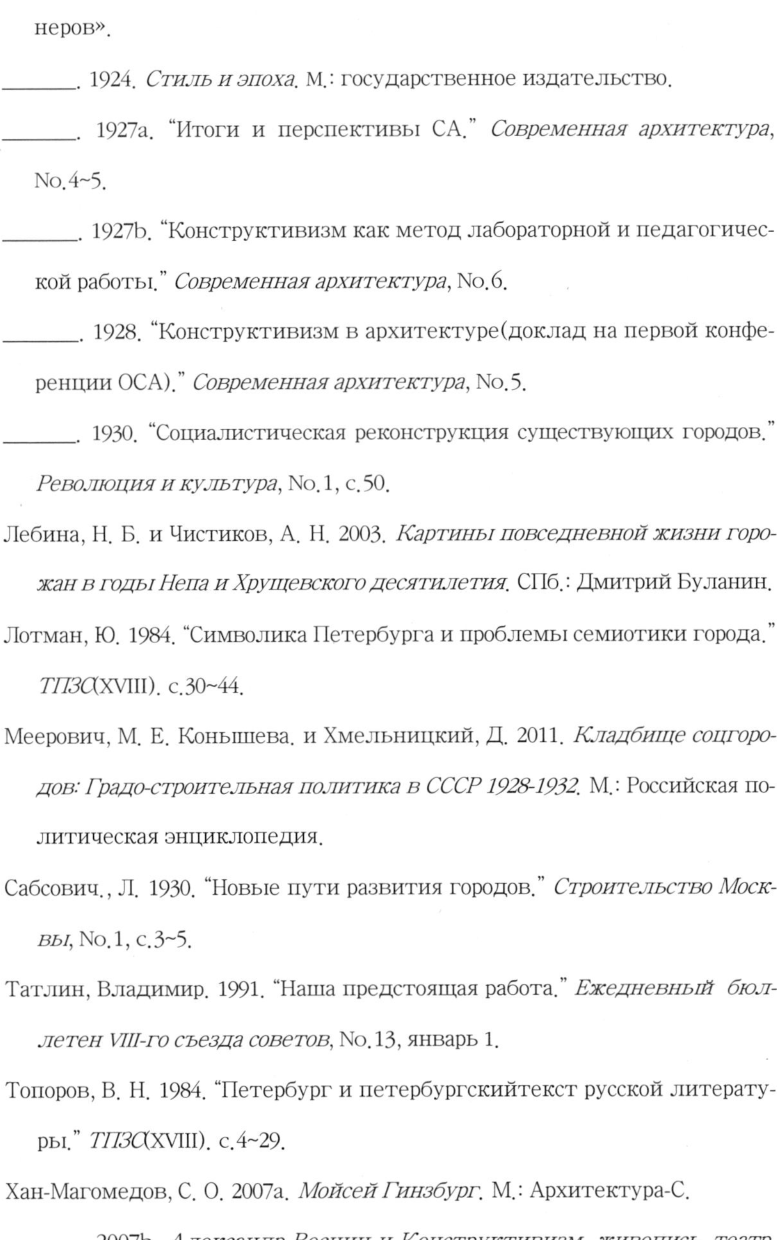

неров».

______. 1924. *Стиль и эпоха*. М.: государственное издательство.

______. 1927a. "Итоги и перспективы СА." *Современная архитектура*, No.4~5.

______. 1927b. "Конструктивизм как метод лабораторной и педагогической работы." *Современная архитектура*, No.6.

______. 1928. "Конструктивизм в архитектуре(доклад на первой конференции ОСА)." *Современная архитектура*, No.5.

______. 1930. "Социалистическая реконструкция существующих городов." *Революция и культура*, No.1, с.50.

Лебина, Н. Б. и Чистиков, А. Н. 2003. *Картины повседневной жизни горожан в годы Непа и Хрущевского десятилетия*. СПб.: Дмитрий Буланин.

Лотман, Ю. 1984. "Символика Петербурга и проблемы семиотики города." *ТПЗС*(XVIII). с.30~44.

Меерович, М. Е. Коньшева. и Хмельницкий, Д. 2011. *Кладбище соцгородов: Градо-строительная политика в СССР 1928-1932*. М.: Российская политическая энциклопедия.

Сабсович., Л. 1930. "Новые пути развития городов." *Строительство Москвы*, No.1, с.3~5.

Татлин, Владимир. 1991. "Наша предстоящая работа." *Ежедневный бюллетен VIII-го съезда советов*, No.13, январь 1.

Топоров, В. Н. 1984. "Петербург и петербургскийтекст русской литературы." *ТПЗС*(XVIII). с.4~29.

Хан-Магомедов, С. О. 2007a. *Мойсей Гинзбург*. М.: Архитектура-С.

______. 2007b. *Александр Веснин и Конструктивизм. живопись. театр.*

архитектура, рисунок, книжная графика, оформление праздников. М.: Архитектура-С.

Хмельницкий, Д. и Е. Милютина. 2013. *Архитектор Николай Милютин*. М.: Новое литературное обозрение.

인터넷 사이트

http://az.lib.ru/c/chernyshewskij_n_g/text_0020.shtml(검색일: 2013.11.20)

http://en.wikipedia.org/wiki/Congr%C3%A8s_International_d'Architecture_Moderne (검색일: 2013.10.25)

http://www.galinsky.com/buildings/izvestia/(검색일: 2013.10.12)

http://www.narkomfin.ru/Rus/Narkomfin/Description.aspx(검색일: 2013.10.20)

https://www.flickr.com/photos/quadralectics/8537797316/sizes/o/in/set-72157632936677545/(검색일: 2013.11.20)

https://www.flickr.com/photos/quadralectics/sets/72157632936677545/detail/?page=2(검색일: 2013.11.10)

제7장

사회주의 도시의 '농촌적' 요소들

소련 도시화의 몇 가지 특징에 대하여

남영호 | 서울시립대학교

1. 서론

토지의 사회적 소유와 계획을 통한 국가의 강력한 개입은, 서로 의견이 일치하지 않는 학자들도 대체로 동의하는 사회주의 도시의 근본적인 구성 원리이다. 몇몇 학자들은 자본주의 도시에서 흔히 나타나는 무질서한 개발과 팽창, 그리고 그로 인한 교통 문제, 환경오염, 인종·계급 분리, 도시기반 시설의 상업화, 인간소외 같은 문제들이 사회주의 도시에서는 상대적으로 적게 나타나는 것에 주목해, 이것의 배경에는 국가가 토지의 소유자이자 강력한 계획자로서 이상적으로 여겨지는 계획을 추진할 수 있는 체제의 속성이 놓여 있다고 보았다(Shaw, 1985; French·Hamilton, 1979; Harris, 1972). 반면 다른 학자들은 사회주의 도시에서도 학력별·직종별·인종별 분리(segregation) 현상이 존재했으며, 사회주의 도시 건설의 이상과 실제 사이에는 큰 차이가 있다고 비판했다(Andrusz·Harloe·Szelenyi, 1996; Szelenyi, 1983).[1] 하지만 이들은 대부분 자본주의 도시와 구별되는 사회주의 도시의 구성 원리를 부정했다기보다는, 현실 사회주의(actually existing socialism)에서 그 이상이 제대로 실현되지 않았다는 입장이다.

물론 소련의 독특한 도시주거형태인 콤무날카(коммуналка)[2]나 주거지역의 기본 단위인 미크라라이온(микрорайон)[3]도 사회주의 고유의 특색이라기보다는 당시의 상황에서 불가피하게 도입된 주거 형태이거나, 자본주의 도시에서도 유사하게 발전된 형태라는 주장이 있다(Smith, 2010: 8; Smith, 1996: 70~99). 일찍이 1958년에도 소련의 지리학계와 도시계획학계는 서양의 도시에서 나타나는 문제에 깊은 관심을 가지고 있고, 이에 대한 해결책을 공유하고 싶어 한다는 보고가 있었으며(Howe, 1958: 80~85), 1970년대부터는 서유럽에서 열리는 도시문제학회에 동유럽과 소련의 학자들이 대거 참석해 진지한 토론을 벌이기도 했다(French·Hamilton, 1979: 17). 이런 관점에서 본다면 도시란 자본주의와 사회주의의 차이를 넘어선 별개의 실체이며, 사회경제적 발전과 기술적 진보를 통해 서로 수렴하는 진화체이기도 하다.

고트디너(Mark Gottdiener)와 버드(Leslie Budd)는 도시가 지금으로부터 대략 1만여 년 전 출현한 이래, 산업혁명까지는 큰 변화 없이 유지되어왔다고 본다. 산업혁명 이래 도시인구가 폭발적으로 성장했으며, 도시 내에 자본가와 노동자라는 구별되는 두 계급이 살게 되었고 이 중 부유층이 차츰 교외로 빠져나가는 새로운 현상이 나타났다. 그리고 제2차 세계대전 이후 도시는 도심이 가졌던 기능들을 다수의 중심지에 분배하고 스스로는 사업과 소비의 기능을 주로 담당하는 한편, 이제 중산층이 된 노동자 계급을 중심으로 대규모 교외화가 진행되는 세 번째의 거대한 변화를 겪게 된다(고트디너·

---

1) 셀레니(Ivan Szelenyi)의 주장에 대한 비판은 Hegedus(1988: 129~132) 참조.

2) 콤무날카에 대한 자세한 논의는 기계형(2008), 남영호(2012), Герасимова(1998) 참조.

3) 미크라라이온에 대한 자세한 논의는 Smith(2010: 116~121) 참조.

버드, 2013: 147~148).[4] 도시지리학에서 정설로 통용되는 이들의 정리에 따르자면, 도시의 발전 과정은 물론 정치체제와의 관련을 배제할 수는 없으나 그보다는 사회경제적 발전의 총제가 낳는 복합적 현상이다.

이 글은 사회주의 도시가 자본주의 도시와는 구별되는 구성 원리를 가졌지만 사회주의 체제로 환원되거나 해소되지 않는다는 전제에서 출발한다. 사회주의 도시는 사회주의 체제의 이데올로기에 따라 건설되고 운영되었지만 각국이 처한 역사적 조건과 전통 속에서 상당한 변형을 겪었으며 또 거꾸로 도시의 형성 과정이 현실 사회주의의 진행에 상당한 영향을 끼치기도 했다. 이런 맥락에서 사회주의의 이상(ideal)이 현실에서 제대로 구현되지 못한 데서 비롯된 결과뿐 아니라 이 이상이 낳은 의도하지 않은 결과에도 주목할 필요가 있다. 또 기술적 진보는 사회주의와 자본주의를 뛰어넘어 도시의 발전 과정에 반영되고 종종 발전 과정을 이끌어내기도 했지만, 고트디너와 레슬리가 지적하듯이 사회경제적 발전 과정의 총체가 그보다는 더욱 중요하며, 사회주의 도시의 토지소유관계와 계획경제는 바로 그 점에서 핵심적인 사회경제적 조건이었다.

헝가리 출신 사회학자 셀레니의 작업은 이런 각도에서 사회주의 도시의 특징을 "과소 도시화(under-urbanization)"라는 단어로 개념화한다(Szelenyi, 1981: 169~205, 1996: 286~317). 과소 도시화란, 개발도상국의 도시화 과정에서 기본적인 서비스와 일자리, 사회기반시설을 초과해 인구가 집중하는 사회공간적 과정인 과잉 도시화(over-urbanization)를 빗대어 셀레니가 고안한 용어이다. 이 용어는 개발도상국의 도시화 과정과는 대조적으로, 사회주의 체제에서 도시인구가 도시가 제공하는 제조업과 3차 산업의 일자리에 못 미치는 수준으로 성장하는 현상을 가리킨다(Selenyi, 1996: 295). 셀레니는 헝

4) 이들의 분석은 주로 미국과 서유럽을 대상으로 삼는다는 한계를 지닌다.

가리를 중심으로 동유럽 국가의 도시에 대한 분석을 통해 자신의 개념을 발전시켰고, 그 개념이 소련에도 적용되는가에 대해서는 입장이 약간 바뀌기도 했다. 그의 1981년 논문은 "과소 도시화"가 사회주의 도입 당시 극히 낮은 도시화율을 보였던 소련과 불가리아에는 적용되지 않는다고 했지만(Selenyi, 1981: 193), 1996년 논문에서는 모든 사회주의 도시는 상대적으로 성장이 낮다는 주장을 편다(Selenyi, 1996: 297).

셀레니 본인도 자신의 개념이 소련에 적용 가능한가에 대해 유보적이지만, 그의 이론은 소련 도시의 발전 과정을 파악하기 위한 하나의 유용한 출발점이 될 수 있다. 그의 과소 도시화는 워스(Louis Wirth)의 고전적인 도시 개념을 전제로 한다. 워스는 도시를 일정 수준 이상의 인구 규모(size of population), 일정 수준 이상의 인구밀도(density), 그리고 높은 수준의 혼종성(heterogeneity)이라는 세 가지 범주로 정의했다(Wirth, 1938: 124). 이 세 가지 범주로 말미암아 도시는 농촌과는 질적으로 다른 차원의 사회적 상호작용을 만들어내며, 도시가 농촌을 압도하고 지배하는 방향으로 사회가 진화한다는 것이 워스의 관찰이었다. 그리고 셀레니의 주장은 이러한 세 가지 범주에서 볼 때, 사회주의는 과소 도시화 또는 적어도 시장 자본주의보다 낮은 도시의 성장이라는 특징을 지닌다는 것이었다. 이에 더해, 셀레니는 사회주의 도시의 유형도 자본주의 도시와는 다른 발전 경로를 밟았다는 가설을 제출한다. 그의 설명으로는, 근린주거지구의 발전 과정이나 상업용 또는 제조업의 부지선택과정도 자본주의의 시장 원리에 의존하지 않았기 때문에 그 결과도 자본주의 도시의 발전 과정과는 달랐다.

이 글은 워스의 도시 개념이나 셀레니의 이론적 접근에 반드시 동의하지는 않으며, 그러한 접근이 소련의 도시 발전의 근본적인 특질을 드러내는 데는 한계가 있다는 것을 인정한다. 하지만 인구의 규모와 밀도, 도시 발전의 유형, 혼종성의 구체적 양태라는 세 가지 변수를 방법론적으로 사용하는 것은 자본주의 도시와 구별되는 사회주의 도시의 현상을 파악하는 데 하나의 유익한 접근 방법으로서 고려한다. 이 글은 이러한 세 가지 변수로 파악한 소련 도시의 독특한 발전 과정을 보여주는데, 정부 당국은 높은 수준의 도시화를 사회주의적 인간형 형성을 위한 핵심적인 공간의 창조로 간주했으나 실제로는 도시에 상당 수준의 "농촌적" 요소, 또는 비도시적 요소를 포함했던 아이러니로 압축한다. 하지만 사회주의 도시에서 존재하는 비도시적 요소는 도시의 미완성이라기보다는 기존 통념과는 다른 차원의 도시화로 보아야 한다. 최근 도시 연구에서는 제2차 세계대전 이후 자본주의 국가에서 도시와 교외와의 관계가 근본적인 변화를 겪어온 것에 주목하지만, 옛 사회주의 국가에서 진행되었던 독특한 도시화의 경로는 감안하지 않는 경향이 있다. 현실 사회주의에서 도시는 위계질서상 농촌에 비해 압도적으로 우월한 지위를 누렸지만 도시와 농촌 사이의 경계가 절대적인 것은 아니었다.

2. 도시의 인구 규모와 밀도

도시가 주로 농경에 종사하는 그 배후 지역과 구별되는 첫 번째 특징은 인구의 규모이다. 물론 셀레니가 논의의 출발점으로 삼는 워스도 인구의 규모로만 도시를 규정하는 것은 무리이며, 또 어떤 규모의 인구부터 도시에 해당하는가를 단정하는 것은 자의적일 수밖에 없다고 전제한다(Wirth, 1938: 4). 그러나 워스에 따르면 일정 규모를 넘어서 인구가 밀집할수록 개별적인 다양성과 차별성이 증대하며, 이는 농촌 지역과는 다른 방식의 사회적 경쟁과 통제, 분리를 유발한다. 또 인구가 많다는 것은 서로 알지 못하는 사람들이 일정 지역에 함께 살게 됨을 의미하며 이로써 뒤르켕(Emile Durkheim)이 아노미라고 불렀던 일탈 현상의 배경이 되기도 하지만, 특정 개인에 대한 의존에서 벗어나 직업적·문화적 특화를 낳기도 한다. 간단하게 말하면, 농촌 문화와 구별되는 도시성(urbanity)이 형성될 수 있는 출발점은 인구 규모이다. 따라서 셀레니도 사회주의 도시의 특성을 살펴보기 위해서는 먼저 인구부터 따질 수밖에 없다고 본다(Selenyi, 1996: 294~296).

그런데 셀레니의 과소 도시화 명제는, 본인 스스로도 처음에 한계를 그었듯이, 한눈에도 소련에는 적용되기 힘든 것처럼 보인다. 소련에서 1917년 혁명 이후, 특히 1920년대 후반 이후 급격한 산업화와 함께 도시화가 진행되었다는 것은 주지의 사실이다. 혁명 이전에 10%를 조금 넘는 수준이던 도시거주인구는 1926년 2,600만 명이 되었고 1959년에는 4배인 약 1억 명으로 증가했다(Harris, 1972: 297). 그 뒤로도 도시화율은 꾸준히 증가해 1959년 52%에서, 1970년 62%, 1979년 63%, 그리고 소련 붕괴 직전인 1989년에는 73%를 기록했다. 1989년 농업종사인구가 20.3%인 것을 감안하면, 도시화율은 제조업 및 서비스업 종사자의 비중보다 약간 낮기는 하지만 현저하게 차이가 나는 수준은 아니다(Becker·Mendelsohn·Benderskaya, 2012: 8). 반면 주거, 교통, 수도, 전기 같은 기본적인 서비스와 사회기반시설은 도시인구의 이런 폭발적 증가를 따라잡지 못해 거주민들의 생활수준의 질이 높지 못했다는 게 일반적인 평가이다. 그렇다면 소련의 도시화는 차라리 제3세계의 급격한 도시화를 가리키는 용어인 과잉 도시화에 가까운 것이 아닐까.

하지만 과소 도시화란 도시인구의 절대적 규모에 관한 개념이 아니라, 주로 고용과 도시인구의 관계에 관한 상대적인 개념이다. 셀레니의 주된 분석 대상인 헝가리는 사회주의 이전에도 산업화가 높은 수준이었다. 제2차 세계대전과 사회주의 이후 산업화는 더욱 빠르게 진행되었지만 도시인구의 증가는 도시에서 제공하는 일자리 증가에는 못 미치는 수준이었다. 그 결과 원래 살던 농촌 지역에 그대로 거주하면서 도시로 출퇴근하는 인구가 1960년 60만 명에서 1970년 100만 명으로 증가하여 제조업 고용 인구 전체의 절반가량에 이르렀으며, 그 뒤로도 이 같은 증가 추세가 계속되었다는 것이다(Selenyi, 1981: 193~194). 셀레니는 이러한 현상의 원인으로 국가가 도시의 기반 시설보다는 산업, 특히 중화학공업에 대한 투자를 우선시한 정책을 든다. 무엇보다 도시 내 주택이 절대적으로 부족했으며 그 외에도 교통이나 전기, 수도 같은 기본적 서비스 공급을 등한시했기 때문에 도시인구의 증가에는 한계가 있던 반면, 급속한 산업화로 제조업 일자리는 증가했기 때문에 많은 사람들은 농촌에 살면서 도시로 출퇴근하게 되었다. 한편으로 도시에 거주할 수 있었던 사람들은 제조업 종사자보다는 전문직이나 경영직에 종사하는 화이트칼라로서 이들이 차츰 중산층을 형성하게 된 반면, 농촌 거주자는 프롤레타리아트화되었다는 것이 셀레니의 주장이다(Selenyi, 1981: 194).

이러한 과소 도시화 과정에 따라 서유럽의 "교외화"와는 상당히 다른 양상이 동유럽에서 전개되었다. 서유럽에서는 중산층이 도시의 직업을 그대로 유지한 채 교외로 빠져나가는 반면, 동유럽에서는 도시에서 직장을 찾지 못한 지방정부 공무원, 의사, 농업기술자, 교사도 도시 생활의 이점을 포기하지 않기 위해 도시에 그대로 거주하며 농촌에서 직장을 구하는 경우가 많았다는 것이다. 이들이 도시 거주를 고집했던 것은 도시에서 누릴 수 있는 각종 문화시설의 이점뿐 아니라 정부의 주거 시설 보조도 한몫했다. 이런 관점에서 보았을 때 사회주의는 마르크스가 지적했던 자본주의에서 발생하는 도시와 농촌 사이의 모순을 해결한 것이 아니라 오히려 도시와 농촌 간 격차를 더욱 심화하는 구조로, 사회주의의 농촌은 마치 19세기 산업 자본주의 도시에서 슬럼과 같은 기능을 수행하는 셈이다(Selenyi, 1981: 195~196).

셀레니의 이 같은 주장이 동유럽 도시에 대한 설명으로 타당한가의 여부를 따져보는 일은 이 글의 범위를 벗어나기에, 여기서는 소련에 대해서만 살펴보기로 한다. 소련에서 도시와 농촌 사이에는 사회문화적인 측면뿐 아니라 정치경제적으로도 뚜렷한 위계질서가 있었고, 또 도시 사이에도 그 규모와 중요도에 따라 등급이 매겨져 있었던 것은 사실이다(Баранский, 1926: 19~62; 남영호, 2011: 45). 하지만 앞에서도 언급했듯이 사회주의 이전에 이미 44%의 도시화율을 보였던 체코슬로바키아, 67.6%인 동독, 36.3%인 헝가리 등 몇몇 동유럽 국가들의 도시화 수준과, 혁명 이전 10%대에 머물던 러시아의 도시화 수준에는 커다란 차이가 있다. 1926년 이후 스탈린의 경제개발계획과 집단농장화에 따라 수백만, 수천만 명의 농민이 도시로 이주했으며 당시 소련의 도시화 속도는 세계사상 유례가 없을 정도로 급속했다(Harris, 1972: 129~185). 또 새롭게 노동자 계급에 편입한 이들 가운데 일부는 사회적 상향 이동을 이루기도 했다. 소련에서 도시인구의 성장은 초기의 급속한 산업화 이후에도 계속 진행되었기 때문에 산업 노동자의 상당수는 농촌에 그대로 거주한다는 전제를 가지는 "과소 도시화" 명제는 소련에 그대로 적용될 수 없다.

하지만 사회주의 도시는 역사적으로 어떤 시기에서건 상대적으로 낮은 수준으로 성장한다는 그의 주장은 어떠한가. 통계 수치상으로는 소련 도시의 인구밀도가 자본주의 대도시에 비해 다소 낮지만 엄청나게 차이가 나지는 않는다. 〈표 7.1〉을 보면 소련 도시 가운데 수도인 모스크바의 인구밀도가 가장 높고, 레닌그라드나 민스크 등의 인구밀도도 낮은 편이 아니다. 참고로 1970년 뉴욕의 인구밀도는 10만 77명/km^2, 서울은 9,078명/km^2, 도쿄는 6,016명/km^{2}이다.5)

---

5) 뉴욕은 미국 통계국, 서울은 통계청, 도쿄는 총무성 통계국의 자료를 인용했다. 여기서 도쿄는 도쿄 광역시이기에 인구밀도가 다소 낮은 것으로 나온다. 뉴욕은 http://www.census.gov/popest/data/historical/2000s/vintage_2006/metro.html, 서울은 http://kosis.kr/statisticsList/statisticsList_01List.jsp?vwcd=MT_ZTITLE&parmTabId=M_01_01, 도쿄는 http://www.stat.go.jp/english/data/kokusei/2010/poj/pdf/2010ch-01.pdf 참조(검색일: 2013.7.10).

〈표 7.1〉 **소련 주요 도시의 인구 밀도**

도시	면적(km^2)	인구	밀도(km^{2}당)	연도
모스크바	878.7	7,368,000	8,385	1974
레닌그라드	512	3,786,000	7,395	1974
민스크	158.7	907,104	5,716	1970
하르호프	287.8	1,330,000	4,614	1974
탈린	96	363,000	3,780	1970
고르키	334	1,260,000	3,772	1974
쿠이비셰프	330	1,140,000	3,445	1974
카잔	280	850,000	3,035	1969
노브시비르스크	477	1,243,000	2,606	1974
키예프	777	1,887,000	2,429	1974

자료: French(1979: 82).

그러나 도시 전체가 아니라 지구(район)별로 나누어서 인구밀도를 살펴보면 상당히 다른 그림이 펼쳐진다. 이를테면 키예프는 레닌그라드보다 1.5배가량 넓고 인구는 절반쯤이다. 1969년 키예프의 도심 구역 인구밀도는 1만 7,000명/km^{2}인 반면, 행정구역상 시내이지만 철도로 연결된 지역의 대부분은 농촌으로 485명/km^2 수준이다. 레닌그라드도 역시 시내 자체의 인구밀도는 1만 1,380명/km^2 수준으로 시 전체의 인구밀도보다 훨씬 높다(Harris, 1972: 82~83). 소련의 도시 경계는 상당히 자의적이어서 시의 경계 내 상당 부분이 광대한 공원이거나 숲, 농촌 지역이기 때문에 공식적인 통계만으로는 도시화된 지역의 인구 밀집도를 알기 힘들다. 프렌치(R. A. French)는 이런 통계를 인용해 오히려 소련에서 '진정한' 도시 지역은 서유럽이나 미국과 비교해도 과밀 현상을 보인다고 주장한다(Harris, 1972: 83).

프렌치의 주장과 셸레니의 주장을 종합해보면, 다음과 같은 도시경관이 그려진다. 즉, 행정구역상의 모든 도시 지역(city boundary)이 반드시 도시화된 지역(urban area)만을 포함하는 것이 아니다. 따라서 행정구역으로는 도시이지만 실제로는 농촌인 지역에서 도시로 출퇴근하는 인구가 상당한 수준에 이를 수 있다. 대도시 시내의 인구 밀집도가 높기는 하지만 높은 수준의 산업화로 인해 도시적 성격을 가진 일자리 숫자는 그보다 훨씬 많았으며, 시 외곽 지역 또는 농촌과 다름없는 지역에서 도시로 출퇴근하는 노동인구가 상당수에 이른다. 그래서 소련의 도시는 농촌을 일정 정도 포함하고 있었다.

소련의 도시계획자들은 독점 자본주의 도시에서 발생하는 인구 과밀과 이에 따른 문제를 비판하면서, 언제나 사회주의 도시의 적정인구 규모를 산출하는 일을 중요하게 생각했다(Harris, 1972: 42). 그러나 현실에서는 도시계획상의 적정인구 규모에 따른 기본적 서비스와 사회기반시설조차 제대로 공급되지 않았을 뿐 아니라, 계획을 초과하는 인구가 대도시에 집중되면서 시내 지역의 과밀에도 불구하고 이들을 모두 수용할 수 없어 도시 경계 내의 미개발 지역이나 시 외곽에도 상당수의 인구가 거주하게 되었다. 이를테면 레닌그라드 시의 경우, 1966년 모스크바의 인준을 받은 도시종합계획은 1990년의 최대 인구를 350만 명으로 설정했지만 인준 시점에 이미 350만 명을 넘어섰으며, 그 뒤 15년이 경과하는 동안 100만 명의 인구가 추가되었다(Ruble, 1990: 81). 그래서 1970년 노보시비르스크의 노동자를 대상으로 한 조사에서는 "13.5%의 응답자는 겨우 1~3m^2만을 차지했을 뿐이다. 아무리 기숙사라고 하더라도 그렇게 좁은 공간으로 생활할 수 있다고는 믿을 수 없을 정도이다. 또 70.2%의 응답자는 최소한의 위생 기준에 미달하는 환경에서 살고 있었다"는 결과가 나왔다(Mattews, 1979: 115). 도시 과밀로 인한 이러한 열악한 주거 환경과 함께, 시내 중심보다 시 외곽에 거주하는 인구가 더욱 성장하는 현상이 동시에 존재했다. 〈표 7.2〉를 보면 레닌그라드에서 1966년 이후 중간 지구와 외곽 지구에 거주하는 인구의 비중이 급증함을 알

〈표 7.2〉 **레닌그라드의 지구별 인구 분포**

지구별	1959	1966	1980
중심 지구	50.7%	52.7%	26.3%
중간 지구	28.2%	25.8%	37.7%
외곽 지구	21.1%	21.5%	36.0%
합계	100%	100%	100%

자료: Ruble(1990: 70).

〈표 7.3〉 **1968년 우파 시의 사회적 지위에 따른 주거지역**

사회적 지위	중심 지구	신흥 주거지역	교외
노동자	33.5%	47.1%	57.4%
피고용자	9.0%	17.8%	12.2%
I.T.R.	12.0%	10.9%	6.2%
지식인	32.4%	14.9%	11.8%
연금 생활자	13.1%	9.3%	12.4%
합계	100%	100%	100%

주: 사회적 지위의 범주에서 피고용자는 주로 저임금의 비육체노동자, I.T.R.은 제조업체의 핵심적인 기술자를 가리킨다.
자료: Mattews(1979: 112).

수 있다.

하지만 도시가 팽창하면서 교외 지역이 도시로 편입되고 시 외곽에 새로운 주거 단지가 형성되는 과정은 자본주의 도시에서도 흔하게 진행되는 과정이다. 〈표 7.3〉은 소련 도시의 발전 과정이 자본주의 도시와 어떻게 다른지를 더 분명하게 보여준다. 소련 시대의 주거 환경에 대한 조사 자료가 여전히 충분하지 않은 가운데 〈표 7.3〉은 시베리아의 도시 우파(1967년 인구 70만 4,000명)에서 사회적 지위에 따른 거주 지역의 차이를 나타낸다. 선진 자본주의 나라의 대도시에서 교외화를 주도하는 집단은 전문직 종사자 등의 중산층이지만, 소련에서는 이들 집단이 시내 중심 거주를 선호했다. 〈표

7.3〉에서도 알 수 있듯이 특정 지역이 특정 직업군에게 (따라서 사회적 지위에) 전적으로 귀속되는 것은 아니지만, 사회적 지위에 따른 거주 지역의 차이는 뚜렷하게 존재했다.

물론 많은 학자들이 지적하듯이, 소련의 광대한 영토와 다양한 민족, 지역별로 다른 산업화 및 도시화 정도를 감안한다면 도시의 지역별 차이는 다른 사회주의 국가에 비해 크다고 보아야 한다.[6] 혁명 전 수도였던 레닌그라드와 앞서 예로 든 우파, 뒤에서 다룰 공업 도시 노보쿠즈네츠크는 각기 다른 역사적 배경과 발전 과정을 겪었다. 하지만 도시 내부에 일정 정도의 농촌적인 요소를 가지고 있었다는 공통점이 있다. 이상의 논의를 정리해보면, 소련 도시는 셀레니의 과소 도시화 개념을 적용하기에는 무리가 있으나, 도시가 광범위한 농촌 지역을 편입하면서 사회적 지위가 낮은 이들이 이 지역에 집중하는 현상이 존재했다. 소련에서 도시는 외형적으로는 과소 성장하지 않았지만 이 성장은 그 내부에 농촌적인 요소를 포함함으로써 진행되었다. 다시 말하면, 현존하는 도시-농촌의 서열 관계는 도시 안으로 편입되어 자본주의 도시에 비교해 정도의 차이는 있을지언정 거주 지역이 일정 정도 사회적 지위와 관련되었다. 이러한 현상은 소련에서 도시 발전의 논리를 살펴보면 더욱 분명해진다.

3. 소련 도시의 발전 유형

마르크스와 레닌의 이론에서 토지는 생산에 반드시 필요한 요소이기는

---

6) 이에 대해서는 많은 논문이 있지만, 통계를 뒷받침한 종합적인 정리는 Becker·Mendelsohn·Benderskay(2012: 6~18) 참조.

하지만 가치를 창조하지 않으며(노동만이 가치를 창조한다), 생산된 잉여가치의 분배에 관계된다. 따라서 자본주의적 착취 관계가 종식된 사회주의 경제에서는 토지 소유자에게 잉여가치가 분배될 필요가 없다. 이러한 토지에 대한 이론이 현실 사회주의 경제에서 의미하는 바는, 비록 토지 사용에 대한 여러 가지 지침은 있으나 자본주의와 같이 공간의 경제적 활용을 강제하는 원칙은 없다는 점이다(Reiner·Wilson, 1979: 50~55). 시장 원리에 따라 작동하는 자본주의라면 토지의 가격도 수요와 공급 법칙으로 형성되며, 자본(또는 소비자)은 입지를 선정할 때 이를 고려하겠지만, 사회주의는 이러한 조건에서 벗어났다. 물론 1960년대 이후 다른 경제활동에서와 마찬가지로 비용과 효율을 따지는 경향이 도입되기는 했으나, 그럼에도 불구하고 사회주의 도시에서는 주거 지구와 기업체가 공간적으로 균등하게 분포되는 경향은 여전했다.

기업이 교통이 편리하면서도 가격이 저렴한 입지에 집중하는 자본주의와는 달리, 사회주의에서는 기업이 도시 전역에 평면적으로 흩어져 있으며 기업에 딸린 주거지역은 그 인근에 숲과 공터로 분리되어 존재하는 것이 일반적이다. 특히 혁명 이전 시기로부터 역사적인 유산을 물려받지 않고 1940년대 이후 건설된 시베리아 지역의 도시들이 전형적으로 이러한 구조를 취했다. 〈그림 7.1〉의 시베리아 도시 노보쿠즈네츠크는 1930년대에는 철강복합단지의 일부로 성장했으며 1950년대 이후에는 화학, 금속, 엔지니어링 산업이 중심인 도시였다. 지도에서 점박이 네모로 표시된 주요 공장들은 각각 몇 킬로미터씩 서로 떨어져 있으며 그 사이에는 강이나 숲 같은 휴식 공간이 배치되었고 대부분은 기차역과는 상당히 멀다. 지도에서 빗살 무늬로 표시된 주거지역(도시 지역)은 바로 붙어 있지는 않으나 도보로 통근할 만한 거리이다.

다른 한편으로, 혁명 이전부터 발달한 도시의 경우에는 노보쿠즈네츠 같

〈그림 7.1〉 **노보쿠즈네츠크의 개념도**

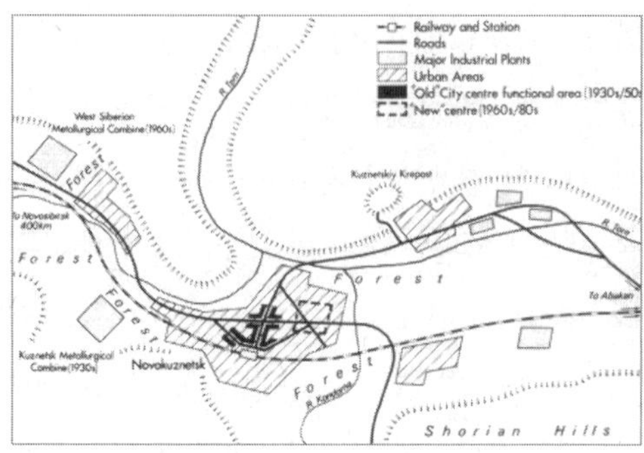

자료: French·Hamilton(1979 :16).

〈그림 7.2〉 **1966년 레닌그라드 종합개발계획**

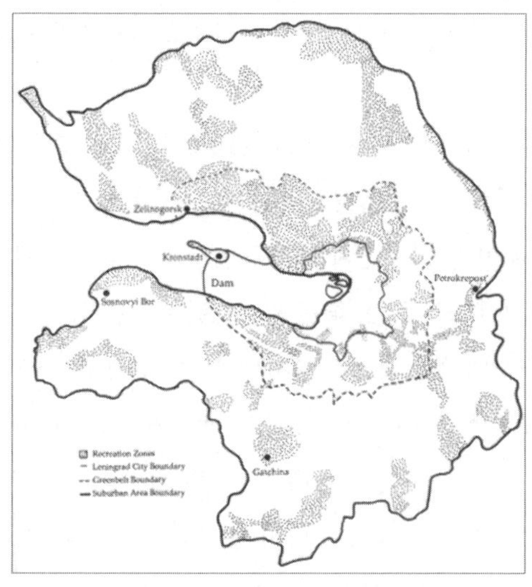

주: 굵은 선은 도시와 교외의 경계, 가는 선은 시 경계, 점선은 그린벨트 경계, 점은 휴식 공간이다.
자료: French·Hamilton(1979: 77).

은 신생 공업 도시와 같은 방식의 발전은 불가능하다. 이 경우에는 구도심을 크게 손대지 않으면서 도심의 과밀을 완화하기 위해 교외에 주거 지구를 대규모로 건설하는 정책이 추진되었다. 레닌그라드의 경우 5%만이 당시 존재하던 시 경계 내에 신규 주택을 건설한 반면, 45%는 시의 북쪽, 50%는 시의 남쪽에 건설하도록 하는 것이 1966년 레닌그라드 종합개발계획의 목표였으며 대체로 이 계획에 따라 실행되었다. 그 결과는 〈표 7.2〉와 같이 시 중간 지구와 외곽 지구 거주 인구의 대폭적인 성장이다. "더군다나 시내 지구가 외곽 지역에 인구를 빼앗기면서 시 인구는 레닌그라드 전역에 걸쳐 더욱 고르게 분포되도록 되었다. 상당한 정도로 이 계획은 성취되었다"(Ruble, 1990: 74). 이는 마치 자본주의 국가에서 도심과 교외 사이에 그린벨트나 숲 지대가 있다고 하더라도 메트로폴리스가 교외로 팽창하는 것과 어떤 점에서는 유사하다(〈그림 7.2〉 참조).

셀레니도 사회주의에서는 자본주의와 달리 도시계획자가 공간의 경제성을 크게 고려할 필요가 없었기 때문에 융통성의 폭이 훨씬 넓었다고 지적한다. 동베를린의 알렉산더광장 같은 엄청난 위용을 자랑하는 대규모의 공공공간을 건설할 수 있었던 것도 이 때문이지만, 이와 동시에 도시 내 인구밀도를 낮추는 효과도 가져왔다는 것이 그의 주장이다(Selenyi, 1996: 301~302). 하지만 앞서 살펴본 바와 같이 소련은 동유럽과는 달리 도심의 과밀 현상은 멈추지 않으면서 시 외곽도 동시에 성장하는 경로를 밟았다. 물론 도심 집중을 억제하는 것은 소련 도시계획의 지속적인 과제였다. 하지만 1960년대 이후 비용과 효율성을 강조하는 흐름에 따라 숙련 노동력이 집중된 시내에 오히려 고밀도의 개발이 진행되었으며, 심지어는 모스크바 시내에 텔레비전 공장을 지은 사례도 있었다(French·Hamilton, 1979: 18).

셀레니는 도시의 외곽 지역에 대규모로 주택단지가 들어선 데는 사회주의 경제의 독특한 논리가 작용했다고 지적한다. 자본주의 경제에서는 도심 지역의 지대가 높게 형성되어 도심 지역이 낙후될 경우 이를 재개발하는 것이 이득을 가져다주지만, 사회주의 경제에서는 지대 차이에 대한 개념이 없기 때문에 도심에서 기존 건물을 해체하는 사회적·경제적 비용을 부담하는 것보다는 교외의 빈 땅에 새로운 단지를 건설하는 편이 더 효율적이다. 1950년대 이래 사회주의에도 규모의 경제와 집적의 이점이라는 개념이 본격적으로 적용되면서 주택 건설도 대규모로 진행되었다. 이때 주택 건자재는 대규모로 생산되어 현장에서 조립하는 방식을 취했는데 이러한 방식에는 혼잡한 도심보다는 아무런 방해물도 존재하지 않는 교외나 시 외곽 지역이 더 적합했다(Selenyi, 1996: 304~307). 이러한 결과 넓은 녹지대를 사이에 두고 듬성듬성 근린주거지구와 산업용 건물이 고르게 분포하면서 광활하게 펼쳐지는 전형적인 소련의 도시경관이 창출되었다.

셀레니는 주로 사회주의 경제의 논리로 이러한 도시경관의 발전 과정을 설명하지만 여기에는 사회주의가 이상적으로 여기는 도시 건설의 모델이 반영되어 있음을 간과할 수 없다. 엥겔스(Friedrich Engels)가 19세기 영국에서 목격하고 비판한 산업 자본주의 도시의 비참한 광경은 사회주의 도시 건설의 반면교사였다. 사회주의 도시는 무엇보다 적정 규모로 건설되고 유지되어야 했으며 적정 규모를 넘어서는 도시 이주는 제한되어야 했다. 도시종합계획에서 비현실적인 인구 목표를 설정한 것도, 국내여권제도를 도입해 농촌 거주자의 이주를 제한한 것도 이러한 맥락에서 비롯되었다. 소련 초기에는 5만~10만 명 사이의 인구가 이상적인 도시 규모로 간주되었다. 하지만 이러한 발상은 대규모 산업복합단지를 우선적으로 건설해 경제개발을 추진하는 정책과 맞지 않았으며, 경제 과정 전체가 대도시의 성장을 견인한다는 점을 간과했기 때문에 제대로 준수되지 못했다. 그다음에는 인구 10만~20만 명 사이의 인구가 이상적인 도시 규모로 제시되었지만 이 역시 규모의 경제를 추구하는 정책에서는 비현실적인 것으로 판명되었다(French·Hamilton, 1979: 11).

이상적인 도시 규모는 소련 해체에 이를 때까지 제대로 지켜지지 못했지만, 마치 영국의 하워드(Ebenezer Howard)가 제안했던 '정원 도시(Garden City)'와 유사하게 도시와 농촌이 조화를 이룬 소도시가 궁극적인 지향점이었다. 하워드도 엥겔스와 비슷한 시기에 산업 자본주의 도시의 참상을 목격하면서 인간의 활동 범위(human scale)를 벗어난 크기의 도시 규모를 비판하고 농촌의 삶과 공장건축이 결합된 도시 건설을 제안했다. 그래서 소련의 도시계획가들은 하워드의 정신을 계승한 뉴타운(new town) 운동이 과연 그 개념처럼, 도시는 일자리를 제공하고 농촌은 쾌적한 환경과 공동체 정신을 제공하는지 관찰하기도 했다. 이러한 맥락에서 사회주의는 처음부터 비도시적 요소를 내포한 도시 건설을 추구했다고 볼 수 있다. 비록 도시의 전체 인구 규모를 적정 수준으로 유지하지는 못했지만 구역 단위의 건설에서는 직장과 주택 사이에 녹지를 배치하되 보행 가능한 거리로 유지하고 구역마다 그 외부를 녹지로 둘러싸는 방식을 유지하려 애썼다. 물론 소련 내에서도 도시마다 상당한 차이를 보이기는 하지만 소련 도시 내에서 "농촌적" 요소는 도시계획의 기본 정신과 경제 논리의 양자를 통해 스며들어 있었던 셈이다.

4. 혼종성과 다양성

셀레니가 출발점으로 삼는 워스의 도시 개념은 발표 직후부터 많은 비판을 받았다. 앞에서도 언급했듯이 워스는 인구의 규모, 밀도, 혼종성(또는 다양성)이라는 세 가지 변수의 조합으로 도시를 정의하면서, 이 변수들의 강도가 크면 클수록 도시성의 강도도 증가한다는 논리를 폈다. 하지만 고트디너와 버드가 지적하듯이 "다년간의 연구에도 불구하고 워스의 이론을 지지해주는 증거는 없다. 규모, 밀도, 다양성이 도시 지역을 규정하는 것은 확실하며, 특히 이런 변수들이 강력할 경우 더욱 그러하다. 그러나 이들 중 하나 또는 둘이 증가한다고 해서 꼭 더 큰 '도시' 효과를 낳은 것은 아니다. 샌프란시스코와 같이 상대적으로 작은 일부 도시들은 매우 도시적이고 다양한 반면, 인디애나폴리스나 내슈빌과 같은 큰 도시들은 오히려 덜 도시적이다. 워스의 이론은 각각 문화가 다른 나라마다 도시 발전의 경로가 어떻게 달라질 수 있는지를 고려하지 않았다"(고트디너·버드, 2013: 22). 그리고 이들의 지적은 소련 도시의 특성을 설명하는 데 더욱 유용하다.

이 외에도 워스의 도시 개념에는 많은 비판이 있지만, 비판자들도 인정하는 워스의 중요한 업적은 도시사회생활의 특징을 포착한 점이다. 즉, 농촌의 지역사회는 직접 대면하는 사적인 관계(1차적 관계)가 지배하는 반면, 도시 지역은 덜 사적인 2, 3차적 관계에 의해 지배된다(고트디너·버드, 2013: 23). 직접 대면해도 국지적인 접촉인 2차적 관계이든 간접적인 관계와 접촉을 기초로 하는 3차적 관계이든, 이러한 관계가 지배하는 도시 생활은 비인격적이며 경제활동에 국한된 활동이 주를 이룬다. 이렇게 2, 3차적 관계가 도시 생활을 주도하는 이유는, 도시에서는 농촌 지역보다 훨씬 더 개개인의 활동이 다양한 분야에 걸쳐 특화되었고 사람 사이의 접촉도 전면적이기보다는 특화된 특정 분야에 국한되기 때문이다. 그래서 농촌 생활과 구별되는 도시다움, 즉 도시성의 핵심은 인구 규모나 밀도보다는 궁극적으로 다양성(diversity)과 혼종성이다.

이런 점에 비추어 보았을 때 셀레니가 사회주의 도시는 자본주의 도시에 비해 덜 다양하며 주변적인 행위도 덜하다고 지적한 것은 타당하며, 이는 소련의 도시에 더욱 잘 적용된다(Selenyi, 1996: 301~302). "베를린 장벽이 무너지기 전 장벽 사이 두 도시의 가장 커다란 차이 가운데 하나는 시의 동쪽 부분에는 다양성이 훨씬 덜했다는 점이다. 이를 좀 더 일반화해본다면 다양성이 한정되었다는 지표로 다소 뻔하지만 분명하게 눈에 들어오는 것이, 사회주의 도시에는 상점과 식당, 광고, 노점상 같은 도시적인 서비스가 부족했다"(Selenyi, 1996: 300). 그래도 프라하나 부다페스트, 그리고 이보다는 덜하지만 동베를린이나 바르샤바 같은 동유럽의 도시는 제2차 세계대전 후 사회주의화되기 전에 이미 상당한 수준의 도시 문화가 꽃피웠고, 사회주의 이후에도 이를 어느 정도는 간직했다. 이에 비해 소련 대부분의 도시에서는 혁명 이전부터 존속했던 도시적 서비스의 흔적을 찾기 쉽지 않다.

소련 도시에서는 상점의 종류와 숫자도 많지 않을뿐더러, 상점의 이름도 특색을 드러내기보다는 그 기능을 표시하는 데 그친다. 식당이나 카페에서 식사하거나 담소하는 문화도 발달하지 못했다. 예를 들어, 시베리아 도시 이르쿠츠크의 영화관 이름을 보면, '피오니에르(소련의 소년단)', '평화', '갈매기', '콤소몰(소련공산주의청년동맹)', 아니면 '스크린' 같은 식으로 천편일률적이다(French·Hamilton, 1979: 6). 또 도시경관에 다양성을 더해주는 것이 역사적인 건축물이지만, 제국주의적이거나 종교적이거나 자본주의적인 특징을 지닌 기념물들은 혁명적이거나 사회주의적인 상징이나 영웅의 동상으로 대체되었다. 1950년대 후반 이래 소련에서 폴란드 문화나 폴란드적인 디자인은 "이국적"인 것으로 여겨져 환영받았고, 1960년 모스크바에서 개관한 바르샤바 호텔의 인테리어 디자인은 세련된 현대성의 상징으로 받아들여졌다. 하지만 1945년 이후 파리에서 유학하던 폴란드 건축가들은 스튜디오나 학교에서 공부한 도시계획이 아니라, 사람들이 거리에 물건을 늘어놓고 팔며 행인들이 넘쳐나고 카페 문화가 꽃피는 활기찬 거리의 문화를 파리 생활에서 가장 인상 깊은 시간으로 꼽았다(크롤리, 2013).

이미 살펴보았듯이 소련 도시의 인구 규모와 밀도는 선진 자본주의 도시에 견주어 커다란 차이를 보이지 않는다. 하지만 이러한 양적인 성장이 도시성의 수준을 말해주지는 않는다. 소련의 도시 생활에는 특화된 경제 행위의 다양성이 도시 거주민의 기본적 요구를 충족하기에도 부족했다. 개인적인 연줄을 이용해 결핍된 재화나 서비스를 구하는 블라트(блат)가 발달한 배경도 이러한 소비생활의 다양성 부족이다. 블라트는 워스가 도시 생활의 특징으로 지적한 2차적 또는 3차적 관계의 발전과는 상당히 다른 방식의 사회관계이다. 사회주의 소비생활의 특징인 결핍의 경제에서 비인격적이거나 간접적인 접촉만으로는 필요한 물건을 구입하거나 필요한 서비스에 접근하기 힘들었으며, 친근한 관계를 쌓고 비공식적인 접촉을 통해 원하는 바를 획득하는 일은 많은 이들에게 사회생활을 위해 익혀야 하는 필수적인 기술이었다(Ledeneva, 1998: 46).

그러한 사례 가운데 하나가 자동차이다. 스탈린 시대에는 자동차가 거의 대부분 군인과 군사물자 수송이나 각종 물자의 운송에 사용되었지만, 1960년대에는 이르러서는 개인적 용도를 위한 승용차 생산이 본격화된다. 그래서 1975년에는 소련에서도 자가용 운전자가 500만 명에 이르렀지만, 이 비율은 선진 자본주의 국가는 물론이고 동유럽 국가에 비해서도 훨씬 못 미치는 수준이었다(Siegelbaum, 2008: 89). 그럼에도 자가용 운전자를 위한 정비센터는 수요에 훨씬 못 미쳤으며, (러시아가 산유국이지만) 휘발유나 부품을 구하는 일도 쉽지 않았다. 주유소 직원과 친분을 쌓는 일이나 (결국은 자가수리를 해야 하기에) 다른 승용차 운전자와 정보를 교환하고 서로 돕는 일은 승용차를 유지하고 보수하는 데 반드시 필요한 덕목이었다. 이뿐 아니라 생활필수품을 구입하는 일, 자식을 학교에 입학시키고 직장을 구하는 일, 휴가 바우처를 확보하는 일 등 사회생활의 많은 부분을 블라트에 의존했다.

하지만 소련의 도시 생활에서 다양성의 부족과 독특한 사회관계인 블라트의 형성을 농촌지역사회의 1차적 관계와 같은 것으로 보아서는 안 된다. 물론 도시의 소비생활에서 다양성이 부족한 것은 사실이지만 이는 농촌과 비할 수 없으며, 블라트는 자신에게 어느 정도 선택권이 있다는 점에서 자신의 의도와 관계없이 직접적이며 인격적인 관계가 형성되는 농촌의 전통적 지역사회와는 다르다. 따라서 소련 도시에서 형성된 '비도시적' 관계는 농촌적인 요소를 일부 포함하고 있으나, 도시환경에서 변용된 새로운 종류의 관계이다. 그렇다면 여기서 '비도시적' 관계란 여러 종류의 도시적 관계 가운데 하나일 수 있다. 뉴어버니즘(New Urbanism)에서 주장하듯이, 도시 생활이 반드시 삭막하고 비인격적 관계로 귀착되어야 할 필연성은 없다. 근린주거지구가 활성화해 이웃들 사이에서 친밀한 관계를 형성하는 일은 가능하며, 또 선진 자본주의 국가에서 일정 정도 실현되기도 한다.

도시 생활 일반의 두드러진 특징 가운데 하나는 긍정적인 의미에서건 부정적인 의미에서건 다양한 사람들이 모여 있다는 측면에서 혼종성의 증가이다. 어쩌면 도시 생활이 선사하는 매혹의 핵심은 서로 알지 못했던 다른 취향과 생활양식을 가진 사람들이 교류하며 만들어내는 불확실함과 불안함, 그리고 새로움에 있을지 모른다. 특히나 도시의 야간은 농촌 생활과 뚜렷하게 구별되는 도시의 특징을 드러낸다. 때로는 위험할 수도 있고 범죄가 발생하는 배경이 되기도 하지만 도시의 특정 구역은 낮과는 전혀 다른 모습으로 단장하며 사람들을 유혹한다. 그러나 도시의 어두운 매력은 소련의 도시계획에서는 고려의 대상이 아니라 배제의 대상이었으며, 불확실성을 제거한 유토피아적인 도시상이 도시계획의 지향점이었다. 한마디로 사회주의 리얼리즘은 무미건조했으며 그만큼 사람들을 소외시켰다(크롤리, 2013: 174~176 참조).

다른 한편, 사회주의가 혼종성의 부정적인 측면을 상당한 정도로 제거하는 업적을 남겼다는 데는 사회주의 도시에 대해 비판적인 셀레니도 인정한다. 소련을 비롯한 사회주의 도시에서는 자본주의 대도시에 비할 수 없을 정도로 범죄가 적고 구걸이나 노숙도 거의 없었다(Selenyi, 1996: 302). 그는 사회주의 국가들이 선진 자본주의 국가에 비해 더 가난하기는 했지만 사회보장이 더 잘 되어 있었으며 국가의 통제가 더욱 직접적이고 엄격했다는 점을 그 원인으로 꼽았다. 그러나 동일한 지역에 거주하는 주민 사이에 형성된 친밀한 관계도 각종 범죄와 사회일탈현상을 예방하는 데 한몫을 했던 것으로 보인다.

5. 결론

이 글은 워스의 도시 개념과 이에 기초한 셀레니의 과소 도시화 이론에 완전히 동의하지 않으면서도 이들의 논의 틀을 가져오는 것이 소련 도시의 성격을 검토하는 유용한 방법 가운데 하나라는 입장에서 출발했다. 그 결과 소련 도시는 인구 규모와 밀도의 측면에서 과소 도시화 명제에는 잘 들어맞지 않지만, 도시 경계 내에 넓은 녹지나 숲 또는 농촌 지역을 포함하는 성장 과정을 밟아왔다는 면에서 자본주의 도시화와는 다소 다른 발전 과정을 겪었다고 주장했다. 두 번째로 사회주의 경제 논리와 사회주의적 도시 모델에 따른 도시 성장으로 주거 지구와 공업 지구의 입지 선정이 자본주의와는 다른 방식을 취했으며 따라서 도시 내에 주거 및 업무 시설이 고르게 분포되는 특징을 지녔다. 세 번째로 도시성의 측면에서도 2, 3차적 인간관계가 주종이 되는 도시 생활 일반과는 다른 양상을 띤 것이 소련 도시의 생활이었다. 이러한 세 가지 측면에서 소련 도시에는 농촌적 요소 또는 비도시적 요소가 들어와 있었다고 할 수 있지만, 이는 도시환경에서 변용된 요소이며 오히려 사회주의적 도시 생활의 필수적인 요소였다. 적어도 1970년대 이래 소련은 완전히 산업화된 국가이며 많은 면에서 근대적인 사회였다.

셀레니도 일종의 '가치중립적' 입장에서 워스의 논의를 방법론적으로 받아들여 사용하기는 하지만 이들의 논의는 결국 고전적인 또는 통념상의 도시 개념을 전제로 한다. 하지만 이 글에서 지금까지 검토한 바로 소련의 도시는 통상적인 관념의 도시와 달랐다. 소련의 공식적인 입장은, 프렌치와 해밀턴(F. E. Ian Hamilton)이 정리한 것과 같이 "사회주의의 역사를 통틀어 이론은 언제나 도시의 역할을 강조했으며 이는 도시의 형태와 외양에도 반드시 반영되어야 했다. 도시 생활은 항상 사회주의적 생활의 최고 형태이며, 도시는 사회주의적 의식이 사회주의 사회를 완성하는 데 필수적인 환경을 최고로 발전시킬 수 있는 장소로 간주되었다"(French·Hamilton, 1979: 7). 그렇지만 서론에서 전제했듯이 사회주의적 생산관계가 그대로 사회주의적 도시를 낳은 것이 아니라 때로는 의도와는 다른 결과를 생산하기도 하며, 도시와 사회주의가 별개의 실체라면 도시의 개념 자체에 대한 발상의 전환이 필요한 게 아닐까.

고트디너와 버드는 미국과 서유럽에서 대도시의 팽창과 교외화의 진전을 목격하면서 단일한 도심이 모든 도시 활동의 중심이 되며 부도심은 2차적인 역할을 맡고 각 지구가 역할과 기능에 따라 분화되는 것을 전제로 하는 고전적인 도시 개념은 이제 현대 대도시를 제대로 설명하지 못한다고 비판한다(고트디너·버드, 2013: 187~195). 교외에도 대형 쇼핑몰이 들어서서 소비생활을 위해 굳이 시내로 들어갈 필요가 없으며 또 때로는 기업체가 도심을 벗어난 곳에 입지를 설정하기도 하는 것이 오늘날 도시화의 새로운 단계라는 것이다. 마찬가지로 소련에서도 도시와 농촌의 범주는 고전적인 정의에는 잘 맞지 않는다. 농촌에서도 규모가 큰 거주 지역은 도시의 특징을 상당 부분 가지고 있었으며, 무엇보다 농촌 자체가 거대한 집단농장으로 관청과 병원, 학교, 상점, 영화관을 갖추었으며 주민들도 많은 경우 아파트에 거주하기 마련이었다. 농촌에도 직업상으로나 소비생활에서 상당한 정도로 특화된 활동이 존재했으며, 미국과 같이 고립된 채 몇 가구씩 흩어져 존재하는 농촌 경관과는 근본적인 차이를 보였다(Becker·Mendelsohn·Benderskay, 2012: 24).

그럼에도 소련에서 도시와 농촌 사이에는 위계 관계가 엄연히 존재했으며 이러한 관계에서 도시 생활은 나름대로 발전을 거듭했다. 이 지점에서 "사회주의 도시는 존재했는가"라는 문제를 둘러싸고 많은 논쟁이 진행되었지만 그보다는 "사회주의 도시는 무엇인가"라는 문제로 선회해야 한다는 홍민의 지적은 타당하다(홍민, 2013: 33~36). 그는 현실 사회주의 체제는 이념으로서의 사회주의와는 기본적으로 다른 차원이며, 따라서 이념형으로서 사회주의 도시를 고정시켜놓고 그것의 존재 유무를 따지는 접근 방식은 생산적이지 않다고 주장한다. 그보다는 역사적 경험으로서 사회주의 도시는 어떠했는가, 또 더 나아가 무엇을 수행했는가를 물어야 한다는 것이다. 이 글은 그의 지적을 온전히 수용하지는 못했지만 그러한 연구를 위한 예비적 작업으로서 현실로 존재했던 사회주의에서 도시는 어떤 원리에 따라 형성되었으며 그 결과는 무엇이었는지 따져보려는 것을 목적으로 했다.

참고문헌

국내 자료

고트디너, 마크(Mark Gottdiener)·버드, 레슬리(Leslie Budd). 2013. 『도시연구의 주요 개념』. 남영호·채윤하 옮김. 서울: 라움출판사.

기계형. 2008. 「소비에트 시대 초기의 일상생활과 콤무날카(коммуналка) 공간의 성격」. ≪서양사론≫, 제98호.

남영호. 2011. 「변방으로 간 '문화': 소비에트 도시 타시켄트의 탄생」. ≪담론 201≫, 제14권 제3호.

_____. 2012. 「사회주의 도시와 사적 영역」. ≪중소연구≫, 제36권 제2호.

크롤리, 데이비드(David Crowley). 2013. 「모스크바인가 파리인가」. 안호균 옮김. 『사회주의 도시와 북한』. 서울: 한울출판사.

홍민. 2013. 「역사적 다양체로서의 사회주의 도시의 이해」. 『사회주의 도시와 북한』. 서울: 한울출판사.

국외 자료

Andrusz, G., Harloe, M. and Szelenyi, I.(eds.). 1996. *Cities After Socialism*. Oxford: Blackwell.

Becker, C., Mendelsohn, S. J. and Benderskaya, K. 2012. "Russian Urbanization in the Soviet and post-Soviet eras." International Institute for Environment and Development.

French, R. A. 1979. "Individuality of the Soviet Cities." in French, R. A. and Hamilton, F. E. Ian(eds.). *The Socialist City: Spatial Structure and Urban Policy*. Chicago: John Wiley & Sons.

French, R. A. and Hamilton, F. E. Ian. 1979. "Is There a Socialist City?" in French,

R. A. and Hamilton, F. E. Ian(eds.). *The Socialist City: Spatial Structure and Urban Policy*. Chester: John Wiley & Sons.

Harris, C. D. 1972. *The Cities of the Soviet Union: Studies in Their Functions, Size, Density and Growth*. Washington: Association of American Geographers.

Hegedus, J. 1988. "Inequalities in east European cities." *International Journal of Urban and Regional Research*, Vol.12 No.1.

Howe, G. M. 1958. "Geography in the Soviet Universities." *Geographical Journal*, Vol.124 No.1.

Ledeneva, A. 1998. *Russia's Economy of Favours*. Cambridge: Cambridge University Press.

Mattews, M. 1979. "Social Dimensions in Soviet Urban Housing." in French, R. A. and Hamilton, F. E. Ian(eds.). *The Socialist City: Spatial Structure and Urban Policy*. Chicago: John Wiley & Sons.

Reiner, T. A. and Wilson, R. H. 1979. "Planning and Decision-Making in the Soviet City: Rent. Land. and Urban Form." in French, R. A. and Hamilton, F. E. Ian(eds.). *The Socialist City: Spatial Structure and Urban Policy*. Chester: John Wiley & Sons.

Ruble, B. A. 1990. *Leningrad: Shaping a Soviet City*. University of California Press: Berkeley.

Shaw, D. J. B. 1985. "Spatial Dimensions in Soviet Central Planning." Transactions of the Institute of British Geographers. *New Series*, Vol.10 No.4.

Siegelbaum, L. 2008. *Cars for Comrades: The Life of the Soviet Automobile*. Ithaca: Cornell University Press.

Smith, M. B. 2010. *Property of Communists: The Urban Housing Program from Stalin to Khrushechev*. DeKalb: Northern Illinois University Press.

Smith, D. M. 1996. "The Socialist City." in Andrusz, G., Harloe, M. and Szelenyi, I. eds. *Cities After Socialism*. Oxford: Blackwell.

Szelenyi, I. 1981. "Urban Development and Regional Management in Eastern Europe." *Theory and Society*, Vol.10 No.2.

_______. 1983. *Urban Inequalities Under State Socialism*. New York: Oxford University Press.

_______. 1996. "Cities under Socialism-and After." in Andrusz, G., Harloe, M. and Szelenyi, I. eds. *Cities After Socialism*. Oxford: Blackwell.

Wirth, L. 1938. "Urbanism as a Way of Life." *American Journal of Sociology*, Vol.44 No.1.

Баранский, Н. Н. 1926. *Экономическая география СССР: обзор по областям Госплана*. Гос. изд-во.

Герасимова, Е. Ю. 1998. "Советсая коммунальная квартира." *Социологичес кий журнал*, No.1~2.

제8장

통일 이후 구동독 공업 도시들의 도시 특성과 도시 성장*

라이프치히와 할레를 중심으로

이상준 | 국토연구원

1. 서론

최근 한국 사회에 통일 논의가 본격적으로 활성화되고 있다. 점진적 통일이 될 것인지 급진적 통일이 될 것인지에 대해서는 누구도 정확하게 예측할 수 없지만 통일에 대한 철저한 대비의 필요성에 대해서는 이론의 여지가 없을 것이다. 이러한 측면에서 사회주의 계획경제로부터 시장경제로 체제 전환(transformation)한 국가에 대한 사례연구는 우리에게 중요한 의미를 갖는다고 할 수 있다.

향후 북한의 체제 전환이 어떠한 결과를 가져올 것인지 외국의 사례를 통해 미리 전망해보는 것은 통일 비용을 줄이고 통일의 긍정적 효과를 극대화

* 이 글은 이상준, 「통일 이후 구동독 공업 도시들의 도시 특성과 도시 성장에 관한 연구: 라이프치히와 할레를 중심으로」, ≪통일정책연구≫, 제19권 2호(서울: 통일연구원, 2010)의 내용을 수정 보완한 것이다.

하기 위한 정책 개발에서 중요한 과제가 아닐 수 없다. 체제 전환이 긍정적인 변화만을 가져오는 것이 아니라는 점은 이미 독일이나 중동부 유럽의 사례에서도 알 수 있다. 체제전환과정에서 성장의 기회를 맞이한 도시와 지역이 있는 반면에 침체를 맞게 되는 도시와 지역도 있다. 통일을 이룩한 지 20년이 지난 독일의 경우 구동독 도시들에는 체제 전환의 명암이 뚜렷하게 드러나고 있다.

체제전환과정에서 모든 도시들이 함께 성장할 수는 없지만, 가능한 한 성장과 침체의 격차를 줄이는 것이 정부 정책의 주요 목표 가운데 하나가 될 것이다. 남북 경제의 균형 발전은 통일 한반도가 지향할 중요한 목표 가운데 하나임이 분명하다. 주요 도시를 중심으로 한 북한의 경제개발이 실패할 경우 북한 주민들은 대거 남한 지역으로 이주할 것이다. 이 경우 남북 지역 모두에 커다란 문제가 제기될 수밖에 없을 것이다. 통일 시대에 대비해 북한 주요 도시의 발전 방향을 모색하는 것은 매우 중요한 의미가 있는 연구 과제인 것이다.

이러한 측면에서 볼 때, 통일 이후 어떠한 이유로 구동독의 도시들 간에 성장과 침체의 격차가 발생했는지를 규명하는 것은 통일 이후 북한 도시들을 위한 정책 수립에 도움이 될 수 있을 것이다. 이 글에서는 통일 이후 성공적인 도시 성장을 이룩한 것으로 평가받고 있는 구동독의 라이프치히(Leipzig)와 상대적으로 침체를 겪은 할레(Halle) 등 두 도시의 도시 특성을 비교해 어떠한 요인이 이러한 차이를 가져왔는지 살펴보았다.

이 글에서는 도시의 산업 잠재력 등 여섯 가지 요인들을 중심으로 두 도시를 비교했다. 두 도시는 통일 당시 비슷한 구 공업 도시로부터의 체제 전환이라는 비슷한 여건하에 있었고 서로 인접한 도시들이었다. 그럼에도 통일 후 성장과 침체로 도시의 명암이 교차했다는 점에서 관심을 끌고 있는 도시들이다. 이러한 두 도시의 선정 과정에는 현지 독일 전문가들의 자문을 반영했다.

이 연구는 연구의 성격상 두 도시와 관련된 문헌 자료 및 통계 자료와 관련 전문가 인터뷰[1)]를 통해 도시 특성을 비교했다. 먼저 체제 전환과 도시 성장의 개념적 관계를 간략히 설명한 후 독일 라이프치히와 할레의 도시 특성을 비교했다. 그리고 이러한 비교 분석의 결과가 우리에게 제기하는 정책적 시사점을 제시했다.

2. 체제 전환과 도시 성장의 관계

사회주의 계획경제로부터 시장경제로의 체제 전환은 구소련과 폴란드, 체코, 헝가리 등 중동부 유럽 국가와 중국, 베트남처럼 한 국가 내에서 진행된 경우와 독일이나 베트남과 같이 통일을 통해 진행된 경우가 대표적이다. 1990년대 체제 전환 및 도시 변화와 관련된 연구가 가장 활발하게 이루어졌던 곳은 독일이었다. 구동독의 도시 변화에 대한 주요 연구 성과물로서는 독일 훔볼트 대학의 호이저만(H. Haeussermann) 교수의 논문들을 들 수 있다. 그는 계획경제로부터 시장경제로의 체제 전환이 구동독의 도시들에 어떠한 결과를 가져왔는지 실증적으로 연구한 바 있다. 그에 따르면 시장화, 사유화와 국제화 등의 체제전환과정이 도시 간 성장과 침체의 격차를 확대했는데, 체제 전환을 전후한 도시 간 성장 격차의 유발 주체가 국가에서 시장으로 바뀌었다는 점을 지적하고 있다.[2)] 이 외에도 도시 내 계층구조의 변

1) 관련 전문가 인터뷰는 2008년 9월 초~10월 초에 직접 면접과 이메일 인터뷰를 통해 진행되었고 11월 20일 현지 출장을 통해 추가 인터뷰가 이루어졌다.

2) 대표 저작으로는 Haeussermann(1996) 참조.

〈표 8.1〉 **체제 전환에 따른 발전 지역과 침체 지역의 유형: 폴란드**

구분	체제 전환 이후 상황	
	긍정적	부정적
양호	지속적인 발전(수도권 등 대도시)	단절적 침체(구 공업 지역 등)
열악	단절적 발전(서부 지역 등)	지속적 침체(동부 지역 등)

자료: Gorzelak(2000: 35).

화, 도시공간구조의 변화 등에 대한 다양한 연구들이 1990년대 중반 이후 독일에서 진행되었다.[3]

중동부 유럽의 경우에는 독일의 경우보다 다소 늦게 관련 연구 결과들이 보고되었다.[4] 통일 이후 비교적 질서 있게 체제 전환이 진행되었던 독일과는 달리 중동부 유럽 국가들은 경제 재건과 체제 전환을 주도할 구심체가 조기에 형성되지 못해서 상대적으로 많은 시행착오와 혼란이 발생했다. 독일과 중동부 유럽 사례연구들의 공통적 결과 가운데 하나는 중공업으로 특화된 도시나 지역이 그렇지 않은 곳보다 체제전환과정에서 도시경제의 침체를 더 크게 경험했다는 것이다. 그리고 입지적으로 국제시장으로의 접근성이 좋은 도시나 지역들이 그렇지 못한 경우보다 성장을 나타냈다는 것이다. 폴란드 바르샤바 대학의 고세라크(Grzegorz Gorzelak) 교수는 체제 전환 이후 폴란드의 지역 간 성장과 침체를 분석하면서 입지적으로 독일 등 서유럽에 가깝거나 도시 산업이 경공업이나 서비스업 입지에 유리한 지역이 그렇지 못한 지역에 비해 지역 발전을 이룩했다는 연구 결과를 제시한 바 있다.

---

3) 이와 관련해서 Herlyn·Harth(1996), Dangschat(1993), Friedrichs(1996), Strubelt(1996) 등이 대표적이다.

4) 이와 관련한 대표적인 저작은 Fassmann(1997), Abraham·Eser(1999), Bundesamt fuer Bauwesen und Raumordnung(2000), 이상준(1999) 등을 들 수 있다.

〈그림 8.1〉 **체제 전환과 도시 성장의 연관 관계**

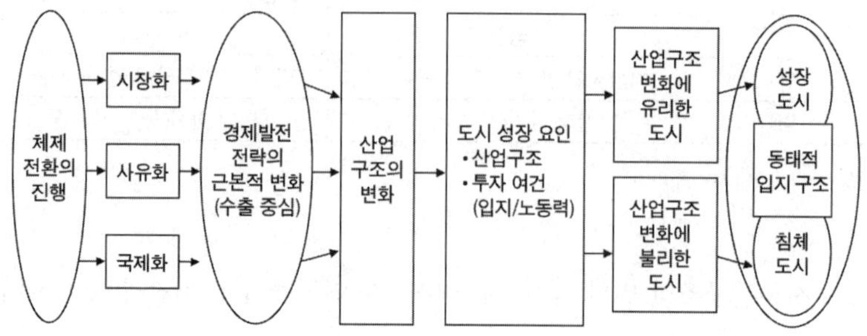

자료: 이상준(2003: 26).

이것을 개념적으로 설명하면 〈그림 8.1〉과 같다. 체제 전환에 따른 경제 정책 및 산업 정책의 변화가 산업구조의 변화를 초래하게 되고, 이것이 도시 간 성장과 침체의 요인으로 작용하게 되는 것이다.

이상준(2000)은 통일 이후 구동독의 지역 변화 연구를 통해 순인구유입지역 및 순인구유출지역의 산업 특성을 비교 분석했다. 그 결과 순인구유출지역은 대체적으로 사회주의 시절 농업 및 중공업의 기능으로 특화되었던 지역이 많았던 반면에 순인구유입지역은 서비스업 등 비제조업의 특성이 강한 지역들이 많았다는 분석 결과가 나타났다. 이것은 산업구조 변화에 대응해 유리한 조건을 가지고 있었는지 여부가 성장과 침체를 좌우했음을 의미한다.

중국의 체제 전환과 도시 발전에 대한 연구는 1990년대 후반 이후 활발하게 이루어지고 있다. 중국의 경우에는 독일이나 중동부 유럽 국가들과는 달리 공업화와 도시화 과정에서 지역 간 도시의 성장과 도시 내의 공간적 기능 분화에 초점이 맞추어진 연구가 진행되었다. 이러한 연구들에서도 국제시장으로의 접근성이 좋은 동부연안지역과 그렇지 못한 내륙 지역 간의 성장

격차가 지적되었다.[5)]

이와 같이 관련 선행 연구의 결과들을 종합해보면, 도시 특성과 도시경제 성장 간의 개념적 연관 관계를 파악할 수 있다. 체제 전환 당시의 도시의 산업 발전 잠재력과 입지 잠재력이 체제전환과정에서 도시 성장에 적지 않은 영향을 미치고 있다는 것이다. 신고전학파의 도시경제 이론가들 역시 소비자의 수요(demand)와 시장으로의 접근성(accessibility)을 경제활동의 주요 결정 인자로 언급하고 있다는 점을 고려할 때, 체제 전환국 도시의 산업 특성과 입지 특성은 도시의 경제성장과 밀접한 연관이 있음을 가정해볼 수 있을 것이다. 물론 이 두 가지 변수만이 도시의 성장과 침체를 가져오는 결정 변수는 아닐 것이다. 산업 특성이 수요 측면의 주요 변수라면, 접근성과 더불어 기타 입지 요인들도 성장과 침체를 가져오는 인자로서 기능할 가능성이 있을 것이다.

3. 구동독의 도시 사례 분석 및 시사점

통일 이후 구동독의 대부분 도시들은 체제 전환 이후 극심한 경제적 변화와 위기를 맞게 되었다. 사회주의 시절에 대부분의 도시들은 중공업 중심의 산업구조를 갖고 있었으며, 내수와 더불어 구공산권 국가에 대한 상품 수출을 통해 경제 발전을 이룩해왔다. 그러나 통일 이후 급진적인 통화 통합으로 구동독 상품의 대외 경쟁력은 급격히 감소했으며, 민영화 과정에서 대부분의 제조업체들이 대량 실업과 폐업을 맞게 되었다. 이 과정에서 사회주의

5) 이와 관련한 주요 연구로는 Wang·Zhou(1999), Wu(1997), Wu·Yeh(1997), Gaubatz(1995), Abramson(1997) 등을 들 수 있다.

시절에 집중적으로 공업화가 진행된 도시들이 다른 도시들에 비해 상대적으로 더 큰 경제 위기를 맞게 되었다. 이 글에서는 이러한 도시 변화의 차이를 비교하기 위한 사례 도시로서 라이프치히와 할레를 분석했다. 라이프치히와 할레는 1990년 통일 당시 구동독 도시들 가운데 각각 인구 규모 2위와 4위를 기록했던 도시들이다. 그리고 서로 40km의 거리에 위치한 인접 도시들이며, 통일 당시에는 모두 공업 도시로서의 산업 특성을 갖고 있었다. 그럼에도 한 도시는 성장하고 다른 도시는 침체의 길을 걷게 된 것은 흥미로운 결과가 아닐 수 없다.

1) 체제 전환을 전후한 라이프치히와 할레의 도시 변화

(1) 체제 전환 이전까지의 도시 발전

양 도시는 서로 상이한 역사적 배경하에 도시 발전을 해왔다. 라이프치히가 중세 이후 전통적으로 상업과 교역 그리고 출판문화도시로서의 기반을 구축해온[6] 반면, 할레는 1948년 사회주의 정권 수립 이전까지 별다른 주목을 받지 못한 중소 도시였다. 라이프치히는 제2차 세계대전 이전인 1933년 인구가 약 71만 명에 이를 정도로 성장했던 도시였다.[7] 하지만 사회주의 시기에는 인구가 지속적으로 감소했는데, 1971년부터 통일 직전인 1989년까

6) 중세 유럽의 장거리 교역 통로인 "비아 레기아(Via regia)"와 "비아 임페리(Via imperii)"의 십자 교차로상에 위치한 라이프치히는 12세기부터 유럽의 가장 중요한 경제 및 교역의 중심지였다(Scholz·Werner, 1995: 16).

7) 나치스 통치 시절에 라이프치히에는 갈탄 공업과 화학 공업 그리고 군수항공산업이 입지하게 되었다. 이것들이 제2차 세계대전 당시 연합군의 주요 폭격 대상이 되었으며, 전쟁 이후 1945년 도시인구는 1933년보다 13만 명 정도 감소한 58만 4,000명으로 줄어들었다.

지 도시인구는 5만 명 감소했다. 반면 할레는 사회주의 시절에 주로 화학 산업을 통해 인구 성장이 이루어졌다.

사회주의 시절인 1950년대 라이프치히에서는 석탄 광업과 금속, 전기·전자, 섬유, 인쇄업 등이 집중적으로 육성되었다.[8] 할레에서는 대규모 화학공업과 광업, 에너지, 기계공업이 육성되었다. 통일 당시인 1990년 1월 1일 기준으로 라이프치히의 인구는 53만 명이었다. 이는 베를린 341만 명에 이어 구동독에서 두 번째로 큰 인구 규모였다. 그리고 드레스덴이 50만 1,000명으로 3위, 할레가 32만 2,000명으로 4위였다.

(2) 체제 전환 이후 도시인구와 도시경제의 변화

이 글에서는 라이프치히와 할레를 각각 성공적으로 도시 성장을 하고 있는 도시와 상대적으로 그렇지 못한 도시로서 비교하고 있다. 성공적인 도시 성장의 근거로 다음과 같이 인구와 도시경제의 수준을 비교해본다.

① 도시인구의 변화

통일 이후 체제전환과정에서 라이프치히와 할레는 모두 급격한 인구 감소를 경험하게 된다. 라이프치히의 경우 1989년 인구가 53만 명이었으나 1990년 말에는 51만 3,580명으로 감소했다. 1990년부터 1998년까지 약 8만 명의 인구가 감소한 것은 서독으로의 이주[9]와 교외 지역으로의 이주 때문이다. 그러나 1999년[10]과 2000년 두 번의 행정구역 개편을 통해 주변 농촌 지역이 편입되면서 도시인구가 증가하게 된다. 라이프치히의 인구는 2003

---

8) 사회주의 시절 정부는 갈탄 생산 및 화학 공단의 조성을 할레, 비터펠트(Bitterfeld), 라이프치히 등에서 추진했다.

9) 통일 이후 4년 동안 시 인구 가운데 2만 5,000명가량이 구서독으로 이주했다.

10) 특히 1998/1999년의 행정구역 편입으로 6만 명이 신규 도시인구로 편입되었다.

〈그림 8.2〉 **라이프치히와 할레의 인구 변화 추이(1930~2007)**

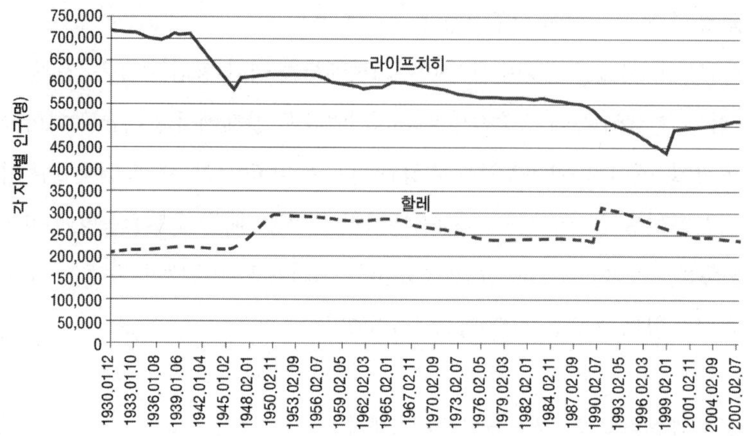

자료: 블룸(2008: 25).

〈표 8.2〉 **통일 후 라이프치히와 할레의 변화**

위치		라이프치히	할레
입지		남부/작센 주 중심 도시	남부/작센안할트
인구(인)	통일 당시 (1990)	513,580	310,234
	1999.12.31	489,532	253,224
	2007	510,512	232,267
도시 특성	2007/1990 (%)	-1	-25
	통일 당시 (1990)	동독 내 제2위(1위 동베를린)의 공업 도시: 화학 장비 제조, 전기, 전자(동독 내에서 가장 다양한 업종의 기업 입지), 연구 및 개발	화학, 금속, 에너지 중심지
	2000	국제업무교역 도시, 문화관광 도시	연구 개발, 신에너지, 미디어 도시

자료: Henckel et al.(1993: 465~517), 이상준(2001)을 일부 수정 보완.

년 49만 7,500명에 이어 2007년 51만 512명으로 증가하는 추세를 나타내고 있다. 현재 라이프치히는 드레스덴과 함께 도시인구가 성장하고 있는 구동독의 주요 도시라고 할 수 있다.

할레는 1990년 말 인구가 31만 234명이었는데, 지속적인 인구 감소 추세가 1990년대에 이어 2000년 이후에도 이어지고 있다.11) 전체적으로 도시인구가 1990년 이후 2007년까지 25%나 감소했다.

② 도시경제력의 변화

체제 전환 초기에 할레의 경제력은 라이프치히보다 오히려 다소 높았다. 할레는 1인당 GDP가 1992년에 1만 2,497유로였는데, 이것은 라이프치히의 1만 2,337유로보다 1.3% 높은 수준이었다. 그러나 체제 전환이 본격적으로 진행된 이후인 1999년에 할레는 2만 338유로로 라이프치히의 2만 1,235유로보다 약 4% 낮아졌고 2005년에는 이런 격차가 더 벌어져서 할레의 1인당 생산액은 라이프치히의 약 90% 수준에 머물게 되었다. 할레의 1인당 GDP 는 2005년 기준으로 독일 전체 평균(2만 7,290유로)의 80% 수준에 머물고 있다.

양 도시의 경제력 격차를 보여주는 또 하나의 지표는 시의 기업 소득세 수입(Gewerbesteuereinhahme) 차이이다. 라이프치히가 전국 평균의 3분의 2 수준인 데 반해 할레는 3분의 1 수준에 머물고 있다.12) 이러한 격차는 양 도시의 기업 유치 실적 차이를 분명하게 보여주고 있다. 미약한 조세수입은 도시환경 개선을 위한 투자에 제약을 초래하고 이것이 투자 환경을 악화시키는 악순환을 가져오고 있는 것이다.

11) 1990년부터 2000년까지 할레의 인구는 7만 5,340명 감소했다(Korzer, 2006: 2).

12) 할레경제연구소(IWH) 하우그(Peter Haug)와의 이메일 인터뷰(2008.9.23).

2) 라이프치히와 할레의 도시 특성 비교

체제 전환국의 도시 발전과 관련된 선행 연구에서 일반적으로 성장과 침체의 두 요인으로 도시 산업 특성과 국제시장으로의 접근성이 언급되고 있다. 이 글에서는 이들 요인과 더불어 인적자원과 토지, 도시 주변 지역의 경제 여건과 도시개발정책을 추가로 비교해보았다.

이 글에서는 도시 산업 특성, 서독 지역 및 서유럽으로의 접근성, 인적자원, 토지, 도시를 둘러싼 주변 지역의 경제적 여건, 도시 정책 등 여섯 가지 요소를 중심으로 두 도시를 비교했다. 일반적으로 도시의 성장은 인구와 토지, 자본 등 고전적인 입지 요소들과 더불어 주변 지역으로의 접근성과 주변 지역의 경제적 여건, 관련 정책 등에 복합적으로 영향을 받게 된다. 앞에서도 이미 언급한 바와 같이 시장경제하에서는 일반적으로 노동력, 자본재의 수준, 가용 토지, 자연환경 등 여러 가지 요인이 도시의 성장에 복합적인 영향을 미치게 된다. 이러한 측면에서 이 글에서는 수요와 접근성 측면을 반영한 도시 성장의 일반적 요소들과 입지의 특성 요소, 정책 요소 등을 종합적으로 고려하여 여섯 가지 변수를 선정했다.

(1) 도시 산업 특성 비교

체제 전환 이후 양 도시의 성장과 침체를 결정지은 중요한 요소 가운데 하나는 바로 산업 기반의 차이라고 할 수 있다. 라이프치히가 사회주의 시절 이전에 이미 상업, 교역, 문화 산업의 기반을 갖고 있었기 때문에 통일 이후 다시 이러한 산업을 발전시킬 수 있었다. 반면에 역사적으로 특별한 산업 기반이 없던 상태에서 사회주의 시절 화학공업 도시로서 성장했던[13] 할

---

13) 사회주의 체제 아래 할레는 화학공업의 중심 도시로 성장했다. 특히 1960년대 화학

레는 화학 산업에 대한 의존도가 너무 컸기 때문에 체제전환과정에서 라이프치히보다 큰 타격을 입을 수밖에 없었다. 도시의 고유한 산업발전기반 차이가 양 도시의 성장 격차에 영향을 미쳤다고 할 수 있는 것이다.

할레는 전통적으로 주변 지역에 화학 산업이 발달되었기 때문에 도시에 이러한 화학 산업 종사자들이 많이 거주했다. 할레의 대표적인 화학공업기업이 도시 남부에 위치한 로이나 공장(Leuna Werke)이었는데, 이곳은 사회주의 시절에 유명한 '화학공업 삼각지대'[14] 가운데 하나를 형성했다. 현재 이 공장은 미국 기업인 다우 케미컬(Dow Chemical Company)이 인수해 운영하고 있다.

〈표 8.3〉에서 볼 수 있는 것처럼 체제 전환 초기에 '공간계획구역(Raumordnungs region)'상의 라이프치히 구역과 할레 구역의 서비스 부문 및 광공업 부문 고용 비율의 구동독 지역 대비 표준값이 서로 상이하게 나타나고 있는데, 이것은 할레가 라이프치히보다 상대적으로 광공업 부문의 성격이 강했음을 의미한다.

통일 이후 라이프치히와 할레의 공업 기반은 민영화와 통화 통합에 따른 생산품의 경쟁력 약화로 급속히 붕괴되었다. 이 때문에 제조업 부문에서 발생한 일자리 감소는 현재까지도 다른 부분에서 보충되지 못한 상태이다. 체제 전환 이후 금융, 보험 등 서비스 부문의 일자리가 새로 창출되었지만 제

산업이 크게 성장하면서 노동자들을 위한 10만 명 수용 규모의 주거 단지인 할레노이슈타트(Halle-Neustadt)가 도시 외곽에 건설되었다. 이 신시가지는 1990년에 할레 시에 편입되었다. 할레노이슈타트는 통일 이전까지 이러한 화학공업 종사자들이 집단적으로 거주한 지역이었는데, 화학 산업의 붕괴 이후 이 지역의 인구가 40%나 감소했다.

14) 삼각지대는 비터펠트/볼펜-로이나/로츠켄도르프/슈코파우-피스테리츠(Bitterfeld/Wolfen-Leuna/Luetzkendorf/Schkopau-Piesteritz)를 의미한다.

〈표 8.3〉 **체제 전환 초기 라이프치히와 할레의 경제성장 잠재력 비교**

구분*		라이프치히	할레
1	인구 접근성	2.0	0.9
2	근로자 비율	1.3	0.5
3	인구밀도	0.8	0.4
4	서비스 부문 고용 비율	0.4	-0.1
5	광공업 부문 고용 비율	0.1	1.3
6	물자 관련 인프라	1.1	0.2
7	여객 관련 인프라	0.5	0.3
8	주거 생활 관련 인프라	-0.2	-0.5
9	구서독 지역과의 거리	-0.9	-0.2
10	연구개발인력	0.4	2.1
11	대학생 밀도	1.2	0.4
12	장기 실업	1.3	-0.3
13	대기오염	-2.6	-1.3

*: 구분 1. 3시간 이내 중심지 도달 가능 인구.
구분 2. 경제활동 가능 인구 가운데 근로자 비율(1993.6).
구분 3. 전체 면적 대비 인구 비율(1991.12.31).
구분 4. 경제활동 가능 인구 100인 가운데 상업, 교통, 미디어, 금융 및 보험 기관, 기타 서비스업 종사자 비율(1990.11).
구분 5. 경제활동 가능 인구 100인 가운데 광공업 종사자 비율(1993.1).
구분 6. 교통기반시설, 통신, 상하수도 관련 기반 시설의 복합 지표(1994, BfLR 발표).
구분 7. 연구 혁신 관련 기반 시설의 복합 지표(1994, BfLR 발표).
구분 8. 주택, 교육, 문화, 여가 관련 기반 시설의 복합 지표.
구분 9. 가장 가까이 있는 구서독 지역과의 거리(km).
구분 10. 근로자 1만 명당 연구개발인력(1992)
구분 11. 경제활동 가능 인구 100명당 대비 대학생 수(1991).
구분 12. 경제활동 가능 인구 100명당 1년 이상 실업자 수(1993.9).
구분 13. 평방 km당 아황산가스의 톤(1989).

주: 각 지표의 공간적 범위가 되는 공간계획구역상 라이프치히 구역은 4,396km²의 면적에 1990년 기준으로 약 120만 명의 인구를, 할레 구역은 4,869km²의 면적에 약 106만 명의 인구를 포함한다. 각 지표는 도시별 수치를 표준화한 지수이며, 0보다 크면 독일 도시 평균보다 높음을 의미한다.

자료: Bundesforschungsanstalt fuer Landeskunde und Raumordnung(1995: 95~103) 참조하여 필자 재정리.

조업 부문의 일자리 감소를 상쇄하지는 못했다. 라이프치히의 경우 전체적으로 도시 내 근로자 수는 1993년 21만 명에서 2005년까지 18만 8,845명으로 감소했다가 2006년 19만 5,672명, 2007년 20만 64명으로 다소 증가하는 추세를 보이고 있다. 반면에 할레는 1991년 15만 6,000명에서 1993년 15만 7,800명을 기점으로 계속 감소해 2007년의 9만 199명까지 감소했다.

이처럼 통일 후 체제전환과정에서 양 도시는 탈공업화 과정을 겪었고, 이때 제조업이 대폭 축소되고 서비스 부문이 크게 성장했다. 특히 체제 전환 초기의 제조업 고용 감소가 두드러졌다. 라이프치히의 경우 제조업 부문에서 1990년 통일 이후 1994년까지 8만 명의 일자리가 줄어들어 1만 5,000명만 남게 되었다. 2007년 기준으로 제조업의 종사자 수는 3만 4,162명으로 1994년보다 2배 정도 증가했지만, 통일 당시보다 크게 낮은 수준이다. 할레의 경우 통일 당시 2차 산업의 고용 비율이 26.3%였으나 이것이 2007년에는 13.3%로 감소한 반면, 3차 산업의 비율은 73.2%에서 86.3%로 증가했다.

체제 전환이 진행된 지 17년이 지난 2007년 기준으로 양 도시는 산업구조 측면에서 큰 차이를 보이지 않는다. 2차 산업 종사자 비율에서는 오히려 라이프치히가 할레보다 다소 높은 비율을 보인다. 라이프치히는 자동차[15] 등 기계 분야의 투자 유치 증대로 제조업 부문에서도 할레에 비해 우위를 나타낸다.

(2) 도시의 서독 지역 및 서유럽으로의 접근성 비교

이 글에서 언급하고 있는 접근성은 독일의 경제 중심지라고 할 수 있는

15) 라이프치히가 새로운 산업 거점으로서 부각된 것은 2000년과 2001년에 각각 결정된 포르쉐(Porsche)와 BMW의 공장 건설 결정이었다. 특히 BMW 공장은 250여 개의 경쟁 지역 가운데 라이프치히를 선택했다. 이 공장은 2005년에 착공되었으며, 13억 유로가 투입되는 대단위 사업으로서 이를 위해 340헥타르에 이르는 북부 공단(Industriepark Nord) 조성이 이루어지면서 라이프치히가 문화, 관광, 물류, 미디어뿐만 아니라 첨단기계산업의 새로운 거점으로서 부각되었다.

서부 독일 지역과 유럽의 경제 중심지인 영국, 프랑스 등 서유럽 지역까지의 접근성을 의미한다. 양 도시는 불과 40km 거리를 두고 연담도시권을 형성하고 있다. 따라서 도시의 접근성 측면에서 큰 차이는 없다고 할 수 있다. 라이프치히보다 40km 정도 서쪽에 위치한 할레는 서독 지역으로의 접근성에서는 오히려 우위에 있으며 이것은 〈표 8.4〉의 지표에서도 확인된다. 다만 고속도로에서 도심 지역까지의 시가지 도로 접근성에서 할레가 라이프치히에 비해 뒤지고 있어 현재 도시 순환 고속도로(Autobahnring) 건설이 진

〈표 8.4〉 **라이프치히와 할레의 도시산업구조(2007)**

구분	라이프치히	할레
1차 산업 종사자	541명/0.3%	308명/2.6%
2차 산업 종사자	34,162명/17.1%	12,035명/13.3%
3차 산업 종사자	165,361명/82.6%	77,856명/86.3%
합계	200,064명	90,199명

자료: www.leipzig.de, www.halle.de

〈그림 8.3〉 **라이프치히와 할레의 위치**

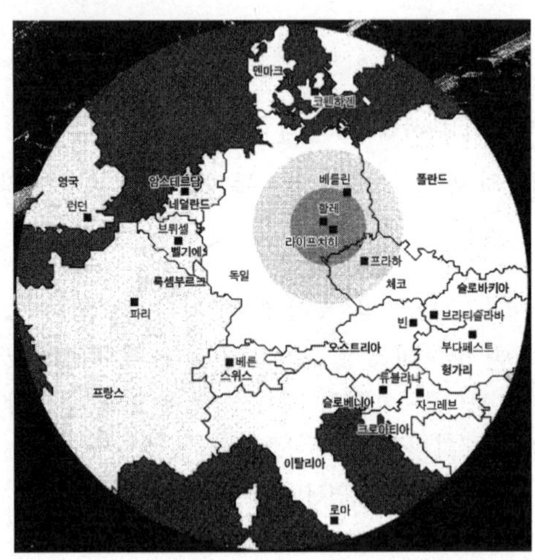

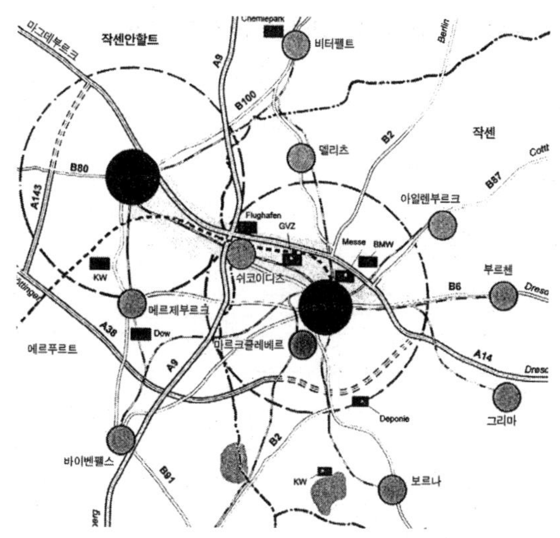

주: 1) 할레와 라이프치히는 구동독의 남부 지역에 위치하고 있다.
2) 왼쪽 원이 할레, 오른쪽 원이 라이프치히이며, 양 도시의 가운데로 작센안할트(Sachsen-Anhalt) 주와 작센(Sachsen) 주의 경계가 지나고 있다.
자료: City of Halle(2006: 2), Friedlich(2005: 22).

행 중이다.[16] 라이프치히가 올림픽 유치를 겨냥해 국제공항을 2003년 건설하고 철도와 고속도로 부문에서 투자 유치에 노력했는데, 이것은 할레도 함께 활용할 수 있었기 때문에 큰 차이는 없다. 라이프치히-할레 국제공항은 양 도시로부터 각각 20km 거리에 위치하고 있다.

(3) 도시의 인적자원

라이프치히와 할레의 도시 성장 격차를 가져온 주요 요인 가운데 하나로 인적자원을 들 수 있다. 일반적으로 경제활동의 기본 요소가 노동력과 토지인데, 인력의 양적·질적 측면에서는 라이프치히가 할레에 비해 상대적으로

---

16) 할레경제연구소 하우그와의 이메일 인터뷰(2008.9.23).

〈표 8.5〉 **체제 전환 이후 라이프치히와 할레의 경제성장 잠재력 비교**

구분*		라이프치히	할레
1	근로자 1인당 평균 급여(유로)	21,092(0.4) [구동독 (0.7)]	20,934(-0.3)
2	주민 1인당 실질 조세수입(유로)	127	119
3	근로자 비율	642	598
4	서비스 부문 고용 비율	63.9	63.7
5	접근성(분)	78	100
6	대학생 밀도	3.0	2.2
7	의사 밀도	1.5	1.4
8	주거 면적(m^2)	38.3	37.3
9	매력도 지수	64	68

*: 구분 3. 경제활동 가능 인구 1,000명 가운데 근로자(2001).
구분 4. 근로자 100명 가운데 서비스업 종사자 비율(2002).
구분 5. 가장 가까운 대도시까지의 접근성(2000).
구분 6. 주민 100명당 대학생 수(2001).
구분 7. 주민 1,000명당 의사 수(2001).
구분 8. 주민 1명당 주거 면적(2001).
구분 9. 관광, 여가 등 도시의 매력도[밀버트(Antonia Milbert) 산출].

주: 각 지표의 공간적 범위가 되는 공간계획구역상의 라이프치히 구역은 4,396km^2의 면적에 1990년 기준으로 약 120만 명의 인구를, 할레 구역은 4,869km^2의 면적에 약 106만 명의 인구를 포함한다. 구분 1.에서 괄호 안의 값은 독일 전체 지역의 97개 공간계획구역을 대상으로 산출한 표준화값이다.

자료: Bundesamt fuer Bauwesen und Raumordnung(2004: 95~103) 참조하여 필자 재정리.

〈표 8.6〉 **각 도시 행정구역 내 대학생 수(명)**

구분		라이프치히	할레
2007/2008	대학생 수	36,469	18,566
	주민 100명당 대학생 수	7.1	7.9
1988/1989	대학생 수	11,400	7,700
	주민 100명당 대학생 수	2.2	2.4
2008/1988	대학생 수	3.2	2.4

자료: www.leipzig.de, www.halle.de

유리하다고 할 수 있다. 〈표 8.5〉에서 볼 수 있듯이 통일 당시에 대학생 밀도에서 라이프치히는 할레보다 우위에 있음을 알 수 있다. 이러한 라이프치히의 우위는 2001년에도 이어지고 있는 것이다.

〈표 8.5〉는 광역적인 '공간계획구역'을 대상으로 한 것이다. 〈표 8.6〉과 같이 대학생 수를 도시행정구역상으로 압축해볼 때 1998년과 2007년 주민 100명당 대학생 수에서는 할레가 약간 우위를 보이고 있으나 인적자원의 다양성 측면에서는 라이프치히가 할레에 앞서고 있다. 라이프치히는 종합대학 1개와 기술전문대학 2개, 상업전문대학 1개, 예술대학 2개 등 다양한 구성을 보이고 있어 종합대학 1개와 기술전문대학 1개, 예술대학 1개인 할레보다 다양한 인적자원을 공급할 수 있는 여건을 갖고 있다.

(4) 도시의 토지

통일 이후 라이프치히의 행정구역은 크게 증가했다. 반면에 할레는 큰 변화가 없었다. 라이프치히가 1990년대 후반에 주변의 농촌 지역을 행정구역에 편입시키면서 도시의 외연을 확대해간 반면, 할레는 상대적으로 이러한 노력이 적었다. 할레는 기존 시가지의 개발에 머물렀고 적극적인 도시 확장

〈표 8.7〉 **각 도시의 토지 이용**

(단위: 헥타르, %)

구분	라이프치히	할레
건물 및 공지	8,360(28.1)	3,424(25.4)
업무용 토지	421(1.4)	76(0.6)
여가 용지	1,758(5.9)	1,976(14.6)
교통 용지	3,390(11.4)	1,621(12.0)
농지	12,096(40.7)	3,573(26.5)
산지	1,798(6.0)	2,071(15.3)
공유 수면	770(2.6)	582(4.3)
기타 용지	1,142(3.8)	178(1.3)
합계	29,735(100.0)	13,502(100.0)

자료: www.leipzig.de, www.halle.de

〈그림 8.4〉 **통일 이후 라이프치히 토지 이용의 변화**

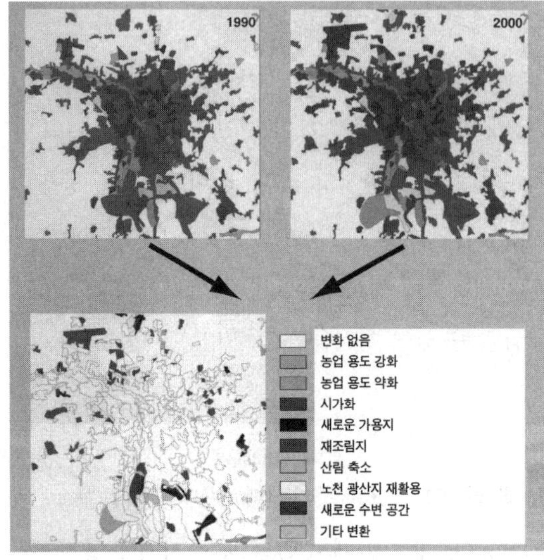

주: 1990년과 2000년도의 토지 이용 실태를 비교한 결과, 시가화 지역이 교외에 많이 생성된 것을 알 수 있다. 특히 자동차 공장 등이 새로 입지한 도시 북서부 지역의 시가화 확대가 두드러지는 것을 알 수 있다.
자료: 이상준 외(2006: 95)에서 재인용.

〈그림 8.5〉 **통일 이후 할레의 주요 산업입지 개발**

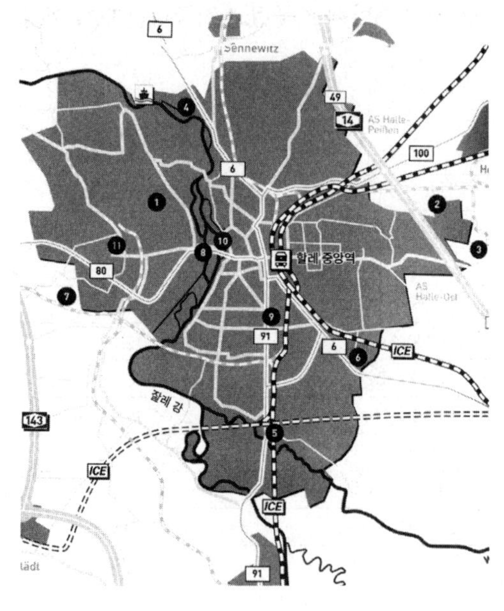

주: ❶~⓫은 주요 산업 단지를 나타낸다. 도시 외곽에 산업 입지 개발이 이루어진 라이프치히와 달리 할레는 주로 시가지 내의 재개발을 통해 산업 입지 개발이 추진되었음을 알 수 있다.
자료: Die Stadt Halle(2006).

에는 소극적이었다. 2007년 기준으로 라이프치히는 인구 규모 측면에서 할레의 2.2배이며, 행정구역 면적도 2.2배이다. 라이프치히는 도시 내 업무용 토지가 421헥타르로 할레의 5.5배에 이른다. 향후 추가적인 개발 가용지로 활용할 수 있는 농지 면적이 약 121헥타르로 할레의 36헥타르보다 약 3.4배나 넓다.

(5) 도시를 둘러싼 주변 지역의 경제적 여건

도시의 성장은 도시를 둘러싼 주변 지역의 여건에 큰 영향을 받을 수밖에 없다. 독일은 연방제 국가이기 때문에 이러한 영향이 더 뚜렷하다. 각 연방주의 경제력은 연방주에 소속된 도시들의 경제력과도 직결되기 때문이다. 결과적으로 상대적으로 부유한 연방주인 작센 주에 위치한 라이프치히가 작센안할트 주에 속한 할레에 비해 발전에서 유리한 여건을 갖고 있다고 할 수 있다. 라이프치히는 작센 주에 속해 있으면서 주요 도시인 드레스덴, 켐니츠 등과 연계 발전이 진행된 반면에, 할레는 작센안할트에 속해 있으면서 주도인 마그데부르크와 경쟁 관계에 놓여 있었다. 연방주 중에서 작센안할트가 작센 주에 비해 경제력이 뒤진 것도 두 도시의 성장 격차에 영향을 미칠 수밖에 없었다. 연방제 아래에서 주의 경제력이 개별 도시의 경제력에 직접적으로 영향을 미치기 때문이다. 라이프치히와 할레는 서로 인접하여 연담도시권으로 발전할 수 있는 잠재력이 있음에도 각각 소속된 연방주가 달라서 그렇지 못했다는 점도 할레의 침체에 영향을 미칠 수밖에 없었던 것으로 판단된다.

구동독 가운데 투자액, 고용자 수, 매출액 측면에서 외국인들의 투자가 주로 이루어졌던 지역은 전통적인 공업 지역인 작센 주와 튀링겐(Thueringen) 주였다. 특히 라이프치히와 드레스덴이 양축을 이루는 작센 주의 투자 유치실적이 두드러지게 나타나고 있다. 상대적으로 할레가 위치한 작센안

〈표 8.8〉 **구동독 공업 부문의 외국 기업 지역별 투자 분포(1990~1998)**

구분	합계	브란덴부르크	메클렌부르크 포어포메른	작센	작센안할트	튀링겐
기업체 수(개)	282	49	22	105	42	64
고용자 수(천 명)	36	6	3	10	7	10
매출액(십억 마르크)	22.9	1.8	1.4	4.3	2.6	4.3

자료: Deutsches Institut fuer Wirtschaftsforschung(1999: 927).

〈표 8.9〉 **"지역 경제구조 개선" 프로그램에 대한 연방 정부의 보조금**

(단위: 백만 유로)

구분	1995	1996	1997	1998	1999	2000	2001	2002	합계	비율
베를린	153	156	127	127	117	117	90	54	941	9.1
브란덴부르크	331	261	175	175	224	174	152	138	1,629	15.8
메클렌부르크 포어포메른	127	113	162	162	167	146	130	107	1,114	10.8
작센	558	603	462	462	351	306	268	262	3,272	31.7
작센안할트	237	194	280	280	213	221	177	147	1,749	16.9
튀링겐	180	250	256	256	219	192	167	108	1,627	15.7
합계	1,586	1,578	1,461	1,461	1,292	1,156	982	815	10,331	100.0

자료: Bundesministerium fuer Verkehr(2004: 59).

할트 주의 투자유치실적은 미약했다.

구동독 연방주들의 경제력을 비교해볼 수 있는 지표 가운데 하나가 "지역 경제구조 개선" 프로그램에 대한 연방 정부의 지원이다. 이것은 민간 기업의 투자에 대한 정부 차원의 보조를 의미하기 때문에 이 비중이 크다는 것은 그만큼 지역 경제의 활력이 높음을 의미한다. 작센 주는 1995년부터 2002년 사이에 연방 정부가 구동독 6개 주(베를린 포함)에 지원한 총 약 103억 유로의 지원금 가운데 가장 많은 32억 7,000만 유로를 지원받았다. 반면에 작센안할트 주는 작센 주의 53.5% 수준인 17억 5,000만 유로를 지원받는 데 그쳤다.

(6) 도시 정책 측면

독일은 연방제 국가이며, 기본적으로 각 도시의 개발과 관련한 각종 정책은 도시 정부의 책임하에 수립되고 집행된다. 따라서 각 도시의 정책 수립 및 집행 능력의 차이는 도시 성장과 직결될 수밖에 없다. 통일 후 연방 정부는 동독 지역에 대해 일괄적으로 재정을 지원했다. 따라서 비슷한 지원 자금을 가지고도 어떻게 도시를 경영하는가에 따라 지원 재원의 효과는 차이가 날 수밖에 없을 것이다. 이 글에서는 양 도시의 도시 발전 격차에 중요한 영향을 미친 요인 가운데 하나로서 도시 정책적 측면의 차이에 주목하고자 한다. 라이프치히의 경우 혁신적인 도시 정책을 도시 행정 지도자들이 추진했기 때문이다. 도시 지도자의 의지와 역량의 차이가 라이프치히와 할레의 성장 격차를 가져온 주요 요인 가운데 하나인 것이다.[17] 라이프치히는 통일 이후 독일 전체에 정치적 영향력이 있는 티펜제(Wolfgang Tiefensee)가 1998년부터 시장으로서 지도력을 발휘하면서 올림픽 개최 도시에 신청하는 등 적극적인 도시개발정책을 추진했다.[18] 라이프치히는 새로 시에 편입된 지역에 구서독 지역의 주요 기업 투자를 유치하면서 도시경제에 활력을 부여했는데, 이러한 기업 투자 유치에 정치적 영향력이 큰 시장과 혁신적 마인드의 도시 행정 엘리트들이 중요한 역할을 했다.[19]

---

17) 구동독 켐니츠 공과대학 주르크젝(Peter Jurczek)과의 직접 인터뷰(2008.11.20).

18) 독일연방건설청 부청장 스트류벨트(Wendelin Strubelt)와의 이메일 인터뷰(2008.9.23).

19) 주요 목표는 라이프치히를 미디어와 무역, 서비스의 중심지로 만드는 것이었다. 이런 사업에는 라이프치히가 지원한 라이프치히-할레 공항의 건설, 독일 철도물류센터 건설, 독일 우편배송센터(Luftfrachtzentrum) 건설, 민간 기업 크벨레(Quelle)의 물류 센터 건설, 도시 북동부의 수많은 공업지대 개발 등이 있었다. 이러한 신개발은 2012년 하계 올림픽 유치를 위한 노력과 연계되어 도시 발전의 중요한 활력이 되었다(이상준 외, 2006: 70).

라이프치히는 1990년대 후반에 도시의 재개발과 관련한 혁신적인 정책[20]을 제시하며 전국적인 주목을 받았다. 도시재개발은 단순히 물리적 개선에 그치는 것이 아니라 도시경제의 활성화와 연계되는 도시개발전략으로 제시되었고, 이것이 연방 정부 차원에서 전국적인 '구동독 도시 정비 프로그램(Stadtumbau-Ost Program)'을 시행하는 계기가 되었다. 이처럼 라이프치히가 도시개발정책에서 다른 도시들에 비해 선도적인 역할을 한 반면, 할레는 특별한 도시개발정책이나 추진 주체가 없었다. 이것이 도시의 성장과 침체를 가른 요인 가운데 하나일 것이다.

3) 종합 평가 및 정책적 시사점

(1) 종합 평가

이 글에서는 도시의 산업 특성과 서독 시장까지의 접근성, 인력, 토지, 주변 지역의 경제 여건, 도시 정책 등 여섯 가지 요인을 중심으로 라이프치히와 할레를 비교했다. 기존 연구들에서는 도시의 산업 특성과 국제시장으로의 접근성 등 두 가지 요인을 도시 성장과 침체의 주요 요인으로 보고 있는데, 이 글에서는 이들 요인 외에도 인력과 토지, 주변 지역의 경제 여건, 도시 정책 등도 주요 요인으로 파악되었다.

도시의 고유한 산업 특성은 장기적인 도시 발전에서 핵심적인 요인으로 확인되었다. 사회주의 체제 이전에 서비스 산업의 잠재력을 갖고 있었던 라이프치히가 체제전환과정에서 할레보다 도시 성장을 이끌 수 있었던 것이

20) 1990년대 후반부터는 좀 더 통합적인 전략 아래 도시 개발이 추진되었으며, 이 과정에서 새로운 행정 엘리트들이 중요한 역할을 했다. 특히 도시계획국과 도시재개발 및 주택국 등이 범부처적인 협력을 통해 포괄적이면서도 다양한 전략을 마련했다는 점을 주목할 필요가 있다(이상준 외, 2006: 83).

〈표 8.10〉 **두 도시의 특성 비교**

구분	라이프치히	할레
도시 산업 잠재력	서비스산업의 잠재력이 있었음	화학산업외의 기타 산업잠재력 취약
서독시장, 서유럽까지의 접근성	두 도시는 인접한 연담도시권을 형성하고 있어서 서독시장이나 서유럽까지의 접근성에 있어서 큰 차이가 없음	
인력	대학생 등 젊은 고등인력의 잠재력이 높음	상대적으로 취약
토지	도시행정구역 확장을 통해 가용 토지 충분히 확보	상대적으로 취약
주변 지역 여건	경제력이 높은 작센 주에 소속	경제력이 상대적으로 취약한 작센안할트 주에 소속
도시 정책	·도시의 외연확장을 통한 도시 발전 전략 추진 ·도시재개발에 있어서 선도적 정책 추진 ·시장 등 도시행정엘리트의 지도력과 혁신적 의지	특별한 도시 정책이 없었음

〈그림 8.6〉 **대도시 지역 작센삼각주**

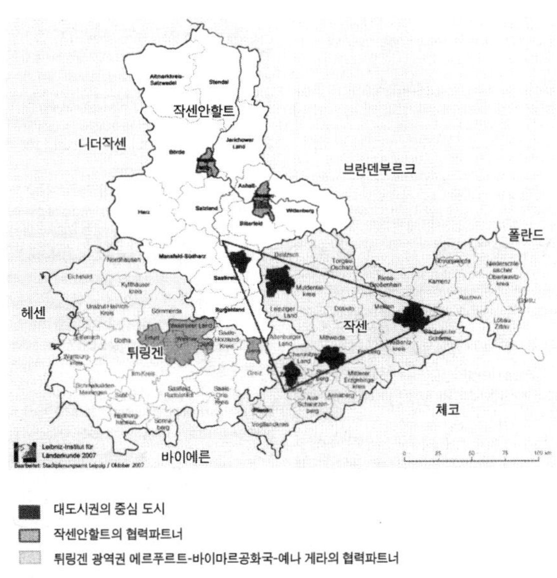

자료: Bundesamt fuer Bauwesen und Raumordnung(2008).

다. 라이프치히에 비해 할레가 상대적으로 경제 발전을 이룩하지 못한 것은 단일 산업에 의존된 도시경제구조의 취약성을 잘 보여준다. 라이프치히도 사회주의 정권하에서 할레처럼 중공업화가 시도되었지만, 상대적으로 단일 산업에 의존도가 크지 않았기 때문에 경제구조 전환 과정의 어려움을 극복할 수 있었다. 라이프치히는 이미 중세 시대부터 교역과 문화 산업의 중심지로서 분명한 도시 이미지를 갖고 있었으며, 이것이 체제전환과정을 통해 다시 복원되었다. 할레는 사회주의 시절에 각인된 화학공업 도시로서의 이미지가 체제전환과정에서도 약점으로 작용했다고 할 수 있다.

두 도시는 서독 지역이나 서유럽까지의 접근성 측면에서 큰 차이를 보이지는 않고 있다. 반면에 가용 토지나 인력에서는 라이프치히가 분명한 우위를 나타낸다. 도심 지역의 개발이 토지소유권 분쟁 등으로 어려운 상태에서 신속하게 외곽 농촌 지역을 행정구역으로 편입해가면서 대규모 투자를 유치한 라이프치히의 도시발전전략이 도시 성장을 이끌 수 있었던 주요 요인 가운데 하나였다. 이 글에서 특히 주목하고 있는 것은 혁신적인 도시 정책과 이것을 창출해낸 도시 행정가들의 노력이다. 비슷한 조건에서 어떠한 지도력을 갖는가에 따라 도시의 성장 여부가 좌우된다는 것을 라이프치히의 사례가 보여준다.

종합해보면, 통일 당시 공업화된 도시로서 외형적으로 비슷한 조건이던 라이프치히와 할레는 성장과 침체라는 서로 다른 길을 걸어오고 있다. 이러한 차이는 단순히 어떤 한 요인에 기인한 것이라기보다는 도시의 산업 잠재력과 인적자원, 가용 토지 등 내재적 잠재력의 차이에 기인한다. 특히 중요한 것은 이러한 잠재력을 충분히 활용해낼 수 있는 도시 정책의 창출과 실행 능력의 차이가 도시 성장 여부에 영향을 미쳤다는 점이다.

이렇게 라이프치히와 인접한 할레의 침체를 경험한 독일 정부는 2000년대 중반 이후 새로운 지역 정책을 추진 중이다. 이것이 바로 '대도시 지역 작센 삼각주(Die Metropolregion Sachsendreieck)'이다. 이것은 작센 주와 작센 안할트 주의 켐니츠, 드레스덴, 할레, 라이프치히, 츠비카우 등 다섯 도시들의 비공식적 합의에 의해 형성된 지역이다. 2005년에 5개 도시의 시장들은 해당 지역의 국제경쟁력 강화를 위해 공동 협력을 합의한 바 있다. 작센 삼각주의 핵심 5개 도시 지역은 인구 규모가 380만 명에 이르며, 기타 참여 도시들까지 포함한 인구는 470만 명, 주변 농촌 지역까지 포함하면 총 인구가 700만 명이다. 할레가 장기적으로 발전할 수 있는 기반은 이와 같은 도시 간 연계가 대안이 될 수밖에 없다.

(2) 정책적 시사점

이 글의 사례 분석 결과, 다음과 같은 정책적 시사점을 확인할 수 있다.

첫 번째, 도시의 고유한 산업 잠재력이 체제전환과정에서 중요한 성장 요소가 될 수 있다는 점이다. 사회주의 체제가 구축되기 이전에 도시가 갖고 있던 고유의 산업 잠재력이 사회주의 체제 붕괴 이후 체제 전환이 진행되면서 다시 부각된다는 것이다. 북한의 경우에도 사회주의 체제하에서 인위적으로 공업화가 진행된 도시들이 있다. 내륙의 강계와 만포 등이 대표적인 도시들이다. 이러한 도시들은 향후 체제전환과정에서 공업화 이전의 고유한 도시 산업 잠재력이 도시 성장의 동력으로 활용될 여지가 많다. 사회주의 체제하에서 단일 업종의 중공업 도시로 육성된 도시들은 할레처럼 체제전환과정에서 심각한 경제 침체를 겪을 가능성이 높다. 따라서 이에 대비한 정책적 수단이 사전에 준비될 필요가 있을 것이다.

두 번째, 적극적인 도시 정책과 지도력의 중요성이다. 비록 라이프치히가 전통적으로 무역과 문화 관광의 잠재력을 갖고 있었다고 하더라도 1990년대 후반에 시작된 도시 행정 엘리트 주도의 적극적인 도시개발정책이 없었다면 지금과 같은 발전을 이룩하기 어려웠을 것이다. 라이프치히는 이미 중

세 시대부터 교역과 문화 산업의 중심지로서 분명한 도시 이미지를 갖고 있었으며, 도시 정부는 이것을 최대한 활용하는 전략을 통해 투자 유치와 도시개발에 성공할 수 있었다. 통일 당시 할레는 라이프치히에 비해 경제 여건에 큰 차이가 없었지만, 도시 발전을 위한 도시 행정가들의 리더십과 도시개발정책이 빈약했다. 이것이 두 도시의 격차를 초래한 주요 요인 중 하나인 것이다. 향후 북한도 중공업 도시들의 체제전환과정에서 라이프치히에서와 같은 적극적인 도시 정책의 수립과 추진이 중요한 의미를 가질 것이다.

세 번째, 통일 이전부터 북한의 도시 발전을 위한 전략 수립이 필요하다는 것이다. 통일 비용을 최소화하고 북한의 도시들이 자생력을 갖고 발전하기 위해서는 통일 이전부터 북한 도시들의 고유한 성장 잠재력들을 파악하고 이것에 맞는 남북 협력을 추진하는 것이 필요할 것이다. 이러한 전략수립과정에서 독일과 과거 동유럽 사회주의권 국가들의 도시발전사례를 면밀하게 분석해 좀 더 실효성 있는 정책 대안을 마련할 필요가 있을 것이다.

4. 결론

체제 전환이 도시와 지역에 어떠한 변화를 가져오는지 파악하는 것은 학술적인 측면에서도 의미가 있지만 통일을 준비하는 우리에게는 정책적인 측면에서도 의미가 큰 과제이다. 기존의 체제 전환국 도시 관련 연구들에서는 도시의 산업적 특성과 국제시장까지의 접근성이 성장과 침체를 좌우하는 주요 변수로 보고되고 있다. 라이프치히와 할레는 국제시장까지의 접근성이 거의 비슷함에도 성장과 침체의 차이를 나타낸다. 이것은 도시의 성장과 침체를 초래하는 다른 변수들이 있을 수 있음을 시사한다. 이 글에서는 그러한 요인으로서 인적자원, 토지, 도시 주변 지역의 여건, 도시 정책 등을 제시했다. 도시의 산업 잠재력이나 국제시장으로의 접근성, 인적자원, 토지, 도시 주변 지역의 여건 등은 도시의 일반적 특성이라고 할 수 있는데, 도시 정책은 도시의 특수한 성격을 대변하는 요소라고 할 수 있다. 라이프치히와 할레의 경우는 일반적 특성뿐만 아니라 정책 요인이라는 특별한 변수가 성장과 침체에 영향을 미칠 수 있음을 보여준다.

통일 후 북한의 체제전환과정에서 가장 중요한 과제 중 하나는 성장 지역과 침체 지역의 격차를 줄이는 것이 될 것이다. 특히 중공업으로 특화되어 있는 도시들의 산업구조 전환을 성공적으로 이룩하는 것은 북한 지역의 경제 발전 여부를 좌우할 핵심 과제가 될 것이다. 현실적으로 북한의 모든 도시가 함께 균형 있게 성장할 수는 없을 것이다. 이것은 이번 사례연구를 통해서도 확인할 수 있다. 하지만 도시 간 발전의 격차를 줄이는 노력은 반드시 필요하며, 특히 할레의 경우처럼 중화학공업 의존도가 높은 도시들에 대한 특별한 대책이 체제 전환 초기에 마련될 필요가 있을 것이다.

할레와 라이프치히의 사례는 초기 조건이 비슷하더라도 도시 정책 추진에 따라 도시 발전이 어떻게 차이가 날 수 있는지를 잘 보여준다. 이러한 측면에서 향후 북한의 체제 전환이 진행될 경우 이와 같은 정책 수립 및 집행 역량을 확보하는 것은 매우 중요한 과제가 될 것이다.

참고문헌

국내 자료

블룸, 울리히(Ulrich Blum). 2008.「독일 통일 후 동서독 통합 과정에서 제기된 경제문제」.『북한의 지속가능한 사회개발을 위해 독일통일 전후의 경험에서 배운다』. 발표논문집. 평화재단국제포럼.

이상준. 1999.「체제 전환 이후 동유럽 국가의 지역공간 변화에 관한 연구」. ≪국토연구≫ 제28권.

_____. 2000. "統一 以後 東獨地域의 人口移動 要因에 관한 硏究". ≪국토계획≫, 제35권 제5호.

_____. 2001. "統一 後 東獨地域 都市開發의 課題와 示唆點".『통일과 국토』. 성남: 한국토지공사.

이상준 외. 2003.『북한의 개혁 개방과 산업인프라 개발의 새로운 과제』. 안양: 국토연구원.

_____. 2006.『통일 이후 구동독의 도시 정책과 시사점』. 안양: 국토연구원.

국외 자료

Abraham, T. und Eser, T. W. 1999. "Regionalentwicklung in Mittel-und Osteuropa im Spannungsfeld von Transformation und Integration am Beispiel Polens." *Raumforschung und Raumordnung*. Vol.2 No.3.

Abramson, D. B. 1997. "'Marketization' and institutions in Chinese inner-city redevelopment: a commentary of Lue Junhua's Beijing's Old and Dilapidated Housing Renewal." *Cities*, Vol.14 No.2.

Bundesamt fuer Bauwesen und Raumordnung. 2000. "Ten Years of Transformation Processes in the Middle of Europe." *Informationen zur Raumentwicklung*. Nr.7/8.

_______. 2004. *Regionalbarometer neuer Laender. Fuenfter zusammenfassender Bericht*. Bonn.

_______. 2008. "Ueberregionale Partnerschaften. Ein MORO-Forschungsfeld." MORO-Informationen Nr.3/1-05/2008. Bonn.

Bundesforschungsanstalt fuer Landeskunde und Raumordnung. 1995. "Regionalbarometer neuer Laender." Zweiter zusammenfassender Bericht. in *Materialen zur Raumentwicklung*. Bonn.

_______. 1996. *Bauland-und Immobilienmarkt-bericht*. Bonn.

Bundesministerium fuer Verkehr. 2004. *Bau und Wohnungswesen, Nachhaltige Stadtentwicklung-ein Gemeinschaftswerk*. Bonn.

City of Halle. 2006. *Investment accelerators and guides for trade and industry*. Halle.

Dangschat J. S. 1993. "Berlin and the German Systems of Cities." *Urban Studies*, Vol.30 No.6.

Deutscher Staetetag. 1991, 1999. *Statistisches Jahrbuch Deuscher Gemeinden Schriftleitung: 89*. Jahrgang. Berlin.

Deutsches Institut fuer Wirtschaftsforschung. 1999. *Wochenbericht des DIW 50/99*. Berlin.

Die Stadt Halle. 2006. *City Guide, facts about business location Halle(Saale)*. Halle.

Fassmann, H. ed. 1997. *Die Ruekkehr der Regionen*. Wien.

Friedlich, K. 2005. "Siedlungsstruktureller und soziooekonomischer Wandel in der mitteldeutschen Kernregion Halle-Leipzig." *Geographische Rundschau*. Heft7/8.

Friedrichs, J. 1996. *Die Entwicklung der Innenstaedte: Chemnitz, Erfurt, Leipzig, Staedte und Regionen*. Opladen.

Gaubatz, P. R. 1995. "Urban transformation in post-Mao China: impacts of the reform era on China's urban form." in *Urban spaces in contemporary China*.

New York.

Gorzelak, G. 2000. "The dilemmas of regional policy in the transition countries and the territorial organisation of the state." *Integration and Transition in Europe.*

Haeussermann, H. 1996. "Von der Stadt im Sozialismus zur Stadt im Kapitalismus." Stadtentwicklung in *Ostdeutschland, Soziale und Raeumliche Tendenzen.* Opladen.

Henckel, Dietrich et al.1993. *Entwicklungschancen deutscher Staedte-die Folgen der Vereinigung.* Stuttgart.

Herlyn, U. und Harth, A. 1996. "Soziale Differenzierung und soziale Segregation." *Staedte und Regionen.* Opladen.

Korzer, T. W. 2006. *Silke, Entwicklung eines raumstrukturellen Leitbildes fuer die Stadt Halle(Saale).* Halle.

Scholz, Carola und Werner, Heinz. 1995. "Stadtentwicklung in den neuen Bundeslaendern: Der Sonderfall Leipzig." *Aus Politik und Zeitgeschichte.* B 12/95. 17. Maerz.

Stadt Leipzig. 2004. *Bericht zur Stadtentwicklung, Beitraege zur Stadtentwicklung, 42.* Leipzig.

Strubelt, W. ed. 1996. *Staedte und Regionen.* Opladen.

Wang, F. und Zhou, Y. 1999. "Modelling Urban Population Densities in Beijing 1982-90: Suburbanization and its Causes." *Urban Studies*, Vol.36 No.2.

Wu, F. 1997. "Urban restructuring in China's emerging market economy." *International Journal of Urban and Regional Research*, Vol.21 No.4.

Wu. F. and Yeh. A. G-. O. 1997. "Changing Spatial Distribution and Determinants of Land Development in Chinese Cities in the Transition from a Centrally Planned Economy to a Socialist Market Economy: A Case Study of Guangzhou."

Urban Studies, Vol.34 No.11.

인터넷 사이트

www.halle.de/index.asp?MenuID=152&SubPage=2(검색일: 2008.12.15)

www.leipzig.de/de/business/wistandort/zahlen/lage/flaeche(검색일: 2008.11.23)

지은이

고유환

동국대학교 정치학 박사. 동국대학교 북한학과 교수.

대표 저서 및 논문으로는 『한반도 평화체제의 모색』(1997), 『김정일 연구』(1999), 『북한정치의 이해』(2001), 『북한학 입문』(2001), 『북한 핵문제의 해법과 한반도 평화체제 구축』(2003), 『노동신문을 통해 본 북한변화』(2006), 『북한 언론 현황과 기능에 관한 연구』(2012), 「북한연구방법론의 현황과 과제」(2009), 「김정은 후계구축 논리와 징후」(2010), 「김정은 후계구축과 북한리더십 변화: 군에서 당으로 권력이동」(2011), 「북한연구에 있어 일상생활연구방법의 가능성과 과제」(2011), 「북한의 3차 핵실험 이후 위협인식과 대응에 관한 행위자-네트워크」(2013) 등이 있다.

박희진

이화여자대학교 북한학 박사. 동국대학교 북한학연구소 연구교수, 동국대학교 북한도시사연구팀 연구교수.

대표 저서 및 논문으로는 『북한과 중국: 개혁 개방의 정치경제학』(2009), 『사회주의도시와 북한』(2012), 『북한도시 함흥·평성 자료해제집』(2012), 「함흥시 도시공간의 지배구조와 탈주체의 삶」(2012), 「북한경제의 개방화구상과 반개혁의 이중주」(2012) 등이 있다.

임동우

하버드 대학교 도시설계 건축학 석사. PRAUD 도시건축연구소 소장, Rhode Island

School of Design 강사, 2013 뉴욕건축가연맹상 수상.
대표 저서로는『평양, 그리고 평양 이후』(2011), *I Want to be METROPOLITAN*(공저, 2012),『북한 도시 읽기』(2014) 등이 있고, 대표 전시로는 2014 베니스 비엔날레 초청 작가—North Korea Atlas, 2014 독일 DNA Gallery—Pyongyang Scenario 등이 있다.

안재섭

서울대학교 지리교육학 박사. 동국대학교 지리교육과 교수.
대표 저서 및 논문으로는『변화하는 세계와 지역성』(2005),『세계지리』(2012),『현대지리학』(2013),「중국경제기술개발구의 신도시적 성장에 관한 연구」(2002),「서울 도심부 주변의 도심재활성화 논의-중구 인현동을 사례로」(2011),「서울 서촌지역의 문화적 도시재생 활동에 관한 연구」(2014) 등이 있다.

홍민

동국대학교 정치학 박사. 통일연구원 북한인권연구센터 연구위원.
대표 저서 및 논문으로는『북한의 일상생활세계: 외침과 속삭임』(2010),『북한 주민의 의식과 정체성: 자아의 독립, 국가의 그늘, 욕망의 부상』(2010),『북한부패와 인권의 상관성』(2012),「행위자-연결망 이론과 분단연구: 분단 번역의 정치와 '일상으로의 전화'」(2011),「행위자-네트워크 이론과 북한연구: 방법론적 성찰과 가능성」(2013),「북한의 국가와 시장관계: 위상학적 이해의 가능성」(2013) 등이 있다.

기계형

서울대학교 서양사학 박사. 한양대학교 아태지역연구센터 HK연구교수.
대표 저서 및 논문으로는『해체와 노스텔지어』(공저, 2012),『역사 속의 한국과 러시아: 상호인식과 이해』(공저, 2013),「19세기 후반 타슈켄트 도시공간의 구조와 러시아 제국 권력의 재현」(2012), 「배급과 욕망 사이에서: 1920년대 소비에트 러시아의 소비생활과 광고를 중심으로」(2012), 「1920년대 소비에트러시아의 사회주의 건축실험: 구성주의 건축가 모이세이 긴즈부르크와 '코뮌의 집'」(2013), 「사회주의 도시 연구: 1917~1941년 소비에트 러시아의 주택정책과 건축실험에 대한 논의」(2013) 등이 있다.

남영호

케임브리지 대학 사회인류학 박사. 서울시립대학교 도시인문학연구소 HK연구교수. 대표 저/역서 및 논문으로는 『달라이라마와의 대화』(2007), 『초국적 도시이론』(공역, 2010), 『도 시연구의 주요 개념』(공역, 2013), 「알타이는 존재하는가」(2010), 「사회주의 도시와 상투성」(2012), 「사적인 것, 개인적인 것, 사회적인 것: 사회주의 도시의 경험」(2012), 「사회주의 도시의 "농촌적" 요소들: 소련 도시화의 몇 가지 특징에 관하여」(2013) 등이 있다.

이상준

베를린 공과대학 공학박사. 국토연구원 선임연구위원, 독일연방건설청 객원연구원. 대표 저서 및 논문으로는 *Collaborative Regional Development in Northeast Asia: Towards Sustainable Regional and Sub-regional Futures*(공저, 2011), 『통일한반도시대에 대비한 북한 주요 거점의 개발잠재력과 정책과제(I, II)』(공저, 2011~2012), 「구동독에 있어서 체제전환과 세계화의 지역적 영향」(2007) 등이 있다.

한울아카데미 1721

동국대학교 북한연구소 토대기초연구과제 연구서 2

함흥과 평성

공간·일상·정치의 도시사

엮은이 | 북한도시사연구팀
지은이 | 고유환·박희진·임동우·안재섭·홍민·기계형·남영호·이상준
펴낸이 | 김종수
펴낸곳 | 도서출판 한울
편 집 | 배유진

초판 1쇄 인쇄 | 2014년 9월 23일
초판 1쇄 발행 | 2014년 10월 7일

주소 | 413-120 경기도 파주시 파주출판도시 광인사길 153 한울시소빌딩 3층
전화 | 031-955-0655
팩스 | 031-955-0656
홈페이지 | www.hanulbooks.co.kr
등록번호 | 제406-2003-000051호

Printed in Korea.
ISBN 978-89-460-5721-0 93330

* 책값은 겉표지에 표시되어 있습니다.